21世纪高职高专精品教材·市场营销类

市场调查与分析（第三版）

魏玉芝 魏亚男 主 编
姜沈利 李佳澍 副主编

东北财经大学出版社
Dongbei University of Finance & Economics Press
大 连

图书在版编目（CIP）数据

市场调查与分析 / 魏玉芝，魏亚男主编．—3版．—大连：东北财经大学出版社，2016.7（2018.2重印）
（21世纪高职高专精品教材·市场营销类）
ISBN 978-7-5654-2381-9

Ⅰ．市… Ⅱ．①魏… ②魏… Ⅲ．①市场调查-高等职业教育-教材 ②市场分析-高等职业教育-教材 Ⅳ．F713.52

中国版本图书馆CIP数据核字（2016）第150368号

东北财经大学出版社出版
（大连市黑石礁尖山街217号 邮政编码 116025）
网 址：http：//www.dufep.cn
读者信箱：dufep@dufe.edu.cn
大连日升彩色印刷有限公司印刷 东北财经大学出版社发行

幅面尺寸：185mm×260mm 字数：330千字 印张：16.25 插页：1
2016年7月第3版 2018年2月第6次印刷
责任编辑：张旭风 魏 巍 责任校对：合 力
封面设计：张智波 版式设计：钟福建

定价：32.00元

教学支持 售后服务 联系电话：（0411）84710309

如有印装质量问题，请联系营销部：（0411）84710711

第三版前言

《市场调查与分析》是2007年出版的工学结合教材，经过9年的使用，得到了广大师生的广泛认同，很好地满足了专业教学的需求，更是2012年辽宁省教育厅对接产业集群示范专业项目的研究成果。经过多年的课程建设改革与教材开发的探索，我们深知教材内容与课程改革同步进行的重要性。为了使本教材更加符合职业岗位的需求和课程改革的需要，我们在前两版的基础上对本教材进行了修订。

"市场调查与分析"是一门实用性很强的应用性学科，《市场调查与分析》(第三版)遵循市场调查的工作过程，以"项目导向、任务驱动"的教学模式为基础，体现了"教、学、做"一体化。同时，本教材在编写过程中非常注重学生职业能力的培养，突出了"职业性"与"实践性"。本教材主要特点如下：

1.教材体例设计更加贴近项目课程的需要。本教材按照一个完整的市场调查过程进行设计，系统地阐述了八大项目，包括项目一"市场调查岗前准备"、项目二"制订市场调查方案"、项目三"设计市场调查问卷"、项目四"选择市场调查方法"、项目五"抽样调查方法"、项目六"市场调查数据的整理与分析"、项目七"市场预测的基本方法"、项目八"撰写市场调查报告"。

2.教材体例设计更加贴近职业岗位的需求。教材根据岗位工作任务设计教学工作任务与学习任务，体现了学习任务与岗位工作任务的有效对接。同时，为了兼顾项目教材与传统教材的优点，教材还采用了项目教材与传统教材相结合的内容结构。

本教材同时提供电子课件及参考答案，使用本教材的教师可登录东北财经大学出版社网站(www.dufep.cn)查询和下载。

本教材由辽宁商贸职业学院魏玉芝教授和辽宁省委党校魏亚男老师担任主编，辽宁商贸职业学院姜沈利副教授和满洲里俄语职业学院李佳澍讲师担任副主编；辽宁商贸职业学院聂鑫、逄晓彤参与了资料的收集工作。具体分工如下：魏玉芝拟定教材大纲并编写项目一；魏亚男编写项目二至项目五；姜沈利编写项目六；李佳澍编写项目七和项目八。

本教材在编写和出版的过程中，得到了辽宁商贸职业学院领导、东北财经大学出版社和兄弟院校同行的关心、指导和支持，另外，本教材还借鉴了兄弟院校同仁的诸多教学与科研成果，在此一并表示最真诚的谢意。

由于编写时间仓促，编者水平有限，书中疏漏之处在所难免，敬请同行专家和广大读者批评指教。

编　者

2016年5月

目　录

项目一　市场调查岗前准备

学习目标

通过本项目学习，达到以下目标：

理论目标：理解市场调查的概念和作用，认识市场调查的内容与分类，了解市场调查的原则；明确市场调查人员岗位职责。

实训目标：通过实训使学生能够准确判断市场调查的类型，恰当运用市场调查的原则；通过市场调查实践，培养学生的专业能力与职业核心能力。

引例

美国礼维公司的分类市场调查

美国礼维公司是以生产牛仔裤而闻名世界的，20世纪40年代末期的销售额仅为800万美元，但到20世纪80年代，销售额竟达到了20亿美元，40年间增长了250倍。这主要得益于公司的分类市场调查。该公司设有专门负责市场调查的机构，调查时应用统计学、行为学、心理学、市场营销学等知识，按不同国别分析、研究消费者的心理差异和需求差别，分析、研究不同国家经济情况的变化、环境的影响、市场竞争和时尚趋势等，并据此制订公司的服装生产和销售计划。例如，1974年，公司对德意志联邦共和国的市场调查表明，大多数顾客认为服装合身是首选条件，为此，礼维公司派人在该国各大学和工厂进行服装合身测验，一种颜色的裤子就定出45种尺寸，因而扩大了销售。礼维公司通过对美国市场的调查，了解到美国青年喜欢合身、耐穿、价廉、时髦的服装，遂将满足这四个要素作为所生产产品的主要目标，因此该公司的产品在美国青年市场中长期占有较大的份额。近几年，礼维公司通过市场调查，了解到许多美国女青年喜欢穿男裤，为此，公司经过设计，推出了适合女性穿的牛仔裤和便装裤，从而使该公司的女装销量不断增长。虽然美国及国际服装市场竞争激烈，但是礼维公司靠分类市场调查提供的信息，确保了经营决策的正确性，使公司在市场竞争中处于不败之地。

资料来源　杜明汉，刘巧兰．市场调查与预测——理论、实务、案例、实训［M］．2版．大连：东北财经大学出版社，2014.

问题：该案例中，美国礼维公司的分类市场调查带给我们的重要启示是什么？

分析提示：从“美国礼维公司的分类市场调查”中不难看到，美国礼维公司的分类市场调查提供的信息，确保了经营决策的正确性，使公司在市场竞争中处于不败之地。

任务一　认知市场调查

在现代市场经济活动中，市场调查已经成为企业进行市场经营活动的前提和基础，是企业开展营销策划活动、获取市场信息的有效工具。在开发某一市场之前，市场调查能帮助企业决策者识别和选择最有利可图的市场机会；进入市场之后，市场调查又是市场信息反馈系统的重要组成部分。在现实生活中，市场调查就在我们周围。比如，你准备买辆轿车，在购车之前，你可能会去逛轿车销售店、查询信息、收集资料等；接着会与家人、朋友一起分析这些信息，比较不同车型，确定购买对象；最后，购买。这一系列环节就构成了一项市场调查活动。

一、市场调查的概念与类型

（一）市场调查的基本概念

市场调查是企业市场营销管理的起点，是企业了解市场需求历史、现状的显微镜，也是企业了解市场需求发展趋势的望远镜。在现代市场经济活动中，市场调查占有重要地位，并起着重要作用。

市场调查是指根据市场营销的需要，运用科学的方法，对企业营销活动的有关信息、资料有目的地进行收集、整理与分析，提出调查报告，从而为企业营销管理者正确决策提供科学依据的活动。

美国市场营销学权威菲利普·科特勒教授对市场调查的定义为：市场调查是系统地设计、收集、分析和提出数据资料，以及提出与公司所面临的特定营销状况有关的调查结果。

市场调查的概念主要包括以下几个方面的含义：

①市场调查的主体是企业，即企业围绕具体的营销活动，通过自身的调查机构与专业人员或请专业的市场调查咨询公司，对相关的信息资料进行市场调查。

②市场调查的客体主要是消费者。市场调查是以消费者为中心所做的调查，即了解和研究消费者的购买欲望与购买动机，把握消费者对商品的意见和要求。

③市场调查的目的是为企业营销决策者提供决策依据。

④市场调查是企业开展经营活动的前提，是企业有效利用和调动市场信息的主要手段。

⑤市场调查是一个过程。市场调查是为了发现问题和解决问题而组织的，包括营销策划、信息收集、资料整理与分析的活动过程。

⑥市场调查依靠科学的手段与方法，以确保调查结果的客观性和准确性。

根据市场信息的范围不同，市场调查有狭义与广义之分：狭义的市场调查将市场调查的领域锁定在对顾客或消费者需求的研究方面。广义的市场调查将市场调查的领域扩展到一切与市场营销活动有关的方面。我们可以从两个方面理解广义的市场调查：从纵向看，市场调查贯穿于市场营销活动的全过程，从市场研发开始，到营销战略与策略的制定，直至产品销售与售后服务，市场调查活动一直伴随始终；从横向看，市场调查领域不仅涵盖了对顾客或消费者购买行为的调查，而且涉及以市场为导向的企业经营环境研究、竞争对手研究、市场营销组合要素研究等方面。

（二）市场调查的类型

1.按资料来源的不同分类

按资料来源的不同，市场调查可以分为文案调查、实地调查和网络调查。

（1）文案调查

文案调查是收集、分析历史的和现实的已有各种信息资料，获取与调查目的相关的信息的一种调查方法。它具有获取信息快、方法简单、节省资金等特点。同时，文案调查还可以与实地调查结合使用。比如调查分析汽油价格变化对消费者购车行为的影响，可以通过文案调查收集过去的资料，通过实地调查和网络调查获得现在的资料。

（2）实地调查

对市场现象进行实地观察，是市场调查最基本的资料收集方法之一。实地调查包括访问调查法、观察调查法、实验调查法等。访问调查法是指将要调查的事项，以面谈、电话、书面等形式向被调查者提出访问，获得调查资料的方法，包括面谈、电话访问、问卷调查。观察调查法是指凭借自己或借助仪器观察市场，并进行现场记录，以收集资料的方法。实验调查法是指在模拟环境中小规模进行实验，以判断相关量之间关系的调查方法。

（3）网络调查

网络调查是指借助网络直接收集一手资料或间接收集二手资料的市场调查方法。随着信息技术的突飞猛进，信息爆炸使个体与社会发生了根本性的变革，个体可以通过一种结成网状的电信设备进行网络层面的物质活动、精神活动和话语交流，这使得网络调查具有巨大的技术优势和发展潜力。网络调查跨越了时空限制，不仅节省人力、物力和财力，而且将彻底改变传统的调查模式，是一次根本性的变革。但网络调查也存在问题和弊端，其中最主要的问题就是网络调查结果的可靠性、客观性不易确定。

2.按调查样本产生方式的不同分类

按调查样本产生方式的不同，市场调查可以分为市场普查、重点调查、抽样调查、典型调查等。

（1）市场普查

市场普查是指对市场调查指标总体进行调查，也就是对所要认识的研究对象全体进行全方位的调查。它是一种能够获得较为完整的信息资料的调查方法。

同步案例1-1 人口普查分析发现新市场

日本西尼公司原是一家仅有30多人的生产雨衣的小公司，因产品滞销，公司准备转产。有一次，公司董事长多川博看到了一份人口普查资料，得知日本每年有新出生婴儿250万。他想，每个婴儿一年用两条尿布，一年就需要500万条，如果再销往国外，市场就更广阔了。于是他果断决策：转产尿布。

结果，几年时间，该公司生产的尿布就占领了日本市场，并占世界销售总量的30%。多川博由此成为世界著名的“尿布大王”。

资料来源　高目，文洁.谁能把木梳卖给和尚［M］. 深圳：海天出版社，2002.

问题：日本“尿布大王”是怎样占领日本市场的？

分析提示：市场调查给企业带来了无限商机。

（2）重点调查

重点调查是指从调查对象总体中选出一部分重点单位进行调查。这种方法的优点是节省人力、开支，同时能较快掌握调查对象的基本情况。

（3）抽样调查

抽样调查是指在调查对象总体中抽取一部分子体作为样本进行调查，再根据样本信息，推算出市场总体情况的方法。这是市场调查中最常使用的方法。

（4）典型调查

典型调查是指从调查对象总体中选择一些具有典型意义或代表性的单位进行专门调查。

3.按调查目的的不同分类

按调查目的的不同，市场调查可以分为探索性调查、描述性调查、因果性调查和预测性调查。

（1）探索性调查

探索性调查又称非正式调查或试探性调查，是指在情况不明时，为了找出问题的症结，明确进一步深入调查的具体内容和重点而进行的调查。

探索性调查的主要功能是“探测”，即帮助调查主体识别和了解公司的市场机会可能在哪里，以及公司的市场问题可能在哪里等，并寻找与之有关的影响变量，以便确定下一步市场调查或市场营销努力的方向。也就是说，发现问题，寻找市场机会。比如某超市近几个月来某品牌色拉油的销量大幅度下降，这就需要调查是市场环境变化了、新的竞争者加入了，还是市场上出现了功能强大的替代品等。可能的原因很多，到底是哪一种呢？但是，即使为了找到可能的原因，也不可能一一进行调查，这就需要进行探索性调查。探索性调查一般在新产品开发过程中或在一项大型市场调查活动的开始阶段使用，其主要解决的问题是“可以做什么”。

但是，探索性调查只能将市场存在的机会与问题呈现出来，它既不能回答市场机会与问题产生的原因，也不能回答市场机会与问题将导致的结果，这两个问题只有依靠更加深入的市场调查才能解决，如“是否存在市场机会”。

（2）描述性调查

描述性调查是指描述市场状况，经过周密计划，正式地、全面地对特定的市场信息进行系统的收集与汇总，从而准确、客观地反映与描述市场情况。当然，探索性调查是基础，描述性调查比探索性调查更深入、更仔细，更能说明要调查市场的状况，是市场现象的具体化。常见的描述性调查有市场分析调查、产品分析调查、销售分析调查、价格分析调查、渠道分析调查、广告分析调查等。描述性调查是市场调查的重要组成部分，它主要解决"是什么"的问题。

描述性调查通常用6H进行描述：

- 哪些人构成了市场，即Who——购买者；
- 他们购买什么，即What——购买对象；
- 他们为何购买，即Why——购买目的；
- 他们怎样购买，即How——购买方式；
- 他们何时购买，即When——购买时间；
- 他们在哪购买，即Where——购买地点。

一般来说，描述性调查要求具有比较规范的市场调查方案、比较精确的抽样与问卷设计，并且能够对调查过程进行有效控制。描述性调查的结果常常通过各种类型的统计表或统计图来表示；同样，描述性调查也不能回答市场现象产生的原因，及其可能导致的后果。但是，由于描述性调查的结果有助于识别市场各要素之间的关系，因此它为下一步的因果研究提供了重要的分析基础，如"若存在市场机会，市场将会有多大"。

（3）因果性调查

因果性调查又称解释性调查，是以解释市场变量之间的因果关系为目的而进行的调查。因果性调查的主要功能是在描述性调查的基础上，对调查数据进行加工与计算，然后结合市场环境要素，对市场信息进行解释和说明，进一步分析何者为因、何者为果。比如顾客为什么不满意、如何才能提高顾客的满意度与忠诚度、售后服务对顾客满意度的影响如何等，都需要进行因果性调查。

探索性调查与描述性调查侧重于市场调查方面的问题，因果性调查则侧重于市场分析与研究，是更高一级的市场调查方式。因果性调查主要解决的问题是"为什么"或"这样做会产生什么结果"。通过因果性调查，市场调查人员能够解释一个市场变量的变化是如何导致或引起另一个市场变量的变化的。

（4）预测性调查

预测性调查是以预测未来市场变化趋势为目的而进行的调查。预测性调查是在描述性调查和因果性调查的基础上，依据过去和现在的市场经验、科学的预测技术，对市场未来的趋势进行测算和判断，以便得出与客观事实相吻合的结论。

预测性调查主要通过了解现有市场状况并结合过去情况，总结市场的变化趋势与规律，运用类推或数学模型方法对未来市场变化做出预测。预测性调查主要回答

"未来的市场将怎样"的问题。

从方法上看，市场预测可分为定性预测和定量预测。定性预测又称判断预测，是指凭借市场信息和预测者的知识、经验、智慧，对未来市场的销售量进行估计，它通常在缺乏数据或没有必要收集详细数据时采用。定量预测又称统计预测，是指依据一定的描述性调查资料，利用科学的数学模型和统计分析方法，对未来市场的需求量进行分析和研究，它通常在市场数据充足且对预测精度要求较高时采用。定量预测的特点是：重数据，轻主观，精度高，技术性强。

4.按调查时间的不同分类

按调查时间的不同，市场调查可以分为经常性调查、一次性调查和定期性调查。经常性调查是指对市场现象的发展变化过程进行连续的调查；一次性调查是指为了解决某种市场问题而专门组织的调查；定期性调查是指对市场现象每隔一段时间就进行一次调查。它们分别研究不同的市场现象，以满足市场宏观、微观管理的需要。

5.按调查主体的不同分类

按调查主体的不同，市场调查可以分为企业市场调查、政府部门市场调查、社会组织市场调查、个人市场调查。企业在经营过程中，为了更好地发现市场机会，必须进行市场调查，因此企业是市场调查的重要主体。政府部门是社会经济的主要调节者，需要经常开展市场调查活动，但政府部门的市场调查一般都是较大范围的调查，如经济普查。社会组织市场调查是指各种协会、中介组织、事业单位、群众组织等，为了学术研究、工作研究、提供咨询等需要而开展的专业性较强的市场调查。个人市场调查主要指个人、个体经营者和研究人员为了研究需要而进行的市场调查。

6.按产品用途的不同分类

按产品用途的不同，市场调查可以分为消费品市场调查、生产资料市场调查、服务市场调查。消费品市场调查是指针对直接面向最终消费者的物质产品市场进行的调查。生产资料市场调查是指针对购进产品不是用于消费，而是用于再生产的产品市场进行的调查。服务市场调查是指针对不是以实物形式，而是以劳务或服务形式表现的无形产品市场进行的调查。

7.按调查空间范围的不同分类

按调查空间范围的不同，市场调查可以分为国际市场调查、全国性市场调查、国内区域性市场调查。国际市场调查是指针对其他国家或地区的商品或劳务营销环境进行的市场调查，这是一些企业开拓海外市场、进行国际贸易时必须进行的市场调查。全国性市场调查是指针对国内市场开展的全国性大规模市场调查。国内区域性市场调查是指针对国内某个相对较小的区域进行的市场调查。

二、市场调查的原则与特征

（一）市场调查的原则

1.客观性原则

客观性原则就是从客观实际出发，在正确理论的指导下，对已有的资料进行科学分析，找出事物发展的客观规律，并用于指导行动。通过市场调查收集到的资料必须体现客观性原则，对调查资料的分析必须实事求是、尊重客观事实，切忌以主观臆造代替科学分析。

2.系统性原则

市场调查与分析是一项系统性的工作，它是由市场调查主体、客体、程序、方法、设备、资金与信息资料等因素构成的。在市场调查与分析的过程中，必须综合考虑各种因素，以系统思想为指导，全面考虑问题，既要了解本企业的实际情况，又要了解竞争对手的有关情况，既要认识到内部环境的影响，又要调查社会环境对企业与消费者的影响，坚决不能犯以偏概全的错误。

3.经济性原则

进行市场调查要考虑经济效益问题。市场调查需要投入一定的人力、物力与财力，因此必须在保证质量的前提下，节约费用开支。一般情况下，对产出市场信息的数量、质量要求越高，花费的人力、财力、物力成本也越高。但是，从市场信息的实际使用效果来看，高投入并不总是伴随高产出。为此，我们必须进行投入与产出的比较，寻找一个最佳结合点。只有当信息的预期价值大于获得这些信息的成本时，市场调查才应当进行。进行市场调查通常要考虑以下三个问题：一是收益有多大，是否值得投资；二是调查的成果能否提高决策的质量；三是调查支出预算方案是否是最佳方案。

4.科学性原则

市场调查的目的是为企业决策提供依据，因此市场调查必须具有科学性。不论是市场调查方式与方法的选择，还是调查过程的组织，都必须遵循严格的程序。调查人员要具备专门的调查技术和科学的态度，还要规定科学合理的工作标准。只有这样，才能保证市场调查与分析工作的高质高效。

5.准确性原则

准确性原则要求在市场信息资料的收集、处理、分析和提供中必须做到真实和精确。真实是定性的要求，即收集、处理、分析和提供的市场信息资料必须是真实的，而不是虚假的；精确是定量的要求，即对于收集、处理、分析和提供的信息资料，应尽量减少误差、降低模糊度。

（二）市场调查的特征

市场调查作为企业获取信息的一种主要方法，它具有如下特征：

1.普遍性

在市场经济条件下，任何活动都离不开调查。市场调查存在于企业经营活动的各个环节和各个方面，是企业经营活动不可或缺的一部分。企业要想在激烈的市场竞争中获取相对的竞争优势，就必须进行全方位的市场调查，同时要根据市场变化调整策略，进行经常性的市场调查，这样有助于企业发现新的市场机会，开拓新的市场领域。

2.科学性

市场调查运用科学的方法设计方案、定义问题、采集数据与分析数据，从中提取有效的信息，因此通过市场调查获取的信息并不是主观臆造的；对市场调查结果的分析也是在科学原理的指导下进行的，并且分析结论被实践证明是行之有效的。

3.不确定性

市场受众多因素影响和控制，调查虽然具有针对性，但是由于市场是不断发展变化的，因此市场调查应针对不同调查者采用不同的调查方法，而被调查者反映的信息又不一定很全面，有可能只是现实情况的一个侧面，这就使得市场调查的结果往往具有不确定性。所以决策者在运用调查资料时，要坚持定性分析与定量分析相结合的原则，保持审慎的态度，充分利用自己的技能、创造力去判断、分析，以降低调查结果的不确定性。

4.应用性

市场调查是为营销活动做准备的，能用来解决特定的营销问题，因此市场调查是一种具有使用目的的应用性调查。

三、市场调查的内容

市场调查的领域十分广泛，每个企业、每个行业进行市场调查的目的不同，市场调查的具体内容和侧重点也不同。一般而言，市场调查的内容主要有市场环境调查、市场需求调查、市场竞争调查和市场营销要素调查。

（一）市场环境调查

任何企业的营销活动都是在一定的环境中进行的，环境的变化既可以给企业带来市场机会，也可以形成某种威胁，因此市场环境调查是企业营销活动管理的一项重要工作。行业环境中的基本影响要素主要包括人口环境、经济发展环境、政治法律环境、技术环境、社会文化环境、自然地理环境等（见图1-1）。对这些基本影响因素的调查有助于企业认识、利用和适应环境。

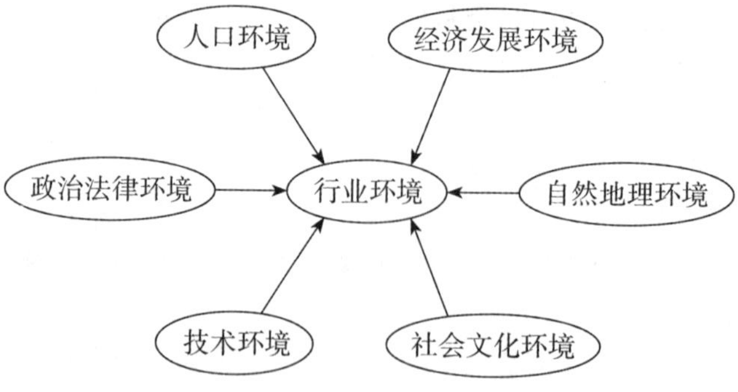

图1-1　行业环境中的基本影响要素

1.人口环境调查

人是构成整个消费市场的主体，也是企业提供产品与服务的最终目标。因此，市场调查总是从人口环境开始的。企业经营者首先应该关心的是准备进入或已经进入市场的人口环境，掌握该地区人口的结构、总量、规模、分布与发展趋势，从而为确定目标市场规模提供基础性数据。

（1）人口总量

人口总量是构成一国或一地市场规模的基本要素。在购买力一定的情况下，市场需求量的大小，直接取决于该地区人口的总体规模与水平。所以，企业在开发新市场时，首先应关心该市场的人口总量。一般而言，在进行人口总量水平研究时应注意收集以下资料：一是特定市场历年人口总量；二是特定市场人口的自然增长率；三是特定市场人口变化的基本趋势；四是特定市场人口总量的流动特点或流动规律。

（2）人口分布状况

在人口总量数据的基础上，对人口分布状况进行研究也非常重要，翔实的人口分布状况数据是企业进行市场细分和目标市场选择的重要基础。企业对特定国家或地区人口分布规律的认识，主要依赖于一些影响消费者购买倾向的重要实体变量，如地理变量、人口自然特征变量、人口社会经济变量等，然后根据这些变量将区域内的人口细分为具有不同需求特点的市场群体（见表1-1）。

表1-1　**人口自然特征主要细分变量**

人口自然特征细分变量	性别	年龄	婚姻状况	受教育程度	职业	民族
变量细目	·男性 ·女性	·儿童 ·少年 ·青年 ·中青年 ·中年 ·中老年 ·老年	·未婚 ·已婚 ·离异 ·鳏、寡 ⋮	·小学以下 ·小学 ·初中 ·高中 ·大学 ·研究生 ·研究生以上	·行政管理人员 ·专业技术人员 ·商业、服务业人员 ·生产、运输设备操作人员 ·无职业人员 ⋮	·汉族 ·蒙古族 ·回族 ·藏族 ·维吾尔族 ·满族 ⋮

（3）人口发展趋势

成功的企业往往是那些能够在宏观环境中及时捕捉市场发展机遇的企业。对未来人口发展趋势的分析，能给企业提供有利的市场机会。在中国，企业应注意以下人口发展趋势：农村人口增长快于城市；人口老龄化严重；大众化市场向个性化市场转变；家庭结构趋向小型化，单亲家庭增加。

经过多年的发展，中国的经济结构和社会结构发生了重大变化，中国社会阶层基本构成对于市场营销人员进一步分析研究不同社会阶层的收入状况、生活方式、消费习惯以及购买特点具有重要意义（见表1-2）。

表1-2　　当代中国社会阶层基本构成

阶层	特征	占人口百分比(%)
1	国家与社会管理者阶层	2.1
2	经理人员阶层	1.5
3	私营企业主阶层	0.6
4	专业技术人员阶层	5.1
5	办事人员阶层	4.8
6	个体工商户阶层	4.2
7	商业服务业员工阶层	12
8	产业工人阶层	22.6
9	农业劳动者阶层	44
10	城乡无业、失业、半失业者阶层	3.1

2.经济发展环境调查

一个有效市场的构成，除了人口因素以外，还有一个重要的因素，那就是企业所面对的消费群体的购买能力。能够反映一个地区居民购买力的主要经济指标有：当地国内生产总值、当地社会商品购买力水平、当地社会消费结构以及变化趋势等。

（1）国内生产总值

国内生产总值（简称GDP）是指一个国家或地区在一定时间内，所生产的全部最终产品和劳务的总价值。对一个地区国内生产总值的调查主要包括以下几个方面：①收集当地GDP基本资料，用以观察该地区经济发展的总体规模与水平；②收集当地GDP在一段时间内变化的数据资料，观察该地区GDP的发展变化规律；③将当地GDP与其他相关地区的GDP相比较，发现不同地区购买力水平之间的差别。

（2）当地社会商品购买力水平

在一定的经济发展水平下，一个地区居民的社会商品购买力水平与当地居民的货币收入、储蓄、物价水平等直接相关。

居民的货币收入是指一个地区居民实际得到的所有货币收入。当地居民的社会商品购买力主要取决于两个指标：一是个人可支配收入，即个人可以任意处置的各种收入，在数量上相当于可供个人消费的货币量与个人储蓄的货币量；二是个人可支配的购买力，即可供任意支配的购买力，它的高低基本上能够反映出一地市场非生活必需品的需求情况。两个指标的计算公式为：

个人可支配收入=个人消费支出+个人储蓄

个人可支配的购买力=个人可支配收入-基本生活费用

对于市场营销人员来说，弄清楚一国或一个地区的收入与分配类型及分布结构是非常必要的，这是市场营销人员选定目标市场、进行产品定位、制定市场营销战略的基本依据。

另外，居民储蓄率与失业率的高低，对社会购买力也有重要影响。一个地区居民的储蓄额与该地区的社会商品购买力成反比，同时，一个地区的失业率与该地区的社会商品购买力也成反比。

(3) 当地的社会消费结构及其变化

随着消费者收入的变化，消费者的支出模式与消费结构也会发生变化，西方一些经济学家常用恩格尔系数来反映这种变化。恩格尔系数的计算公式为：

恩格尔系数=食物支出金额÷总支出金额×100%

食物支出所占比重越大，恩格尔系数越大，生活水平越低；反之，食物支出所占比重越小，恩格尔系数越小，生活水平越高。恩格尔系数是衡量一个国家或地区生活水平高低的重要参数。市场营销人员应注意把握社会消费结构的变动趋向，这对于发现市场机会、及时调整产业结构、决定新的投资方向、进行新产品开发是非常必要的。

同步案例1-2 恩格尔系数带来“富裕幻觉”

著名统计学家恩格尔于1857年阐明了“恩格尔定律”，即恩格尔系数大于60%为贫困，50%～60%为温饱，40%～50%为小康，30%～40%为相对富裕，20%～30%为富足，20%以下为极其富裕。

调查数据显示：北京市2014年城镇居民恩格尔系数为31.1%，广州市2014年城镇居民恩格尔系数为32.9%，而山西省2014年城镇居民恩格尔系数为26.0%。依据恩格尔系数，中国呈现出一种“富裕幻觉”。

问题：恩格尔系数在中国呈现“富裕幻觉”的主要原因是什么？

分析提示：恩格尔系数失灵的主要原因有以下几点：

第一，在我国农产品价格相对偏低、工业产品价格相对偏高的现状下，恩格尔系数下降意味着居民收入水平出现滑坡。

第二，在居民消费价格指数中，住房、教育、医疗等生活成本不断提高，娱乐支出的比重不断下降。

3.政治法律环境调查

政治与法律是影响企业营销的重要环境因素。政治因素像一只有形之手，调节着企业营销活动的方向；法律则为企业规定贸易行为准则。政治与法律相互联系，共同对企业的市场营销活动发挥着重要作用。

一个企业要想进入某国或某地市场，必须首先认清该国或该地区的政治环境，政治环境决定了经济的发展方向和速度，直接关系到社会购买力的提高和消费需求的增长变化。政治权力影响市场营销，往往表现为政府机构通过采取某种措施约束外来企业，如进口限制、外汇控制、劳工限制、绿色壁垒等。

一个企业要想进入某国或某地市场，还必须熟悉当地的法律环境，这样既可以保证自身依法管理和经营，也可运用法律手段保障自身的权益。以下四个方面的法律企业必须掌握：①规范企业内部关系的法律，如《中华人民共和国公司法》《中华人民共和国企业破产法》《中华人民共和国劳动法》等；②规范企业与企业之间竞争关系的法律，如《中华人民共和国反不正当竞争法》等；③规范企业与顾客之间关系的法律，如《中华人民共和国消费者权益保护法》《中华人民共和国产品质量法》等；④规范企业与国家、社会大众之间关系的法律，如《中华人民共和国环境保护法》等。

4.技术环境调查

科学技术是第一生产力，科技的发展对经济的发展有巨大的影响，不仅直接影响企业内部的生产经营，还与其他环境相互依赖、相互作用，给企业营销活动带来有利或不利的影响。正如菲利普·科特勒所说，每一项重大科学技术的发明与进步，都是一种“破坏性的创造”，在一些新产业、新产品蓬勃发展的同时，也意味着一些旧产业、旧产品正在走向衰落。技术革命与技术进步为企业经营者创造了市场机会，也形成了潜在的威胁。因此，企业经营者要密切注意技术环境的变化，及时掌握科技发展的新成果，把握时代脉搏。

企业技术环境调查的基本任务是：①了解社会最新的科技发明；②了解新的科学技术能够给企业经营带来的商机；③了解新的科学技术能够引起哪些新产业、新产品的涌现，将会导致哪些产业与产品的衰退；④了解在新技术的推动下，如何使企业的产品不断升级换代，处于滚动发展之中。

5.社会文化环境调查

社会文化主要指一个国家、地区的民族特征、价值观念、生活方式、风俗习惯、宗教信仰、伦理道德、教育水平、语言文字等的总和。每个人都生活和工作在一定的社会文化环境中，他的思想和行为必定会受到这种社会文化的影响与制约。社会文化对企业营销的影响是多层次、全方位、渗透性的，它不仅影响企业营销组合，而且影响消费心理、消费习惯等，这些影响大多是通过间接的、潜移默化的方式进行的。社会文化环境调查的内容主要有以下几个方面：

（1）受教育水平

受教育水平是指消费者受教育的程度。受教育水平不仅影响劳动者的收入水平，而且影响消费者对商品的鉴别力、消费心理、购买的理性程度和消费结构，进而影响企业营销策略的制定与实施。

（2）价值观念

价值观念是指人们对社会生活中各种事物的态度、评价与看法。在不同的文化背景下，人们的价值观念差别很大，而消费者对商品的需求和购买行为深受其价值观念的影响。对于不同的价值观念，市场调查者要认真研究，以便为企业提供科学的决策依据。

（3）宗教信仰

宗教信仰的不同，使得人们有不同的文化倾向和戒律，影响着人们认识事物的方式、价值观念和行为准则，从而带来特殊的市场需求，因此消费者的宗教信仰与企业的营销活动有着密切的关系。企业必须做好市场调查，充分了解不同地区、不同民族、不同消费者的宗教信仰，提供能够满足其需求的产品，制定适合其特点的营销策略。

此外，消费习俗、消费时潮对企业营销也有重要影响。消费习俗的不同，使得人们在饮食、服饰、居住、婚丧、节日、人情往来等方面，都表现出了独特的心理特征和行为方式。消费时潮是指在社会文化的影响下，消费者产生了共同的审美观念、生活方式和情趣爱好，从而导致社会需求具有一致性。消费时潮在服饰、家电与保健品方面表现尤其突出，且具有一定的稳定性。

6.自然地理环境调查

企业的营销活动会受到自然地理环境的影响，同时，企业也要对自然地理环境的变化负责任。自然地理环境的恶化是全球面临的一个重要问题，许多城市空气与水的污染已经达到了非常危险的程度。人类只有一个地球，自然地理环境的破坏往往是不可修复的，因此，企业在营销战略中融入生态营销、绿色营销等理念，是维护全人类长期福利的必然要求。

（二）市场需求调查

市场需求调查主要包括生产者需求调查与消费者需求调查。进行市场需求调查的主要目的是更好地满足消费者的需求，及时调整企业经营管理决策，以适应不断变化的市场。

1.生产者需求调查

影响生产者需求的因素很多，主要包括企业无法控制的宏观因素与可以控制的微观因素，企业可以根据市场需求水平、技术发展、竞争态势、政治法律状况与企业自身经营目标、战略、政策、采购程序、组织结构和制度体系等对生产者需求进行调查。营销人员进行生产者需求调查时必须了解如下几个问题：

①生产者用户的经营目标与经营战略是什么？

②为了实现这些目标和战略，生产者用户需要什么产品？

③生产者用户的采购程序是什么？

④有哪些人参与采购或对采购产生影响？

⑤生产者用户的评价标准是什么？

⑥该企业对采购人员有哪些政策与限制？

例如，追求低成本的企业对低价产品更感兴趣，追求市场领先地位的企业对优质产品更感兴趣。

2.消费者需求调查

企业的一切活动都是围绕着消费者进行的，因此消费者需求调查是企业市场调查中最重要的内容。任何企业在开发新市场时，都想了解以下三个问题：

- 谁是我的目标顾客？
- 目标顾客的需求特点是什么？
- 市场需求量有多大？

具体来说，消费者需求调查主要包括目标市场选择调查、消费者购买动机调查、消费者购买影响因素调查、消费者购买决策过程调查、消费者需求量调查、消费者需求结构调查、消费者需求时间调查、消费者购买力调查、消费者支出结构调查、消费者行为调查与消费者满意度调查等。

（1）目标市场选择调查

目标市场选择是以市场细分为基础的，目标市场选择主要有两个基本步骤：一是对细分市场进行评价；二是对有利可图的目标市场进行选择。

在对细分市场进行评价的过程中，主要应做好以下三个方面的市场调查工作：第一，当前的市场需求规模与未来的发展潜能；第二，潜在竞争者的市场份额与市场战略；第三，企业自身资源与产品特色。在选择目标市场时应考虑以下三个条件：第一，目标市场有潜在的市场发展前景；第二，在选择的目标市场中，该企业有较强的竞争优势；第三，选择的目标市场符合该企业的长期发展战略。在此基础上，企业可以决定进入哪一个或哪几个细分市场。目前主要有五种目标市场选择模式（见图1-2）。

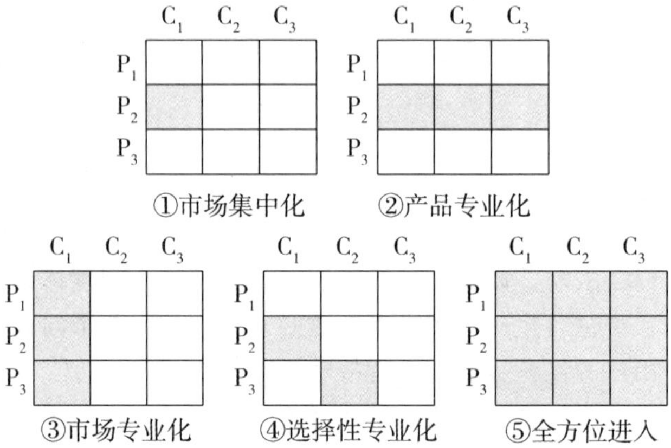

注：P代表产品；C代表消费者。

图1-2　目标市场选择模式

（2）消费者购买动机调查

动机是人类所有行为的推动力，动机是被激活的需要。任何一个人的购买行为都是在一定的购买动机的支配下产生的。人的购买动机产生于两个方面的需要：一是生理需要（饥饿、干渴、寒冷时产生的需要）；二是心理需要（交往、成就感、受尊敬、归属感等）。动机虽然以需要为基础，但若只有需要，并不一定会产生动机。只有当需要被强化到一定程度，在客观上又存在能够满足需要的对象时，需要才会转化为动机（见图1–3）。

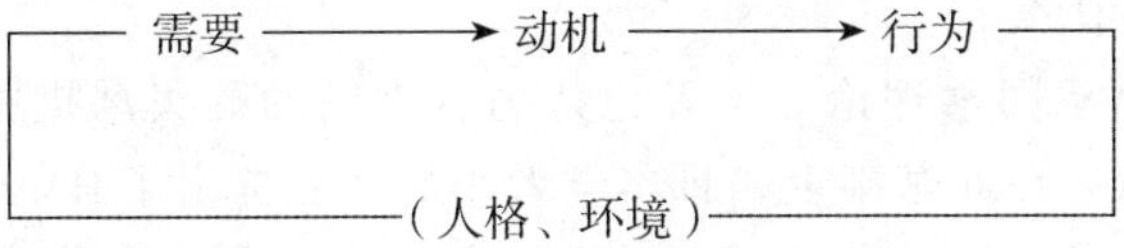

图1–3　需要、动机与行为的关系

购买动机按性质的不同可分为生理性购买动机与心理性购买动机。生理性购买动机又可细分为生存性购买动机（为满足吃、穿、住、行等基本生理需要而产生的购买动机）、享受性购买动机（为满足享受资料的需求而产生的购买动机）与发展性购买动机（为满足个体发展需求而产生的购买动机）。心理性购买动机又可细分为感情型购买动机（由情绪或情感变化而引起的购买动机）、理智型购买动机（在客观认识的基础上，经过分析、比较而产生的购买动机）与惠顾型购买动机（出于对特定的商品或服务的信任与偏爱而经常重复购买的一种动机）。

同步案例1–3　培养消费者的惠顾动机

一位从美国回来的访问学者讲述了他在美国经历的一件事情。一天，他推着采购车在美国一家超级商场挑选货物时，不小心将货架上的4瓶杜康酒碰落，结果酒洒了一地。他当时心想，这下可麻烦了，肯定要赔款了，于是主动找到售货员道歉，表示愿意赔偿损失。那位售货员一边安慰他，一边用电话向经理通报事故，而且检讨了因自己照顾不善而让顾客受惊。让他意外的是，经理出来满脸赔笑，毫无责怪之意，并谦恭地对他说："是我们的职员没把货物放稳，让您受惊了，责任在我们。"经理一再道歉，一直陪他将货物采购完，并亲自送他走出商场。据这位学者讲，那次他倾其囊中所有，装了满满一车回家，并且以后每周一次的购物他都要到该商场去。他估算了一下，到该商场购物所花的钱远远超过了弄翻酒瓶所造成的损失，并且多出不止百倍。

资料来源　王峰. 市场调查［M］. 上海：上海财经大学出版社，2006.

问题：该案例中，商场经理对顾客的处理方式引发了顾客的哪种购买行为？

分析提示：此商场经理对顾客打翻酒瓶一事的处理方式，深深感动了顾客，使其产生了强烈的惠顾动机。消费者的惠顾心理和行为是企业的巨大财富，其带给企业的不仅仅是经济利益，还有广大消费者感情上的依赖和支持，而后者对企业同样可贵。

对于购买动机的研究，主要有三种比较流行的理论：

一是弗洛伊德潜意识理论。该理论认为，人们在多数情况下并不知道自己行为产生的真正原因，影响人们行为的心理因素是潜意识。根据这一理论，调查人员可以利用调查技术探测消费者购买行为的深层次动因，如我国青少年为什么喜欢"肯德基"。

二是马斯洛需求层次理论。该理论认为，人的需求是有层次的，主要有生理需求、安全需求、情感和归属需求、尊重需求与自我实现需求。这一理论为市场调查人员提供了分析消费者购买动机的基本思路，如顾客在购买价值昂贵的高级轿车时追求的核心利益是什么。

三是赫茨伯格双因素理论。该理论认为，人们的购买动机主要取决于两个因素：满意与不满意。在此基础上，日本学者小岛外弘提出了HM理论，其中H是保健因素，是必要条件；M是激励因素，是魅力条件。商品的质量、性能、价格等，是满足消费者需求的必要条件，是保健因素。当这些因素不能被满足时，如产品的质量差、价格高、功能少等，消费者就会感到不满意。但仅仅满足保健因素，还不能给消费者带来真正的满足，消费者的真正满足必须包括该产品的魅力条件。需要强调的是，魅力条件和必要条件的内涵，会随着时代的发展、消费潮流的变化与产品生命周期的不同而不断变化。

例如，在20年以前，外出旅行的人如果能找到一家旅馆、有地方住，就感到很满足了，只要有床位就构成了旅馆的魅力条件。但在今天，社会已由短缺经济过渡到过剩经济时代，饭店供过于求，其魅力因素就转向了价格、舒适、硬件与服务等方面。随着经济的发展，这种变化还在继续，因此市场调查人员应不断捕捉魅力因素，这也是企业经营者的首要任务。

（3）消费者购买影响因素调查

人们的基本需要以及好奇心等都是人们产生购买行为的内在动力，即主观因素，但如果不具备一定的客观条件，人们的购买行为最终也不会发生，因此从营销的角度来看，市场调查人员不仅要了解人们购买行为产生的主观因素，还要了解影响顾客购买行为的外在因素，即文化观念、社会地位、个人特征与心理特征等。消费者市场购买影响因素调查可以参照表1-3中的基本调查要素，生产者市场购买影响因素调查可以参照表1-4中的基本调查要素。

表1-3 **目标消费者及其购买影响因素分析表（消费者市场）**

基本调查要素 / 目标顾客	文化观与价值观	社会地位与购买力	个人特征与习惯	心理特征
目标顾客Ⅰ				
目标顾客Ⅱ				
目标顾客Ⅲ				
目标顾客Ⅳ				

表 1-4　　**目标消费者及其购买影响因素分析表（生产者市场）**

基本调查要素 / 目标顾客	企业经营背景	企业组织目标	企业人际关系	企业决策者特征
目标顾客Ⅰ				
目标顾客Ⅱ				
目标顾客Ⅲ				
目标顾客Ⅳ				

（4）消费者购买决策过程调查

消费者的购买行为是一种内在的心理活动过程，可以将其比喻成一个“黑匣子”（见图 1-4），营销刺激与外部刺激通过“黑匣子”产生反应，最终影响消费者的购买行为——决策。

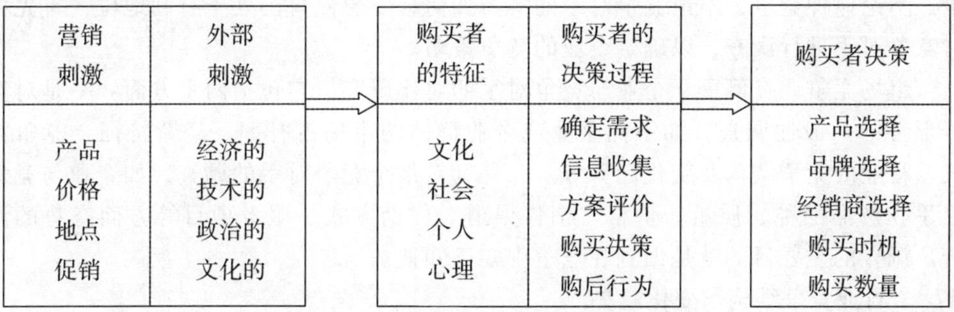

图 1-4　消费者购买行为的“黑匣子”

消费者购买行为“黑匣子”由两部分构成，即购买者的特征与购买者的决策过程。购买者的特征前边已有分析，购买者的决策过程是市场调查人员要着重研究的问题（见图 1-5）。

图 1-5　消费者购买决策过程

生产者购买决策过程相对来说比较复杂和专业化，市场调查人员可参考图 1-6 所示的过程。

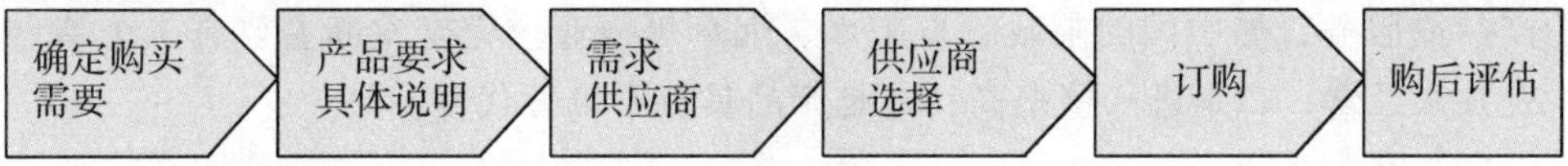

图 1-6　生产者购买决策过程

在消费者购买决策过程的调查中，调查人员的主要任务是：掌握购买者决策过程的一般规律，了解购买决策的主要影响者，进而了解购买者的购买方式、购买地点与购买时机等。

(5) 消费者需求量调查

市场调查人员在对企业经营环境与顾客需求进行分析的同时，另一个重要任务就是用确切的数据说明消费者需求量的大小，这可以从以下几个方面入手：一是空间界定，即对消费者需求规模的地理区域的界定；二是时间界定，即对消费者需求规模的时间范围的界定；三是产品界定，即对消费者需求的产品范围的界定；四是市场界定，即对不同消费者群体的界定。在此基础上，进行消费者市场需求量的测定。

(三) 市场竞争调查

市场经济充满了竞争，任何企业、任何产品在市场上都会遇到竞争。当产品进入销售旺季时，竞争对手就会增加。竞争可以是直接竞争，即生产或经营同类产品的厂商之间的竞争；也可以是间接竞争，即生产用途相同或相似的不同产品的厂商之间的竞争，如生产矿泉水的厂商与生产果汁、汽水的厂商之间就构成了间接竞争。不论何种竞争，不论竞争对手的实力如何，要想使自己处于有利地位，首先要对竞争对手进行调查，以确定企业的竞争策略。

市场竞争调查侧重于企业与竞争对手的对比研究，它包括两个方面：一是对竞争形势的一般性调查，如不同企业或企业群体的市场占有率、经营特征、竞争方式，行业的竞争结构及变化趋势等。二是针对某个竞争对手的调查，如企业与竞争对手在产品品种、质量、价格、销售渠道、促销方式、服务项目等方面态势的调查。调查的主要目的就是做到在竞争中知己知彼。

1.行业竞争结构与变化趋势

行业，就是一组提供一种或一类能够相互密切替代的产品的公司群。如果一种产品的价格上升引起对另一种产品的需求明显增加，那么这两种产品就是密切替代产品。产业经济学家认为，一个行业的竞争强度主要是由行业结构决定的，而影响行业结构的主要因素有：销售商的数量；产品差异化的程度；进入、流动与退出障碍；成本结构；垂直一体化的程度；全球化程度等。

西方经济学家根据行业中销售商的数量，以及产品是同质的还是高度差异的，将行业竞争结构分为以下四种类型：

(1) 完全垄断

完全垄断是指在一个国家或一个地区范围内，一个行业只有一家公司提供一定的产品或服务，如中国的邮政、自来水、烟草等行业。完全垄断主要有三个特点：一是独家经营；二是进入壁垒高；三是产品具有不可替代性。

(2) 寡头垄断

寡头垄断是指在一个行业中，由少数几家大型企业向市场提供同质的或具有一定差异的产品，如石油、通信等行业。寡头垄断主要有三个特点：一是行业中只有少数几家企业占据重要地位，并且这几家企业之间相互依存；二是它们都想在某一方面寻求市场领先地位，索取市场溢价；三是行业进入壁垒较高（限于资金、技术、市场、信誉等）。

（3）垄断竞争

垄断竞争是指一个行业由许多企业构成，各个企业经营的产品或服务存在差异，行业内既有垄断性，又有竞争性，但其中竞争性大于垄断性，如酒店业、服装业等。垄断竞争主要有三个特点：一是行业中的企业较多，而且存在大量的中小企业，它们之间存在着激烈的竞争；二是它们所经营的产品之间存在一定的差异性；三是存在较低的行业壁垒。

（4）完全竞争

完全竞争是指一个行业由许多提供相同产品或服务的企业构成，这类行业中的竞争不受任何阻碍与限制，是最直接、最激烈的竞争。完全竞争主要有三个特点：一是行业中存在大量的买者与卖者；二是行业提供的产品几乎不存在差异；三是几乎不存在行业壁垒。

随着市场经济的发展，行业竞争结构也在发生变化，因此市场调查人员在进行行业竞争结构与趋势的调查时应做到具体情况具体分析。

2.行业内竞争对手分析

行业内竞争对手的多少或强弱，直接影响着行业对企业的吸引力。若行业内已经出现了众多势均力敌的竞争对手，那么价格战、广告战、产品升级与附加服务等业务的激烈竞争是不可避免的。

市场调查人员在进行行业内竞争对手调查时，应主要考虑以下问题：

①行业中的竞争对手是谁以及数量有多少？

②行业市场的开发情况如何？

③生产规模大批量扩容的可能性如何？

④各竞争对手的经营战略与经营策略是什么？各有什么经营特色？

⑤竞争对手未来的打算是什么？

⑥竞争对手的优势与劣势各是什么？

⑦国外竞争对手全球市场开发的程度如何？

迈克尔·波特在《竞争战略》一书中为我们提供了一个分析竞争对手的基本模式（见图1-7），并确定了四种竞争对手分析要素：竞争对手未来的战略目标、现行的竞争战略、对竞争对手的假设与竞争对手的竞争能力。对四种竞争对手分析要素的调查，有助于了解与预测竞争对手未来的发展趋势。现实中，人们往往重视分析图1-7右侧的问题，而忽视对图1-7左侧问题的分析。

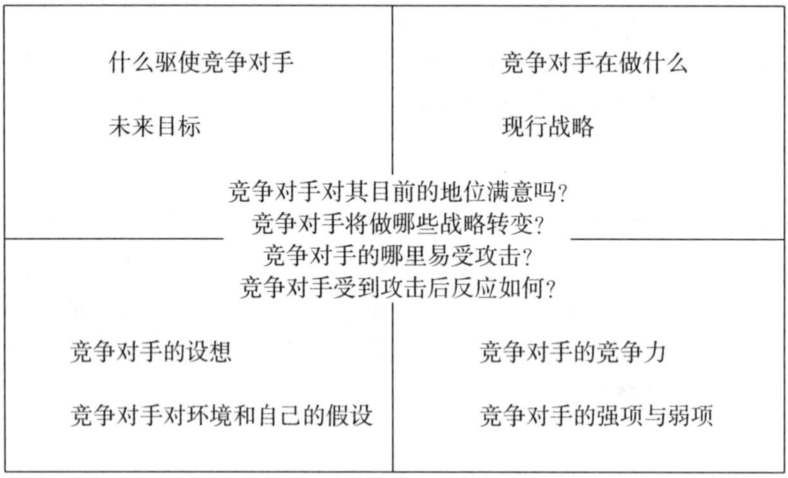

图 1-7 波特的竞争对手分析框架

对竞争对手的调查与分析还可以通过表 1-5 和表 1-6 进行。表 1-5 侧重于对波特分析框架左侧的要素进行分析，表 1-6 侧重于对波特分析框架右侧的要素进行分析。

表 1-5 竞争对手分析表（1）

竞争对手	市场份额	销售额及其增长	战略目标	对行业与地位的假设

表 1-6 竞争对手分析表（2）

竞争对手	目标顾客	产品定位	销售领域	竞争优势	竞争劣势

（四）市场营销要素调查

进行市场营销要素的调查与分析的主要目的是帮助企业正确地使用这些市场营销组合工具，从而更好地满足顾客需求，达到企业经营的目的。市场营销要素调查主要包括产品或服务调查、价格调查、分销渠道调查与促销调查等。

1.产品或服务调查

产品或服务是市场营销组合中最基本的要素，它是企业向市场提供价值的最基本的载体。因此，产品或服务调查是市场营销要素调查的重要组成部分，也是其他市场调查的基础。产品或服务调查主要包括消费者追求的产品核心利益调查，新产品设计、开发与试验的调查，产品生命周期的调查与产品包装的调查等。

（1）顾客追求的产品核心利益调查

在现代市场营销中，产品是指能够提供给市场以满足顾客需要及欲望的任何东西。在不同的社会经济、文化背景条件下，人们的欲望和需求不同，使得人们对产品概念的理解也不尽相同。因此，市场调查人员要对顾客消费心理与消费观念进行动态分析，寻找市场的真正“卖点”，把握顾客所追求的产品的核心利益，这样才能使企业取得最佳效益。

以往营销学界曾用三个层次来表达产品整体概念，即核心产品、形式产品与延伸产品。菲利普·科特勒等学者认为，用五个层次来表达产品整体概念更准确（见图1-8）。

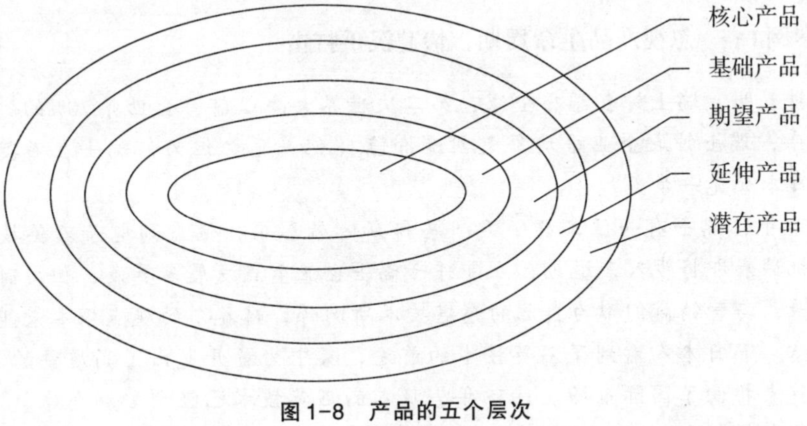

图1-8 产品的五个层次

产品的核心利益强调消费者通过对形式产品的消费来达到深层利益的满足，购买者追求的核心利益是身份、地位与优越感。

形式产品利益是核心利益得以实现的形式，包括物质利益与非物质利益两个方面。物质利益包括品质、式样、特征、包装、服务与装潢等，非物质利益包括品牌、商标、信誉与声望等。市场调查人员应注意做好调查，努力寻求更加完善的外在形式，以满足消费者的需要。

期望和附加利益能够回答消费者在购买产品时期望和默认的利益是什么，如消费者对产品包修、送货、退货等服务的期望；又如消费者在大商场选购服装的同时，期望商场能够提供什么样的试穿环境等。在现代市场经济中，市场调查人员必须努力寻找与满足消费者的期望和附加利益，这已成为企业建立竞争优势的重要方式。

（2）产品生命周期的调查

产品的生命周期是指产品从投入市场到退出市场所经历的全部过程。产品生命周期可分为导入期、成长期、成熟期与衰退期四个阶段。在产品的不同发展阶段，市场营销人员面临不同的任务与挑战。因此，市场调查人员应根据产品生命周期各阶段的不同特征做好调查，从而为市场营销决策提供科学依据（见表1-7）。

表1-7　　产品生命周期分析表

项目＼产品生命周期	产品导入期	产品成长期	产品成熟期	产品衰退期
企业目标	创造产品	争取市场份额	保护市场，获取利润	坚守市场或退出市场
销售额	较低	快速增长	饱和且增长缓慢	衰退
利润	亏损	增长	最高且停止增长	下降
消费者	领先者	早期采用者	跟随者	落伍者
竞争者	几乎不存在	涌入	竞争激烈，相对稳定	部分竞争者退出
营销策略	开发营销	扩大营销	适当营销	减少营销

同步案例1-4　忽视产品生命周期，惨遭沉重打击

史料表明，瑞士钟表享誉全球，第二次世界大战以前，全世界70%的钟表为瑞士所生产，瑞士钟表企业平均每天创造价值18亿美元。但为何瑞士在石英表技术上却让日本领先一步呢？

1954年，瑞士有一位工程师名叫马科斯·赫泰尔，他看到电子石英技术已经成熟，机械表即将步入衰退期，立即呼吁瑞士企业重点发展石英表，但当时瑞士的钟表制造商与营销商们都为自己的精湛技术所陶醉，赫泰尔的观点根本未能引起他们的注意。而日本人看到了石英技术的前途，集中力量开发出了高质量的石英表，并将石英表推向了国际市场。1978年，日本的石英技术已经“誉满全球”，并“领导世界钟表的新潮流”。直到遭到了沉重的打击，瑞士人才大梦初醒。

资料来源　赵伯庄.市场调查［M］.北京：北京邮电大学出版社，2006.

问题：该案例中，“钟表王国”瑞士在石英技术上为何让日本领先一步？

分析提示：日本人的成功在于正确认识到了产品的生命周期，并采取了相应的市场营销策略；瑞士企业没有及时把握石英技术的大好前景，结果错失良机，最后被打败了。

（3）新产品设计、开发与试验的调查

任何产品都要经历导入、成长、成熟、衰退的过程，企业为了在竞争中取胜，必须不断改进老产品，研究与开发新产品，但是开发新产品必然存在很大的风险，而规避风险的最好办法就是开展有效的市场调查。产品改进与开发调查主要应考虑以下三个方面：

①产品改进与开发方案的筛选（见表1-8）。

表1-8　产品改进与开发方案的筛选

项目 产品	目标市场	竞争状况	市场规模	产品价格	开发成本	回报率
产品Ⅰ						
产品Ⅱ						
产品Ⅲ						
产品Ⅳ						

②对消费者偏好与采用过程的跟踪调查。

对消费者偏好与采用过程的跟踪调查的主要任务是：了解消费者接受新产品的最佳时机，了解早期采用产品的消费者的基本类型、消费特点等，了解影响消费者采用过程的基本因素。

③产品包装的调查。

包装是形式产品的延伸，是整体产品的一部分。现代的产品包装不仅能起到保护产品的作用，而且具有识别及美化产品、便利运输和储存、携带方便等特性，因此对产品包装的调查也很重要。

2.价格调查

价格是市场营销组合中最敏感、最活跃的要素，也是市场竞争的重要手段。注重产品的价格调查对于企业制定正确的价格策略具有重要作用。价格调查一般包括市场供求情况及变化趋势的调查、影响价格变化各种因素的调查、替代品价格的调查、新产品定价策略的调查等。

3.分销渠道调查

分销渠道是产品从生产者向消费者转移的过程中经过的通道。分销渠道策略是营销活动的重要组成部分，合理的分销渠道能够使产品及时、安全、经济地通过必要的环节，以最低的成本、最短的时间实现最大的价值。因此，分销渠道调查是市场调查的重要组成部分。分销渠道调查主要包括选择各类中间商的调查、对影响分销渠道选择的各个因素的调查等。

4.促销调查

促销是营销者与购买者之间的信息沟通与传递活动。促销的目的就是激发消费者的欲望，影响消费者的购买行为，扩大产品的销售，增加企业的效益。促销调查一般包括促销手段的调查、促销策略的可行性调查等。

同步案例1-5　“七喜”与“老大哥”之争

“七喜”现在是百事可乐旗下的一个品牌，但创业之初，面对两个强有力的饮料大王——可口可乐与百事可乐，为了与之相抗衡，七喜公司推出了非可乐饮料的定位。1980年，七喜公司的负责人维茨曼在《消费者导报》上看到一篇文章，其中提到，美国民众日益关注咖啡因的摄取量问题，有66%的成年人希望减少或消除食品中的咖啡因。于是他立即布置公司的研究人员去调查可口可乐与百事可乐中的咖啡因含量。调查结果显示：12盎司的可口可乐中含有34毫克咖啡因，而同量的百事可乐中则含有37毫克的咖啡因。作为非可乐饮料，七喜汽水的咖啡因含量为零。七喜公司于是发动了无“咖啡因”战役——投入4 500万美元，掀起了一场声势浩大的广告战，向消费者大声疾呼：“你不是不愿意你的孩子喝咖啡因吗？那么为什么还要给孩子喝与咖啡含有等量咖啡因的可乐饮料呢？给他非可乐、不含咖啡因的饮料——七喜！”七喜公司的进攻非常有效，其广告深深打动了消费者，产品销量大增，七喜公司很快就坐上了饮料行业“第三把交椅”。

资料来源　魏炳麒，陈晖．市场调查与预测［M］．5版．大连：东北财经大学出版社，2016.

问题：七喜公司的成功之处表现在哪里？

分析提示：七喜公司的成功之处在于市场调查与分析基础上的标新立异。七喜公司通过对整个饮料市场和人们需求的分析，结合自身的产品优势，把调查对象转移到了竞争对手身上，并从中找到突破口，一举成名。

四、市场调查的重要性与局限性

（一）市场调查的重要性

1.市场调查是企业决策的前提与基础

每个企业在发展过程中，都会面临各种各样的选择。一个优秀的决策绝不是建立在感觉、直觉、纯粹的主观臆断的基础上的，而是依靠科学的方法与正确的态度做出的。通过市场调查，企业能够有效地了解市场、认识市场、分析市场，科学的市场调查是企业决策的重要依据。

2.市场调查能帮助企业发现自己的优势

通过市场调查，企业可以了解竞争对手的情况，分析竞争对手的优势与劣势，找出自身的优势和劣势，从而在竞争中回避竞争对手的优势、发挥自己的长处、抓住市场机会。针对竞争对手的弱点，突出自己的特色，企业更能吸引消费者，赢得竞争优势。

3.市场调查能帮助企业了解市场供求状况

现代企业竞争实质上是一场争夺消费者的商战。营销学家指出：现代商战的胜利不在于你占据了多少个商场、拥有多少个产品，而在于你占据了多少个消费者的心，拥有一个市场比拥有一个企业更重要。市场调查不仅可以帮助企业发现消费者的现实需求，还可以帮助企业挖掘出潜在的市场需求，从而使企业创造出更多、更有效的新市场，培育出更多的新顾客。

4.市场调查有利于企业掌握环境变化，及时调整策略

市场环境是不断发展变化的，市场调查能帮助企业在变化的市场环境中发现规律，发现有价值的信息。通过市场调查，企业不仅可以了解消费者的消费特征，还

能够充分了解企业形象和广告效果，从而为企业产品定位提供最佳方案。

（二）市场调查的局限性

①市场调查不是万能的，并非所有信息都可以通过市场调查获得，当信息属于商业机密时就很难获得。

②市场调查通常是对今天的事实或被调查者过去发生行为资料的收集，若企业仅凭市场调查进行决策，当然是不可行的。

③市场调查的信息不一定都是真实的。

④调查结果不一定公正，有时会带有一定的倾向性。对于同一个问题，持不同观点的人可能会有不同的调查结果。

此外，在大多数市场调查中，由于受抽样方法及人为因素的影响，调查结果会存在一定程度的误差，因此我们要对调查结果进行客观分析。

同步案例1-6　市场调查使百事可乐如获法宝

在美国软饮料市场上，可口可乐曾经是美国民众常备的饮品，漏斗式造型是可口可乐最重要的竞争优势，而百事可乐花费数百万美元设计出的新瓶子——“漩涡式瓶子”，却被认为是一个仿冒者。

“对于可口可乐的瓶子，我们必须消除其那股无形的特殊力量，这个问题的症结是什么？”百事可乐行销副总经理史考特再三思考这个问题。

史考特认为，百事可乐公司失败的原因就是对顾客的认识不足，搞不清顾客真正需要什么。史考特决定进行市场调查，以研究各个家庭实际上如何饮用百事可乐和其他软饮料。百事可乐公司慎重选择了350个家庭做“长期的产品饮用测试”，这些家庭每周可以优惠价订购任何所需数量的百事可乐及其他竞争品牌的软饮料。

史考特回忆说：“让我们大吃一惊的是，不管他们订购多少百事可乐，他们总有办法把它喝光。这让我恍然大悟。我们要做的就是进行包装设计，采用一种使人们更容易携带更多软饮料回家的包装设计。”他继续说：“情况已经很清楚，我们应全面变更竞争规则，着手上市新的、较大的，且具有更多变化性的包装设计。”于是，百事可乐公司把容量加大，让包装更有变化性。

戏剧化的效果产生了。可口可乐没有及时将其著名的漏斗式瓶子变换为更大的容器，百事可乐迫使一个已经让三代以上美国人熟悉的商标，在美国市场上“消失”了，百事可乐的市场占有率迅速扩大。

史考特发现了在点心食品上的关键事实，也是目前所有市场人员认知的事实——“你能说服人们买多少，他们就能吃多少”。怎样才能说服消费者呢？最佳的方法就是进行市场调查。

资料来源　佚名. 市场调查与分析案例［EB/OL］.［2013-01-16］. http://wenku.baidu.com/link?url=5sFq82elYUtXg6qn2qHwC74p894yJFrGuCXA- 0ihJAMQ8DyXTNfh5GTOLX58J6M0XT- Us-Ru8WYZlEnnNFF30jTJ9gEfzleeAB3hNrtvgeey.

问题：百事可乐为什么能与饮料大王可口可乐抗衡？

分析提示：在美国软饮料市场上，可口可乐曾经是美国民众常备的饮品，漏斗式造型是可口可乐最重要的竞争优势。在这种情况下，百事可乐发起了一项大规模消费者调查。通过调查，百事可乐得知，要想与可口可乐竞争，必须全面变更游戏规则，更新包装并加大容量，结果很快提高了市场占有率。百事可乐之所以有今天的成绩，很重要的一点就是进行了有针对性的市场调查。

五、市场调查的现状与发展

（一）市场调查的起源

市场调查是与近代商品生产的发展相伴随而出现的，商品经济的发展是市场调查产生和发展的根本动力。在市场经济中，生产与消费必须相互配合，产品的效用必须符合顾客的需求，这样两者才能互相协调，促进经济的发展。为此，生产厂家只有明确消费者的需求、偏好、购买能力、购买行为等，才能生产出合适的产品，市场调查与分析工作正是迎合了这一要求而出现的。后来，市场调查进一步被应用到提供服务的企业，甚至所有与管理和决策相关的事务中。

市场调查的理论基础是数理统计。数理统计是一门新学科，国内的几所高校（如复旦大学、南京大学等）都是在1983年才设立了这个专业。数理统计的主要方法是通过部分来推断总体。比如，要研究一个城市的家用汽车问题，按照社会统计的方法，只能通过各区、各居委、各小区、各单位层层发放调查表，再层层上报，每个家庭填一张表。而运用数理统计的方法，只需要调查两三百个家庭，就足以比较准确地推断出整个城市的情况。当然，这两三百个家庭要通过科学的抽样来决定。但有些人往往对抽样调查持怀疑态度，他们说，仅调查几百人，怎么能代表整个城市几十万人呢？显然，他们不懂抽样调查，也不相信抽样调查。

在西方国家，抽样调查被普遍接受也有一个过程。在市场调查的发展历史上有一个典型的事件：1936年，美国进行总统选举，候选人有两位，分别是兰登和罗斯福。当时有一本杂志叫《文学文摘》，其随杂志发了1 000万张预选票，最后收回237万张，统计结果是兰登获胜。同时，有一位市场研究人员叫乔治·盖洛普，他运用了与《文学文摘》杂志不同的方法——科学抽样的调查方法，在全美国选取了1 000个样本，他的分析结果是罗斯福获胜。大选结果是罗斯福获得选票1 800万张，而兰登只获得选票700万张。这件事使得盖洛普采用的这种调查方法在全球引起了轰动。从此，抽样调查法在西方得到了普遍认可，盖洛普还用他的名字创办了一家市场调查公司。到现在为止，盖洛普调查公司仍是全球声誉最好的调查公司之一，我国申办2008年夏季奥运会时，就请盖洛普调查公司来做民意调查，调查结果是中国有百分之九十几的支持率，这个数据没有人怀疑，这个数据也成为中国获胜的一个重要砝码。

（二）市场调查在国外的现状与发展

在发达国家，市场调查是工商企业应对竞争的有力工具，也是工商企业谋求更大市场份额的主要决策依据。

在美国，大公司里都有独立的市场调查部，并且直接由最高决策层负责。市场调查部由众多专家组成，每年的预算约占公司销售额的1%～3.5%，必要时还会聘用公司以外的专门市场调查公司进行专项调查。

在日本，市场调查工作是第二次世界大战以后从美国学来的，但是其发展很快。自20世纪50年代以来，日本经济的发展速度非常惊人，其原因除了政府采取了适当的对外贸易政策外，更主要的是日本肯花大本钱搞市场调查，从而把握了市场发展趋势，产品适销对路。

（三）市场调查在中国的现状和发展

市场调查在中国是一个新兴行业。中国以前实行计划经济，在计划经济体制下，人们不需要进行市场调查。1990年前后，广州首先出现了专业的市场调查公司，随着中国从计划经济体制向市场经济体制转变，一些专业的市场调查公司不断出现。到现在为止，国内的市场调查公司主要集中在北京、上海、广州等大城市。遗憾的是，中国的市场调查行业是在外资企业的引导、带动下发展起来的，80%以上的市场调查业务都是外资企业进行的，这种状况很让人担忧。

我国的市场调查和西方发达国家相比，存在很大的差距，具体表现为：其一，在理论研究方面，缺乏有效的渠道引进国外先进理论，传播缺乏有效手段。其二，应用范围狭窄，主要进行消费品市场调查，很少涉及金融、保险、旅游、交通运输等行业。其三，调查人员素质不高，缺乏专业的理论培训和单元实训，调查专业人才短缺。其四，机构设置不全面，许多企业没有专门的市场调查机构。

总之，中国的市场调查行业正面临着机会与挑战。

同步案例1-7 市场调查帮助青岛海尔滚筒洗衣机大规模登陆日本

连续6年稳坐国内滚筒洗衣机市场头把交椅的海尔滚筒洗衣机大规模登陆日本。由海尔集团专为日本消费者开发设计的“洗衣吧”烘干型滚筒洗衣机在日本正式面市。

在日本，滚筒洗衣机每年以60%的速度增长，洗衣机市场原来的竞争格局也正在悄然改变。无论是商家还是消费者，均看好了滚筒洗衣机，滚筒洗衣机市场发展潜力巨大。

“抱怨”催生了海尔“洗衣吧”。日本的海洋性气候导致空气潮湿，衣服不易晾干，因此干衣机在日本较受欢迎。但日本的“丁克”家庭和单身贵族越来越多，这些人口不超过3人的小家庭普遍抱怨现有的洗涤烘干三合一洗衣机体积过大、价格较高，而一台洗衣机外加一台干衣机摆放不便，需要单独操作的烘干程序较为麻烦。此外，日本市场上的洗衣机外筒多为塑料材质，不仅易生细菌，而且不利于人体健康。通过对日本市场的调查，海尔从许多单身的职业女性和小型家庭对目前市场上的洗衣机的不满意中捕捉到了市场商机。

海尔运用其全球开发设计网络，通过24小时的接力式开发，专为日本小家庭设计的“洗衣吧”很快就诞生了。据了解，这款带自动烘干功能的小型滚筒洗衣机（HSW-D50A）体积小、易摆放，还是不锈钢外筒，可抑制细菌产生。

可以说，人性化设计是这款洗衣机的最大特色。其一大突破是可按衣量进行洗涤，即分为1千克、3千克和5千克三种衣量洗涤方式，从而实现了一台洗衣机顶三台用的效果，解决了消费者担心的因洗涤衣量少而费水、费电的问题。更奇妙的是，这款洗衣机可记忆消费者的洗涤习惯，下次洗衣服时就不用重新设定洗涤程序了。这款洗衣机还特设了六种智能保护功能，能保护老人或小孩因误操作而引起的一些不必要的麻烦。

业内人士分析，海尔此次选择滚筒洗衣机大规模进军日本洗衣机市场，是海尔国际化进程中非常重要的一步，其意义非同寻常。

资料来源　周立梅. 海尔滚筒洗衣机大规模登陆日本［EB/OL］.［2003-09-29］. http://news.xinhuanet.com/stock/2003-09/29/content_1105520.htm.

问题：海尔洗衣机为什么能够打入日本市场？

分析提示：海尔对日本洗衣机市场做了详细的市场调查与分析，最终使海尔洗衣机成功打入日本市场。

任务二　明确市场调查人员的岗位职责

一、市场部的组织架构及职责

（一）市场部的组织架构

市场部的组织架构见图1-9。

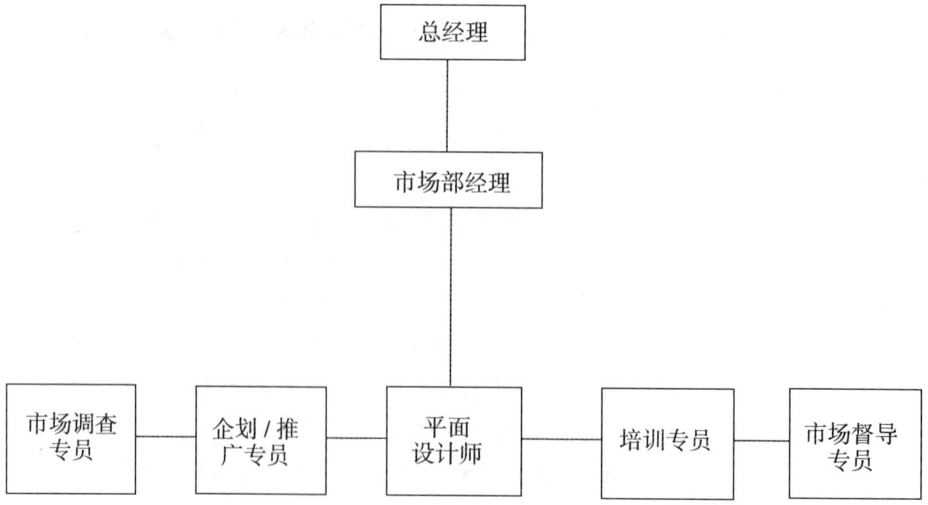

图1-9　市场部的组织架构

（二）人员配备

市场部经理1名；企划/推广专员1名；市场调查专员1名；培训专员2~3名（视业务状况增减）；市场督导专员1~2名（视业务状况增减）；平面设计师1名。

（三）市场部的职责

负责公司整体营销策划、产品推广工作，并为公司的营销战略提供建议。

负责年度经营计划中的营销推广计划（包括年度、季度、月度计划），并协同开发部门、生产部门、财务部门、销售管理部门做出相应的计划，协助完成公司的年度经营计划。

负责整个公司的信息收集与处理，为各部门和决策层提供决策数据支持。

监督各区域的市场营销策划、产品推广促销工作，对各市场区域的推广方案提供策划、指导和支持。

二、市场调查人员的岗位职责

（一）市场部经理岗位责任书

市场部经理岗位责任书见表1-9。

表1-9　**市场部经理岗位责任书**

岗位	市场部经理
直接上级	总经理
直接下级	本部门员工
本职工作	• 市场部的日常管理工作 • 对公司的营销战略和策略提出建议 • 对公司的年度经营计划提出建议，并协助财务部门、销售部门做好分解计划书工作 • 指导全国市场推广活动的策划 • 指导市场部各项信息的收集、分析与编撰 • 审核媒体发布计划和各项推广费用 • 代表公司签订各种广告推广合同 • 市场信息制度的拟定和监督执行 • 协调部门间的关系
直接责任	• 对市场推广活动的策划负责 • 对信息的采集、分析、编撰负责 • 对编制的年度经营计划建议书负责 • 对推广费用的监控负责 • 对签订的各种推广合同负责
主要权利	• 对上级指令有投诉权和申辩权 • 享受公司员工的福利和权利 • 对市场推广费用有审批权 • 对宣传印刷品有审批权 • 对各种推广合同有最后审批权 • 部门的人事权、奖罚权
管理范围	• 对部门员工的日常管理 • 对个人及部门办公环境的管理 • 对市场部各种事务的管理

（二）企划/推广专员岗位责任书

企划/推广专员岗位责任书见表1-10。

表1-10 企划/推广专员岗位责任书

岗位	企划/推广专员
直接上级	市场部经理
直接下级	无
本职工作	• 对公司营销决策提出建议 • 拟订全国范围内的年度推广方案（广告、公关、促销） • 对区域市场的推广方案进行审核和批示 • 拟定市场推广工作规范并监督执行 • 审核控制市场推广费用 • 对广告促销品的使用进行监控 • 对企业的新闻公关、广告、促销活动提供策划 • 对市场策划活动的执行进行督导 • 对市场推广活动的效果进行评估 • 编制媒体投放计划 • 监督媒体投放计划的实施 • 与制作单位联络，开展广告促销品的制作 • 对制作过程和结果进行监控，对制成品进行验收
直接责任	• 对公司的经营决策负一定责任 • 对全国范围的年度推广方案负责 • 对推广费用的控制负责
主要权利	• 对上级指令有投诉权和申辩权 • 享受公司员工的福利和权利 • 对策划方案有指导权
管理范围	• 对个人及部门办公环境的管理 • 对策划资料和方案的管理
素质要求	• 具有市场营销、信息管理、媒体投放等相关知识 • 具有策划与沟通能力 • 具有计划与控制能力 • 熟悉行业情况与市场一线

（三）市场调查专员岗位责任书

市场调查专员岗位责任书见表1-11。

表1-11　　市场调查专员岗位责任书

岗位	市场调查专员
直接上级	市场部经理
直接下级	无
本职工作	• 负责各部门信息的采集和每月信息月报的编撰 • 负责信息的定期分析和单项报告的编撰 • 根据信息对公司的营销决策、营销活动提供建议 • 负责对产品、市场、消费者、竞争对手、发展趋势等各种情况进行一线实地调查 • 对市场推广活动的效果进行调查 • 定期进行调查活动，重大调查活动按领导安排随时进行 • 设计调查方案，编撰调查问卷 • 进行调查结果统计和分析 • 撰写调查报告并提出市场营销建议，提交上级领导
直接责任	• 对信息的采集负责 • 对信息的分析编撰负责 • 对信息的双向交流负责 • 对调查活动的实际负责 • 对调查过程的规范性、科学性负责 • 对调查报告的真实性、严谨性负责
主要权利	• 对上级指令有投诉权和申辩权 • 享受公司员工的福利和权利 • 根据信息对公司营销决策和其他部门的工作有建议权 • 对公司的营销策略有建议权
管理范围	• 对个人及部门办公环境的管理 • 对信息和调查的管理
素质要求	• 具有信息管理能力 • 具有调查分析和撰写报告的能力 • 具有沟通能力

（四）培训专员岗位责任书

培训专员岗位责任书见表1-12。

表 1-12　培训专员岗位责任书

岗位	培训专员
直接上级	市场部经理
直接下级	无
本职工作	• 执行市场部下达的培训工作规范、流程和培训方案 • 调查各区域市场的培训需求，调整、执行培训计划 • 计划和实施产品知识培训、销售技能培训等，讲授培训课程，解答疑难问题 • 撰写培训报告，反馈、评估培训效果 • 评估培训工作效果，对培训工作进行改进
直接责任	• 对培训工作的规范、流程和培训方案负责 • 对区域市场的培训需求负责 • 对撰写的培训报告负责 • 对促销员的培训成绩负责
主要权利	• 对工作的规范、流程和培训方案有建议权 • 对培训教材有编写权 • 对培训中存在的问题有反馈权和建议权 • 对上级指令有投诉权和申辩权 • 享受公司员工的福利和权利
管理范围	• 对个人办公环境的管理 • 对工作计划与结果的管理
素质要求	• 具有丰富的授课经验，了解成人学习的特点，善于与学员互动，现场控制能力强，能根据学员能力与素质调整培训方案，注重培训效果 • 形象好，具有亲和力，语言表达能力和沟通协调能力强 • 积极向上，工作富有激情

（五）平面设计师岗位责任书

平面设计师岗位责任书见表 1-13。

表1-13　　**平面设计师岗位责任书**

岗位	平面设计师
直接上级	市场部经理
直接下级	无
本职工作	• 负责公司所有宣传广告材料的设计工作 • 对外协广告公司的平面设计作品进行审核 • 参与与媒体单位、外协广告公司有关平面设计方面的合同的拟订 • 负责公司宣传物料投放市场后的审查、评估工作，并提供修改意见
直接责任	• 对公司所有宣传广告材料的设计工作直接负责 • 对外协广告公司的平面设计作品有审核责任 • 对公司宣传物料投放市场后的审查、评估工作负责
主要权利	• 对上级指令有投诉权和申辩权 • 享受公司员工的福利和权利 • 对外协制作单位的工作有监督权 • 对外协制作单位的作品有审查权和验收权 • 对平面设计作品有保管权
管理范围	• 对个人办公环境的管理 • 对工作计划与结果的管理
素质要求	• 具有丰富的平面设计等专业知识 • 具有作品鉴赏力 • 具有个人管理能力

（六）市场督导专员岗位责任书

市场督导专员岗位责任书见表1-14。

表1-14　　**市场督导专员岗位责任书**

岗位	市场督导专员
直接上级	市场部经理
直接下级	无
本职工作	• 对终端运作情况进行检查，包括硬终端检查与软终端检查。硬终端检查主要是指产品检查与宣传品检查。软终端检查包括进门观察、营业员导向测试、产品知识测试、宣传资料检查、营业员随机询问与表露身份后的详细检查等 • 负责区域市场的维护与监控工作，减少与避免假冒伪劣、冲货、窜货及低价现象出现 • 对违规行为进行核查，并提出处罚建议方案 • 对促销活动进行监督与评估 • 制订市场调查方案，并组织协调相关部门参与实施 • 对市场营销活动和售后服务提出指导性意见和改进方案 • 负责客户关系管理

续表

直接责任	• 对区域市场的维护与监控工作负责 • 对区域市场促销活动的监督与评估负责 • 对客户关系管理负责
主要权利	• 有权根据市场状况，提供科学有效的促销方案 • 有权监督店铺促销活动的执行情况及促销结果的反馈情况 • 有权对市场一线的各种有效信息及时进行整理、汇报 • 对上级指令有投诉权和申辩权 • 享受公司员工的福利和权利
管理范围	• 对个人办公环境的管理 • 对工作计划与结果的管理
素质要求	• 熟悉促销技巧及人员培训经验 • 具有品牌终端管理和客情维护能力 • 具有产品陈列经验、专卖店管理经验、店铺督导经验

三、市场调查人员的素质要求及培训

（一）市场调查人员的素质要求

一个合格的市场调查人员，不仅要有良好的表达能力，阅读、书写和记忆能力，还要有良好的注意力分配能力、独立外出能力、自我约束能力、人际交往能力、探测能力和减少拒绝的能力。以下是市场调查人员应具备的基本素质，也是成为一个合格的市场调查人员的前提。

1.优良的品德

要做事，先做人。只有德才兼备的人，才能称为人才。你只有品德端正，别人才能尊重你，你才能成为别人工作上值得信任的伙伴。

2.信心

信心对于市场调查人员而言，应该包括以下三个方面：第一，对公司的信心；第二，对工作目标的信心；第三，对自己的信心。

一位敬业的优秀调查人员，必须相信自己能做好，必须能够克服一切困难，这样才能最好地完成工作。

3.勤于思考

要想成为一位优秀的市场调查人员，必须能够随时观察身边每一个细小的变化，并且能够做出相应的分析、总结，以不断提升自己对事物的敏锐感。思考是提高对事物认知力的唯一途径，只有勤于思考、习惯思考，才能改进工作方法，才能更好地领悟事物的细微区别，才能提高自己的市场调查能力，从而做得更好。

4.持久力

持久力是一切成功的前提条件。坚持，是一种精神、一种态度，缺乏了这种精神、这种态度，任何事情都干不好。因此，持久力是市场调查人员必须具备的能力。我们在遇到困难时，要耐心寻找解决方案，并及时调整应对策略。

5.较好的心理素质

市场调查工作充满各种挑战，工作中的挫折、现实环境的压力，都是无法避免的。如果没有良好的心理素质，市场调查工作是无法顺利进行的。许多市场调查人员在受到持续的挫折后，逐步对自己失去了信心，甚至会转行。因此，市场调查人员必须具备良好的心理素质，胜不骄，败不馁。

6.出色的交际和反应能力

一般来说，一名优秀的市场调查人员应该尽可能抓住一切时间、一切机会来交朋友；同时，无论在社交中还是实际调查工作中，市场调查人员都要具备极强的反应能力。市场调查人员应善于感受身边的任何信息，并能够据此做出相应的反应。

7.较高的工作热情

兴趣是从事工作的前提，才能是做好工作的基础，而热情是保证才能得到发挥的基础。一个人的能力可以发挥多少，不仅取决于个人的基本素质，而且与个人投入热情的多少有关。此外，在团队工作中，热情是可以相互影响的，其能够带动团队成员为一个目标共同努力。因此，工作热情是团队向上不可或缺的动力。

8.渊博的知识

市场调查人员在工作中需要同各行各业、各种层次的人接触，具有渊博的知识能够使市场调查人员同各类人群交往。因此，具有渊博的知识在市场调查工作中非常重要。

9.强烈的责任心

责任心是工作的基础。一个市场调查人员的一言、一行、一举、一动都代表了公司形象，公司形象要靠每一个员工向社会直至最终客户反映。因此，市场调查人员一定要具有强烈的责任心。

10.较强的创新能力

市场竞争常常是以新制胜，谁首先看到和顺应了新的消费动向，谁就有可能占据有利的市场地位。因此，市场调查人员一定要具有较强的创新能力，这样才能在市场调查工作中不断丰富信息资源，使市场调查工作有价值。

11.较强的市场信息分析能力

市场调查人员的工作并不是简单地提供调查资料，因为把大量的市场信息推给决策者，并不会减少决策的难度。因此，市场调查人员还要具有较强的市场信息分析能力，从而帮助决策者对市场需求和市场动态做出正确判断。

（二）市场调查人员的培训

1.培训的途径

（1）业余培训

业余培训是提高市场调查人员素质的有效途径，是调动市场调查人员学习积极性的重要方法，具有投资少、见效快的特点。

（2）离职培训

离职培训是一种比较系统的训练方法，它可以使调查人员集中精力和时间进行学习。离职培训可以采取两种方式：一种是举办各种类型的市场调查人员培训班；另一种是根据市场调查人员的工作特点和本部门的需要，送他们到各类经济管理院校的相应专业，系统学习专业基础知识、调查业务知识、现代调查工具的使用知识等。离职培训可以使市场调查人员具有较扎实的基础知识，但投资较大。

2.培训的方法

（1）集中讲授方法

这是目前市场调查人员培训采用的主要方法，即请有关专家、调查方案的设计者对市场调查的意义、目的、要求、内容、方法及具体工作安排等进行讲解，在必要的情况下，还可讲授一些市场调查的基本知识、介绍一些背景材料等。采用这种培训方法应注意突出重点、针对性强、讲求实效。

（2）以会代训方法

这是指由主管市场调查的部门通过召开会议的方式培训市场调查人员的方法。这里的会议有两种形式：一是研讨会，主要就需要调查的主题进行研究，从拟定调查题目到调查的设计，资料的收集、整理和分析，逐一确定各项内容；二是经验交流会，在会上，大家可以互相介绍各自的调查经验、先进的调查方法和成功的调查案例等，以集思广益、博采众长、共同提高。采取以会代训方法，一般要求参加者有一定的知识水平和业务水平。

（3）以老带新方法

这是一种传统的培训方法，即由有一定理论和实践经验的人员，对新接触市场调查工作的人员进行传、帮、带，从而使新手能尽快熟悉调查业务，并且得到锻炼和提高的方法。这种方法能否取得成效，取决于传授者是否能够无保留地传授，学习者是否能够虚心求教。

（4）模拟训练方法

这是指人为地制造一种调查环境，由培训者和受训者或受训者之间相互分别扮成调查者和被调查者，进行二对一的模拟调查，练习某一具体调查过程的方法。

（5）实习锻炼方法

这是指在培训者的策划下，让受训者到真实的调查环境中去实习和锻炼的方法。这种方法能将理论和实践有机结合，从而在实践中发现各种问题，在实践中培养受训者处理问题的能力。

3.培训的内容

（1）调查责任培训

接触受访者—提问—记录—审查—发送礼品—礼貌待人—保密。

（2）调查内容培训

培训可分为基础培训、专业培训与项目培训。

①基础培训。这是指对市场调查人员进行的包括自我介绍、入户方式、应变能力、工作态度、安全意识、报酬计算标准、奖惩条例、作业流程以及纪律与职业道德等内容的培训。

②专业性培训。这是指针对某一份问卷涉及的如何甄选被访对象、如何统一理解或向被访者解释某些专业概念与名词、如何提出问题、如何做好笔录、如何追问，以及如何自查问卷等技术性问题进行的培训。

③项目培训。项目培训的内容主要包括项目背景、调查目的、调查方式、调查要求、现场实施流程、问卷内容讲解、标准答案给定、问卷内容模拟及总结、现场试访等。

（3）调查技巧培训

调查技巧培训的内容包括地址抽样、访问形式、对象甄别、持卷姿势、填写方法、不同问题的追问技巧、记录技巧、常见情况和意外情况的处理等。

在调查技巧培训中，应注意以下几个方面：

①最大限度争取被调查者的支持，并且使调查过程保持愉快，被调查者的情绪会对问卷的质量产生很大影响。

②不要误导被调查者。比如，调查某一饮料的口味时，调查人员应该说“请您谈谈您对这款饮料口味的看法”，而不应该说“您是不是觉得这款饮料的口味有点太甜了”。

③如果请被调查者回答较长的问卷，应先向对方说明大约需要多少时间，避免被调查者因赶时间而草率应付回答。

④如果有礼品赠送，应在适宜的时机告诉被调查者，并向其说明这是他们配合调查应得到的合理报酬，避免被调查者因感恩而做有倾向性的回答。

（4）调查程序培训

一般而言，如果市场调查人员掌握了上述技巧，那么只要是有责任心的人，基本上都能拿回有效的问卷。尽管如此，为了切实保障数据的准确性，还可以设立调查督导，调查督导通过现场审查、补问、复核等工作，能够有效提升数据采集水平。调查督导将主要完成以下工作：

①在项目开始前，要向市场调查人员说明问卷要求、项目进度、酬金标准、项目难度、赏罚标准，并要求市场调查人员一定要结合自己的实际情况决定是否进入该项目。

②课堂培训结束后，先拿出少量问卷，将调查任务分派给每个市场调查人员，让他们按正式要求试访几份。同时，调查督导以旁观陪同者的身份，对每一个市场调查人员进行一次陪访，实地观察市场调查人员在实际工作中是否存在问题。

③陪访结束后，对市场调查人员的工作进行一次集中总结，及时纠正试访中存在的问题，并淘汰部分难以胜任工作的市场调查人员。

④集中总结结束后，市场调查人员正式开始市场调查工作。此时，调查督导应

做好现场审查、补问、复核等工作。

现场审查即现场督导审查市场调查人员交回的问卷。调查督导应当着市场调查人员的面进行问卷审查，并针对问卷中的问题，及时告诉市场调查人员正确的访问方法、处理方法，以提高访问质量。

补问即调查督导对一审不合格问卷中的问题根据情况现场通过电话补问，也可以由质控人员陪同市场调查人员回访被访者，或要求市场调查人员再次找到被访者进行补问。

复核即调查督导在第一时间按一定比例核实市场调查人员交回的问卷，以确保问卷的真实性。

项目小结

1. 市场调查是企业经营决策的主要依据，能帮助企业发现优势，及时了解与满足消费者的需求，有利于企业掌握环境变化，及时调整策略。市场调查具有普遍性、科学性、不确定性与应用性等特征。在市场调查过程中，要坚持客观性、系统性、经济性、科学性与准确性等基本原则。

2. 市场调查是围绕企业营销活动展开的，其主要内容包括市场环境调查、市场需求调查、市场竞争调查、市场营销要素调查。

3. 市场调查从不同的角度可划分为不同的类型。

4. 市场调查在我国是一个新兴的行业，我国的市场调查和西方发达国家相比还存在很大的差距。

5. 市场调查人员的岗位职责与素质要求，学生在上岗前都应掌握。

6. 市场调查人员的培训方法包括集中讲授方法、以会代训方法、以老带新方法、模拟训练方法和实习锻炼方法；培训内容包括调查责任、调查内容、调查技巧和调查程序。

主要概念

市场调查　市场环境调查　市场需求调查　市场竞争调查　市场营销要素调查

基本训练

（一）填空题

1. 市场调查的主要内容包括（　　）、（　　）、（　　）与（　　）。

2. 市场调查的原则主要有（　　）、（　　）、（　　）、（　　）与（　　）。

3. 市场调查的特征包括（　　）、（　　）、（　　）与（　　）。

（二）选择题

1. 一般不制订详细而周密的计划，但能使我们对要调查的问题有一个初步的认识和了解，从而为进一步深入调查提供思路的调查是（　　）。

A．探索性调查　　B．间接调查
C．描述性调查　　D．预测性调查

2．市场是动态变化的，影响市场的因素是复杂多样的，市场调查只可能得到某一方面的信息或某一时段、某一区域、某一样本的信息，这种市场信息如果收集得不全面，会导致市场调查具有（　　）。

A．不完整性　　B．不确定性
C．不可靠性　　D．不可行性

3．适用于数量方面的调查是（　　）。

A．市场普查　　B．问卷调查
C．抽样调查　　D．典型调查

4．市场调查的作用主要表现为（　　）。

A．认识市场　　B．提高市场份额
C．了解市场供求状况　　D．提高企业经营管理水平

5．市场需求调查主要包括（　　）。

A．生产者需求调查　　B．消费者购买决策过程调查
C．消费者购买动机调查　　D．消费者需求量调查

（三）简答题

1．市场调查的主要特征有哪些？

2．简述市场调查在企业生产经营活动中的作用。

3．按资料来源的不同划分，市场调查包括哪些类型？

4．按调查目的的不同划分，市场调查包括哪些类型？

5．简述市场调查应遵循的基本原则。

6．市场调查人员岗位职责及素质要求有哪些？

7．市场调查人员的培训方法与培训内容有哪些？

（四）案例分析

吉列公司的女性剃须刀

男人长胡子，因此要刮胡子；女人不长胡子，自然就不必刮胡子。然而，美国吉列公司把剃须刀推销给女人，居然大获成功。

吉列公司创建于1901年，发明了世界上第一副安全剃须刀片和刀架，其产品因使男人刮胡子变得方便、舒适、安全而大受欢迎。进入20世纪70年代，吉列公司的销售额已达20亿美元，成为世界著名的跨国公司。然而，吉列公司并不满足于已有的成绩，而是不断寻求新的市场。1973年，吉列公司经过一年的周密调查后发现，女性剃须刀市场就是一个巨大的潜在市场。

美国有几千万成年女性需要经常刮除腿毛和腋毛，由于市场上没有女性用剃须刀销售，她们只好购买男性用的剃须刀完成这一保持美好形象的大事，一年的花费高达7 500万美元。相比之下，美国女性一年花在眉毛和眼影上的钱不过6 300

万美元，花在染发剂上的钱大概有5 900万美元，可见女性用剃须刀市场的需求之大。于是，吉列公司为这些女性精心设计了专用“剃须刀”。其刀头部分与男性用的剃须刀基本一致，只是刀架选用女性喜欢的淡黄、水红、天蓝等颜色，握柄由直形改为弧形，以方便女性使用，并在上面印压了一朵美丽的雏菊。在推销这一新产品时，吉列公司根据女性的心理特征，选择“不伤玉腿”作为广告主题，突出强调了新产品对女性的适用性和安全性。女性用剃须刀一面市，立即受到了广大女性的欢迎，至今仍然畅销不衰。

资料来源　袁泽沛. 市场开发“巧”者胜［J］. 总裁，2005（6）.

问题：本案例给我们的启示是什么？

单元实训

【实训情境设计】

为改善国内用卡环境，提高银行卡服务质量，中国银联计划从监督员中选择一批固定的调查对象，定期开展银行卡市场调查活动。每参加一次调查活动，中国银联将给予一定的奖励，同时监督员还可积分，积分的高低将作为年度优秀监督员的评选依据。在此，中国银联诚挚地邀请您成为固定调查对象中的一员。如果您有意定期参加银行卡市场调查活动，请您填写好“银行卡市场调查被调查人基本情况表”，并以电子邮件的方式反馈给我们，中国银联将对您的个人资料予以保密。希望有意参加银行卡市场调查的监督员，及时收集自己日常生活中，特别是“五一”、“十一”和春节期间的用卡情况和在用卡过程中发现的问题，整理好相关资料，以保证调查结果的真实、客观。此外，中国银联也欢迎非监督员踊跃参加本次活动！

【实训任务要求】

1. 以小组为单位进行实训。将学生分成若干小组，每组5～7人，小组成员分工合作。

2. 查找与市场实训情境有关的资料，结合具体情况，了解这次市场调查的目的与使用的调查方法。

3. 各项目小组向全班汇报实训结果，教师进行点评。

4. 每位同学都要完成课程实训总结、撰写实训报告，在此基础上综合评出个人的成绩。

【实训提示】

1. 这项实训活动应在调查策划实训室进行，实训室内应配备讨论桌，便于小组讨论时使用。

2. 事先将全班学生分成几个实训小组，并确定小组长。

3. 每个小组上交实训方案。

【实训效果评价】

小组成员共同评出组员个人的实训态度成绩，教师和各小组长共同评出组员个人实训表现成绩（见表1-15），教师评出小组实训报告成绩（见表1-16），并在此基础上给出个人最终成绩。

表1-15 组员个人实训过程评价表

小组成员姓名	态度（满分为100分）	表现（满分为100分）	
		操作（50%）	技能（50%）

注：各项考评满分分别为100分，60分以下为不及格，60～69分为及格，70～79分为中等，80～89分为良好，90分以上为优秀。

表1-16 小组实训报告评价表

评价内容	分值（分）	评分（分）
了解市场调查的类型并会应用	30	
遵循市场调查的原则	20	
熟练掌握市场调查的内容	30	
明白市场调查的作用	20	
总分	100	

注：考评满分为100分，60分以下为不及格，60～69分为及格，70～79分为中等，80～89分为良好，90分以上为优秀。

个人最终成绩=个人实训态度成绩×20%+个人实训表现成绩×50%+小组实训报告成绩×30%

项目二　制订市场调查方案

学习目标

通过本项目学习，达到以下目标：

理论目标：掌握确定市场调查项目的过程；理解市场调查方案的含义及制订方案对市场调查的重要性，掌握市场调查方案的格式；理解市场调查方案设计的内容；了解市场调查机构的特点与选择策略。

实训目标：培养学生对市场调查方案设计与评价的技能；使学生在现实的市场调查过程中，掌握市场调查的流程；培养学生的专业能力与职业核心能力。

引例

某休闲服装市场调查背景资料

地处广州的某服饰公司欲开发一种新的休闲服装，但是面对国内休闲服装市场品牌众多、市场竞争激烈的局面，公司决策层认为要取得产品开发与市场推广的成功，需要对目前的市场环境有一个清晰的认识，从现有市场中发现机会，从而做出正确的市场定位，制定有针对性的市场策略。

因此，决策层决定委托市场调查机构开展市场调查与分析，通过对市场进行深入了解，确定如何进行产品定位，如何制定价格策略、渠道策略、促销策略，以及如何将各类因素进行有机整合，以实现资源的最优化配置，从而使新开发的服装成功打入市场。

问题：现在，某调查公司接受了该服饰公司的委托，欲承担该项目的市场调查工作，调查公司应当首先开展哪些工作呢？

分析提示：市场调查是一个科学性很强、工作流程系统化很高的工作。它是由调查人员收集目标材料，并对所收集的材料加以整理统计，然后对统计结果进行分析，从而为决策提供依据的方法。在实际工作中，面对一个调查项目，工作人员需要做的第一项工作就是明确市场调查的任务，科学设计调查方案。

本项目将阐述市场调查方案的设计方法。同时，学生需要关注以下问题：

第一，一份好的市场调查方案的设计思路。

第二，市场调查方案的一般格式和内容。

第三，市场调查方案的主要特点。

在此基础上，学习本项目之后，学生应当选择一个市场调查项目，制作一份市场调查方案，并提交给老师进行评价。

任务一 确定市场调查项目

一、明确调查目标

进行市场调查，首先要明确调查目标，由于企业的需要不同，因此市场调查的目标也有所不同。企业在制定经营战略时，要调查宏观市场环境的发展变化趋势，尤其要调查所处行业未来的发展状况；企业在制定市场营销策略时，要调查市场需求状况、市场竞争状况、消费者购买行为与营销要素情况；企业在经营过程中遇到问题时，要针对存在的问题与产生问题的原因进行市场调查。

市场调查目标多种多样，常见的目标主要有以下几种：

①为制定地区发展规划服务，如辽宁沿海经济带发展规划、沈阳大浑南地区发展规划等。

②为一项重要决策提供依据，如为豫园商城是否能搞“封闭经营”提供依据。

③商业街改造后，为政府管理部门进行市场调控提供各方面变化的数据，如中央步行街改造后相关情况调查。

④为企业进入新的商场提供依据，如为三明公司提供的对上海休闲食品市场的调查。

⑤为企业开设一个新的商业场所提供依据，如为上海申通地铁公司提供的明珠线站点商业环境调查。

⑥为企业制定发展战略提供依据，如为山东德棉集团提供的纺织终端市场调查。

因此，在接受调查项目时，调查人员要清楚委托者的调查意图，这样调查目标才算明确。

为了清楚调查意图，首先要与企业决策者进行沟通交流，选择恰当的时机和方式对企业决策者进行访问，了解导致企业必须采取行动、进行决策转变的事件，如企业产品的市场份额在短期内突然下降，分析最可能的影响因素以及决策者可以选择的不同措施，同时评价有关新措施的不同选择标准，与制定新措施有关的企业文化。

与决策者沟通交流的注意事项包括：

第一，在市场调查活动中，调查人员与决策者能够自由交换意见是非常必要的，双方应该相互信任。

第二，营销调查是一项群体活动，双方应该开诚布公。

第三，调查人员与决策者的接触应具有创新性，不能模式化。

第四，调查人员与决策者的关系必须友善、密切。

其次要与行业专家进行沟通交流，选择合适的人选，寻找有效的接触渠道，提供必要的背景资料，制定合理的报酬与要求。

二、了解有关资讯

明确调查目标后，市场调查人员应迅速开展对有关资讯的了解，从而对环境、产品或市场有一个整体的把握。一般来说，市场调查人员应从以下几个方面进行了解：

（一）对行业情况的初步了解

行业情况对市场非常重要，市场调查人员应从以下两个方面初步了解行业情况：

1.行业分类

行业一般是指按生产同类产品，或具有相同工艺过程，或提供同类劳动服务划分的经济活动类别，如批发和零售业、机械行业、交通运输业等。

中华人民共和国国家统计局的行业分类标准如下：A.农、林、牧、渔业；B.采矿业；C.制造业；D.电力、热力、燃气及水生产和供应业；E.建筑业；F.批发和零售业；G.交通运输、仓储和邮政业；H.住宿和餐饮业；I.信息传输、软件和信息技术服务业；J.金融业；K.房地产业；L.租赁和商务服务业；M.科学研究和技术服务业；N.水利、环境和公共设施管理业；O.居民服务、修理和其他服务业；P.教育；Q.卫生和社会工作；R.文化、体育和娱乐业；S.公共管理、社会保障和社会组织；T.国际组织。

2.行业调查的方法

①从因特网上广泛收集资料；

②从行业杂志、报纸上收集资料；

③从有关行业协会、专业信息中心取得有关内部资料。

比如，我们为某棉纺集团做纺织品消费市场调查时，就可以从以上三个方面收集行业资料，得出以下结论：

●流行趋势主题，少年主宰消费；

●女装：分类明显、品牌众多；

●男装：经典与休闲并举；

●内衣：演绎生命与个性；

●休闲渐成时尚。

（二）对周边环境的初步了解

一个商业中心的周边环境，包括其所处的地理环境、周边大型商业设施、竞争态势、交通便利性及客流量等。在市场调查中，对企业周边环境进行准确把握是十分重要的，它涉及避免重复建设、形成错位的良性竞争等重要决策。

市场调查人员应从以下几个方面初步了解周边环境：

1.从地图上了解

例如，某大型商业中心在进行沈阳浑南店址调查时，首先要在地图上观察它将来的辐射面。

2.跑马观景式了解

驱车前往在地图上查到的几个商业中心，看看有没有主要竞争对手、商业环境的繁荣程度如何，思考一下将来的市场如何。

3.对周边交通线路进行了解

交通方便与否会直接影响该市场的开发。例如，某大型商业中心在沈阳浑南开店前，决策层一直犹豫不决，主要的担忧是地段冷僻，但经过调查发现，公交线路有10余条，于是企业马上做出了开店的决策。

（三）了解企业概况

第一，了解企业的历史资料，并进行趋势预测。了解与企业销售、市场份额、盈利能力、技术等有关的历史资料并进行趋势预测，能够帮助市场调查人员理解潜在的营销调查问题。例如，一个企业的销售额下降而整个行业的销售额上升，和一个企业与整个行业的销售额同时下降是完全不同的问题。第二，了解企业的可利用资源和调查时面临的限制条件。

（四）了解企业的环境

1.了解消费者行为

消费者行为是市场调查的一个重要组成部分，大多数营销决策中的问题都会回到预测消费者对营销者具体行为的反映上。了解消费者行为应该考虑以下因素：①消费者和非消费者的人数及地域分布；②消费者人口统计和心理特征；③产品消费习惯；④消费者对价格的敏感性。

2.了解企业所处的法律环境

这要求企业了解公共政策、法律法规、政府代理机构。法律领域涉及的内容包括专利、商标、特许使用权、交易合同、税收、关税等，法律对营销的每一个组成部分都有影响。

3.了解企业所处的经济环境

这要求企业了解购买力、个人收入总额、个人可支配收入、个人储蓄情况及总体经济形势。

4.了解企业的营销手段（4P）

这要求企业了解产品包装、品牌忠诚度、品牌价值、产品生命周期、产品市场前景、产品售后服务等；分销渠道的结构和覆盖范围、经销商分布及与其关系的处理等；促销手段的效果、促销方式、费用等；定价是否合理、顾客对价格变化的反应等。

（五）对竞争者状况的了解

这是指对竞争者一般性的调查，如了解不同企业的市场占有率、经营特征、竞争方式、行业竞争结构和变化趋势等。针对某一具体竞争者的调查内容包括竞争者的业务范围、资金状况、经营规模、人员构成、组织结构、产品品牌、产品价格、产品性能、销售渠道等。

针对竞争者的调查在后面的步骤中还将深入进行，但在制订调查方案前，市场调查人员必须有一个概括性的了解，具体内容包括：

①竞争者的实力、卖场的面积、知名度与美誉度如何？

②竞争者的业态（如是中小型超市还是大卖场，是百货店还是专卖店）如何？

③竞争者的营销方式（产品的价格、销售渠道、促销方式等）如何？

三、深入实地考察

仅有初步的了解还不够，市场调查人员还必须深入实地考察。这类考察根据调查目标的不同，可分为对地区经济的考察、对商业服务业企业的考察、对工业企业的考察等，这些考察各有不同的侧重点。

（一）对地区经济的考察

进行地区商业规划或前往新的地区投资时，都必须对地区经济进行考察，考察重点包括：

①地区经济的总体情况。

②地区商贸业的总体情况。

③地区商贸业的竞争状况等。

（二）对商业服务业企业的考察

对商业服务业企业的考察重点包括：

1.环境考察

环境考察主要是浏览周边的商业竞争环境，包括一个城市商业业态的总量、商业业态的竞争状况、一个区域内商业企业的集中程度等。

2.客流量考察

对商场进行正式调查前，必须对客流量有一个大概的了解。客流量考察一般包括以下内容：商场门口路过的人流量有多少，进店客流量是多少，购买者大致有多少，与其他商店比较怎么样等。

3.购买力考察

购买力考察的内容包括：进店的客户中有多少人在购物，其比例是多少；当天该店的客流量与销售额之比是多少；客户主要买什么商品等。

（三）对工业企业的考察

一个企业在制定自己的发展规划或将新产品打入市场时，需要进行大规模的市场调查。这时，市场调查人员应首先对工业企业进行实地考察，其内容包括：

1.生产环境考察

生产环境考察的内容主要包括：生产流水线的运转情况；工人作业情况；厂区管理情况等。

2.产品考察

产品考察的内容主要包括：产品陈列室的陈列内容；产品的市场占有率；产品的包装、价格及与国内外同类产品的比较；产品的质量及返修率等。

四、确定调查问题

市场调查人员应当根据决策者面临的问题（如“需要做什么?”），定义研究问题（如“需要什么信息和如何获得这些信息?”），从而将决策问题转化为研究问题。

（一）决策问题

决策问题主要包括：

①为新产品设计包装。

②增加商店的客流量。

③通过开设新店进行市场渗透。

④是否应引入新产品。

⑤是否应改变现有广告宣传。

⑥是否应提高某一品牌的价格。

（二）研究问题

研究问题主要包括：

①对不同包装设计有效性的测试。

②目前商店形象的测评。

③影响顾客选择商店的因素分析。

④备选店址的评估。

⑤消费者对新产品的偏好与购买意向。

⑥评估目前的广告效果。

⑦决定产品的需求价格弹性以及提高价格的影响。

同步案例2-1　某百货商场客流量研究

决策问题：如何增加到该商场购物的人数?

研究问题：找出本店与主要竞争者相比，在影响顾客惠顾的主要因素方面的优势与差距。

研究问题具体包括：

（1）顾客选择该商场的主要标准是什么?

（2）根据这些标准，顾客对该商场及其主要竞争者的评价如何?

（3）该商场顾客的人口学和心理学特征是什么?是否与主要竞争者的顾客有显著差别?

（4）能否根据对该商场的评估结果和顾客特征预测该商场的客流量和偏好?

（5）增加该商场客流量的有效措施是什么?

（三）确定研究问题应注意的事项

①能够提供充足的信息帮助解决管理决策问题。

②能够为下一步调查指明方向。

③如果研究问题定得过宽，则难以为下一步调查指明方向；如果研究问题定得过窄，则会限制今后要采取的决策行动。

同步案例2-2 可口可乐的市场调查

在20世纪80年代早期，尽管可口可乐仍然是饮料市场的领导者，但其市场份额正在被百事可乐慢慢占领。多年来，百事可乐成功发起了“百事挑战”。到1985年，虽然可口可乐仍在整体市场中处于领先地位，但是在超市中，百事可乐仍然领先2%。可口可乐为了保住市场份额不得不采取行动，而解决之道就是改变可口可乐的味道。

可口可乐开始了其历史上最大的新产品调查活动。其花了2年的时间和400万美元来进行调查，以确定新配方。可口可乐进行了大约200 000次口感测试，其中针对最终配方就进行了30 000次口感测试。在无商标测试中，60%的人认为新配方比原来的好，52%的人认为新可口可乐比百事可乐好。调查表明，新可口可乐一定会赢，所以公司自信地推出了这一产品。结果发生了什么？

起初，由于铺天盖地的广告以及促销，新可口可乐销路不错。但销售额很快就下降了，公众的反应令人吃惊。可口可乐公司每天都会收到来自愤怒的消费者的成袋信件和1 500多个投诉电话。一个叫作“旧可乐饮用者”的组织发起了抗议活动，其到处分发T恤衫，并威胁要集体起诉，除非可口可乐公司恢复旧配方。仅3个月后，可口可乐公司重新开始提供旧可乐，并将其旧可乐称为“经典可乐”，与新可口可乐一起在货架上销售。1990年，公司重新包装了新可口可乐，并将其作为一个延伸品牌，以“可乐Ⅱ”的新名称重新推向市场。现在，“经典可乐”占据了美国软饮料市场20%以上的份额，而“可乐Ⅱ”只占据了微不足道的0.1%。

问题分析：可口可乐公司将其调查问题限定得太窄了。调查只限于口味问题，而没有考虑使用新可乐取代旧可乐时消费者的感觉如何，没有考虑无形的资产——可口可乐的名称、历史、包装、文化遗产及产品形象。对许多人来说，可口可乐与棒球、热狗、苹果派一起成为美国的象征，可口可乐的象征意义比它的口味更重要。

任务二　市场调查流程的策划

市场调查工作涉及面广，是一项较为复杂而又细致的工作。虽然不同类型的市场调查采取的步骤不同，但一般来说，都要经过以下六个阶段（见图2-1）：

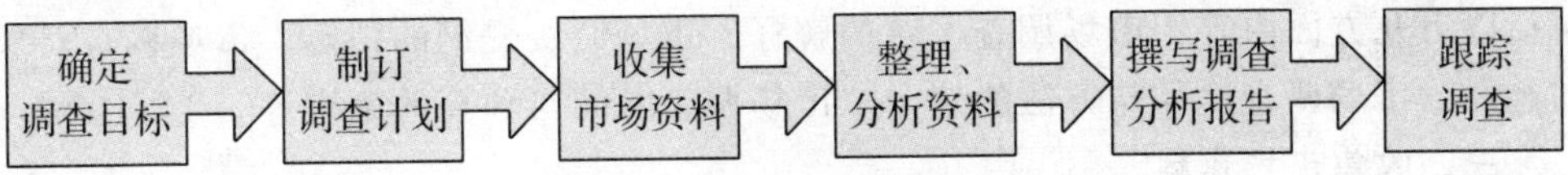

图 2-1　市场调查的基本程序

- 确定调查目标；
- 制订调查计划；
- 收集市场资料（二手资料的收集与实地调查）；
- 整理、分析资料；
- 撰写调查分析报告；
- 跟踪调查。

一、确定调查目标

进行市场调查，首先要明确调查什么问题。对市场调查基本问题的界定过程也叫市场诊断，其主要功能是为后期的市场调查导航。市场调查目标的确定，是整个市场调查过程的关键，它既是市场调查的出发点，也是市场调查的最终归宿，因此市场调查人员应高度重视市场调查目标的确定。

确定调查目标一般要经历以下五个阶段（见图 2-2）：

图 2-2　确定调查目标的五个阶段

- 提出一个概括的、不确定的市场问题；
- 对该问题的症结提出多种假设；
- 对提出的假设进行梳理、排列、筛选和排除；
- 确定市场调查的基本主题，形成市场调查的基本假设；
- 当市场调查的主题确定后，还要对其可行性及能够达到的基本目标进行评估，并确认调查结果对企业营销决策的价值。

实际上，确定调查目标就是要弄清楚以下几个问题：客户为什么要进行市场调查、客户想了解的内容是什么、客户了解调查结果后有什么用以及调查的重点是什么等。

二、制订调查计划

在明确市场调查问题、确定市场调查目标后，市场调查人员就要着手制订市场调查计划，也就是要拟订市场调查方案。

市场调查计划是指对市场调查所要达到的目标进行全方位和全过程的计划和设计，这是市场调查的第二阶段。市场调查计划的制订，一方面要坚持科学性的原则，因为市场调查计划是整个调查活动的纲领性文件，是市场调查过程的行动指导；另一方面要体现市场调查人员的组织设计能力与创造能力。市场调查计划主要包括以下几方面内容：市场调查主题的解释、市场调查提纲的拟定、市场调查对象的选择、市场调查途径与方法的确定、市场调查时间与预算的确定等。

三、收集市场资料

市场资料的收集过程是实施市场调查方案的一个重要环节。市场资料的收集不仅工作量大、成本高、过程复杂、调查方法繁多，而且最难控制、最易出错、最辛苦，但是这项工作对市场调查的质量与结果起着至关重要的作用。收集资料的方法有很多，在选择调查方法时，市场调查人员首先要考虑调查队伍的状况和经费，本着先收集二手资料再实地调查、先近后远、先易后难的原则，从各种可能的渠道获取信息。这里我们主要介绍两种市场调查方式：文案调查与实地调查。

文案调查也称二手资料的收集，就是指对各种现成资料的收集。一般来说，文案调查主要提供企业经营环境方面的信息，回答“市场大概情况如何”“市场潜量大致多大”等一般问题。这种方法成本低、效果好，是做好实地调查的基础。

实地调查是指市场调查人员深入现场，与调查对象直接接触，收集第一手市场资料。相对文案调查而言，实地调查提供的市场信息更具体、准确、有针对性，能够具体回答“消费者满意度”“目标市场的媒体偏好”“市场认知价值”等问题。实地调查提供的信息往往是企业制定战略的重要参考。实地调查的方法主要有抽样、问卷、访问、试验等。

四、整理、分析资料

通过市场调查获得的信息资料，大多数是分散的、零乱的，难免出现虚假、差错、短缺、冗余等现象，再加上市场调查人员的偏见和疏漏，很难达到资料要准确反映调查问题的特征和本质的要求。为此，市场调查人员必须对资料进行适当的处理，使之真实、准确、完整、统一。资料的处理过程包括筛选与审核、分组与汇总、制表与制图。

①筛选与审核：从收集到的调查资料中挑选出对调查目标有重要参考价值的资料，并对这些资料的可靠性进行审核。

②分组与汇总：将这些有用的资料按照市场调查的主题进行分组与汇总。

③制表与制图：根据要求，用统计图或统计表的方式，将这些资料的整理结果表现出来。

一般来讲，事实本身是没有什么用处的，只有经过比较和分析之后才会有用。市场调查资料的分析是根据调查主题的要求，利用科学的分析方法，如综合指标分析法、时间数列分析法、回归分析法，以及各种统计技术和分析模型，在资料分析的基础上，对信息资料进行解释，找出信息块之间或信息块与其他已知信息之间的联系，从所收集的资料中得出结论。比如，在某城市调查了1 000户家庭，得知有300户拥有电脑，在调查报告中，这个数字没有多大意义，而经过比较与分析之后，得出电脑的家庭拥有率为30%，这可以使调查人员了解到电脑的潜在市场有多大。

五、撰写调查分析报告

市场调查成果通常要以调查分析报告的方式提交给项目委托人或决策者。市场调查报告是整个市场调查工作成果的最终体现，一份优秀的市场调查报告不仅要简明扼要，而且要用资料、数据说明问题，要表明这些资料的收集方法与分析方法，并且要在规定的时间内完成。有时，市场调查人员还可以进行口头报告。

六、跟踪调查

在花费了大量的精力和资金开展市场调查并撰写了调查分析报告后，重要的是将结果付诸实施。企业决策者应该决定是否实施所提出的建议，并清楚为什么实施、为什么不实施。在跟踪调查中，市场调查人员有时会发现某些正确的意见并未被决策者或委托人采纳。这时，市场调查人员首先要检查调查报告的表述是否清楚，是否能够满足决策者的需要；其次要查明建议未被采纳的原因，以便有针对性地向决策者提出补充说明，或在今后的调查工作中加以改进。当然，这里也不排除由于决策者或委托人本身的某些原因而拒绝采纳调查建议。

任务三　市场调查方案的设计及评价

一、市场调查方案设计的含义、意义与任务

（一）市场调查方案设计的含义

市场调查方案也称市场调查计划书、市场调查策划方案、调查项目策划书（计划书、建议书）等，是指在调查项目实施前对调查目的、内容、研究方法、数据分析、时间安排、经费预算等所做的统一安排和规划，以及由这些内容形成的一整套文字资料。

市场调查方案设计就是根据调查研究的目的和调查对象的性质，在进行实际调查之前，对调查工作总任务的各个方面和各个阶段进行通盘考虑和安排，提出相应的调查实施方案，制定出合理的工作程序。市场调查人员在进行市场调查方案设计时，一般要提出某类调查的预期目标和形式，同时明确调查活动要获得什么、要做什么和如何做等问题。

市场调查的范围可大可小，但无论是大范围的调查，还是小规模的调查，都会涉及相互联系的各个方面和各个阶段。这里所说的“各个方面”是指对调查工作的横向设计，包括调查涉及的各个子项目。比如，对某市商业企业的竞争能力进行调查，就应将该市所有商业企业的经营品种、产品质量、产品价格、服务、信誉等方面作为一个整体，然后对每个调查项目进行整体考虑，以免调查项目出现重复或者遗漏。这里所说的“各个阶段”则是对调查工作的纵向设计，是指调查工作所需经历的各个环节，即调查资料的收集、整理与分析等。

（二）市场调查方案设计的意义

市场调查是一项复杂的、严肃的、技术性较强的工作，一项全国性市场调查往往要组织成千上万人参加。为了在调查过程中统一认识、统一内容、统一方法、统

一步调，圆满完成调查任务，组织者必须事先制订出一个科学、严密、可行的工作计划，以使所有调查人员都依此执行。具体来讲，市场调查方案设计主要有如下四点意义：

①从认识上讲，市场调查方案设计是定性认识与定量认识的连接点。虽然市场调查收集的许多资料都是定量资料，但是我们应该看到，任何调查工作都是从对调查对象的定性认识开始的，没有定性认识就不知道应该调查什么和怎样调查，也不知道要解决什么问题和如何解决问题。因此，市场调查方案设计是从定性认识过渡到定量认识的开始阶段。

②从工作上讲，市场调查方案设计起着统筹兼顾、统一协调的作用。市场调查方案是整个调查过程的行动纲领。现代意义的市场调查已由单纯收集资料的活动发展到把调查对象作为整体来反映的调查活动。市场调查过程是一个包括调查目标确定、计划制订、资料收集、资料整理与分析、报告撰写与跟踪调查的复杂的系统过程。市场调查人员在调查中会遇到很多复杂问题，其中许多问题属于调查本身的问题，也有许多问题是与调查相关的问题。比如，抽样调查中样本量的确定，首先应按照抽样理论计算出必要的抽样数量，但这个抽样数量是否可行，还要受到调查经费、调查时间等多种条件的限制。

③从实践要求上讲，调查方案设计能够适应现代市场调查发展的需要。

④从市场竞争角度上讲，目前市场调查项目的委托方一般都采用招标的方式来选择最理想的合作者。

（三）市场调查方案设计的任务

市场调查方案设计是指对调查事项做出一系列事先决定，然后综合起来，形成一个执行调查任务的主体计划。其主要任务是：

①确定为解决问题需要收集哪些资料。

②说明怎样运用这些数据去解决问题。

③说明获得答案与证实答案的基本规则。

④详细阐述从哪里取得依据及如何取得。

⑤估算计划的可行性与成本。

⑥做出着手调查工作的计划打算。

二、市场调查总体方案的设计

市场调查总体方案的设计是指对调查工作各个方面和全部过程进行通盘考虑，包括整个市场调查与分析工作的全部内容。方案设计是否科学可行，关系到整个调查工作的成败。根据不同的市场调查目标，市场调查方案的设计内容各有侧重。然而，无论什么样的市场调查方案，一般都包括以下内容：

（一）明确市场调查目的和意义

确定市场调查目的和意义是市场调查方案中必须首先解决的问题，只有确定了调查目的和意义，才能确定调查的范围、内容和方法，否则将可能在调查方案中列入与调查目的无关的调查项目，而遗漏了一些与调查目的关系紧密的调查项目，达不到调查的要求。具体包括：

①明确在调查中要解决哪些问题。

②通过调查要取得什么样的资料。

③取得这些资料有什么用途。

以某市居民住宅消费需求调查为例，其调查目的就是通过对某市部分居民的收入水平、住房现状、住宅消费与购房意向、存贷款观念等方面的实地调查，分析金融机构开展住宅储蓄及购房抵押贷款业务的市场需求与潜力，从而为某银行在这两项业务上推出新举措提供客观可靠的参考依据。

例如，新产品上市前所做的调查，其调查目的就是了解消费者的需求、了解消费者心中的企业形象、了解品牌的知名度等。又如，进入某新领域前所做的调查，其调查目的就是了解市场环境、竞争对手状况、消费者的购买动机和购买行为等。再如，产品销售严重受阻，其调查目的就是找出销售量下滑的原因所在。

（二）确定调查对象（总体）和调查单位（个体）

①解决向谁调查的问题。

②解决由谁具体提供资料的问题。

调查对象和调查单位的关系是总体与个体的关系，调查对象就是总体，它由许多性质相同的调查单位组成，如某市所有的广告公司、某市全部职工家庭。调查单位就是总体中的个体，即调查对象中的每一个具体单位，如某市每一家广告公司、某市每一户职工家庭。

调查单位和填报单位的区别：调查单位是调查项目的承担者；填报单位是填报调查资料的单位。

（三）确定市场调查的项目（基本内容）

针对上述调查目的（宏观的、总体的），进一步将其细化为问题的各个方面（微观的、具体的）。

设计思路：先分类，后细化。

例如，新生代农民工生存现状调查：

1.先分类

这包括工作现状调查、生活现状调查、保障状况调查、务工感受等。

2.后细化

针对工作现状，市场调查人员可以从“就业状态、工作性质、工作时间、就业途径、工作强度、工作满意度、工作收入、预期工作收入”等方面来调查。

（四）编写调查提纲或调查问卷

调查内容（项目）确定后，市场调查人员应将其进行科学分类、排列，形成调查提纲或调查问卷。

（五）确定调查时间和调查工作期限安排

1.调查时间

调查时间即调查资料所属的时间。例如，人口普查的时间是7月1日—11月1日；销量资料的调查时间是1月1日—12月30日。

2.调查期限

调查期限是指调查从开始到结束的时间，即所有工作完成所需的时间。

尽早完成调查活动，既可以保证时效性，也可以节省费用。在保证调查的准确性、真实性的前提下，调查进度安排如下：

第一周：做准备，与客户商讨、确认计划书，进行二手资料的收集，了解行情，设计问卷；

第二周：试调查，修改、确定问卷；

第三周：具体实施调查；

第四周：进行数据处理；

第五周：编写报告，结束调查。

（六）确定调查地点

调查地点与调查对象所处的地理位置通常是一致的。

（七）确定调查的方式和方法

1.调查方式

调查方式是指选择调查对象的具体方法，包括普查、重点调查、典型调查、抽样调查等。

2.调查方法

调查方法是指资料获取的方法，包括观察调查法、询问法、实验调查法、文案法。

（八）确定调查资料整理分析的方法

调查资料整理分析的方法包括定性资料和统计数据的整理分析方法（这部分内容将在项目六做详细介绍）。此外，还有回归分析、相关分析、聚类分析、主成分分析等方法（这部分内容将在项目七做详细介绍）。

（九）报告提交的方式

这包括报告的份数，报告的基本内容，报告的图表、附录，报告递交的形式（如文本、网上电子文本）等。

（十）制订调查的组织计划

调查的组织计划包括调查组织领导及机构的设置、人员的选择和培训、工作步骤及其善后处理等。

（十一）调查费用的预算

调查费用根据调查工作的种类、范围不同而不同。在通常情况下，计划准备阶段的费用应占总预算费用的20%左右；具体实施调查阶段的费用应占总预算费用的40%左右；后期分析报告阶段的费用应占总预算费用的40%左右。因此，我们必须通盘考虑各个不同阶段的费用支出，以便顺利完成调查任务。调查费用可以通过费用预算表的形式列出来，见表2-1。

表2-1　**市场调查费用预算表**

调查地点：　　　　　　　　　调查时间：　　　　　　　　　申请人：

费用项目	金额	备注
调查方案设计费		
资料收集费(资料费、交通费)		
问卷设计费(印刷、装订、邮寄费)		
抽样设计费		
调查设施费(调查人员培训费、交通费、劳务费、礼品费、服务费、其他费用)		
数据统计分析费		
调查报告撰写、制作费		
组织管理费(项目涉及的办公费、会务费、专家咨询费)		
其他费用		
合计		

在市场调查方案的设计中，费用核算必须注意以下几个问题：

①要有分类费用，如问卷多少、访谈多少、综合分析多少。

②要根据客户的不同需求核算费用。

③费用核算要合理，并且符合市场基本价格。

（十二）附录

列出项目负责人及主要参加者的名单，并可简要介绍一下团队成员的专长和分工情况。

附录的内容主要包括：

①调查项目负责人及主要参与者名单，说明每个人的专长、主要分工。需要指出的是，市场调查人员的水平与经历对调查项目的批准是很有用的。

②抽样方案的技术说明及细节说明。

③问卷设计中的有关技术说明。

④数据处理方法、所使用的软件等方面的说明。

三、市场调查方案的作用及撰写时应注意的问题

（一）市场调查方案的作用

市场调查方案作为市场调查活动的必备文案，主要有以下三个方面的作用：

①调查委托方审议检查的依据，并作为双方的执行协议。

②调查者实施调查的纲领和依据，即调查全过程的工作指南。

③作为争取调查项目经费，或与其他调查机构竞争某个项目的重要资料。

（二）撰写市场调查方案应注意的问题

①对于一份完整的市场调查方案，上述内容均应涉及，不能有遗漏。只有内容全面完整的市场调查方案，才能为委托者提供全方位的指导，才能保证按统一内容、统一方法、统一步骤来开展调查工作，以便顺利完成调查任务。

②市场调查方案的制订必须建立在对调查项目背景的深刻认识上。只有清楚地认识了调查项目的背景，才能为调查指明方向，才能抓住问题的关键，才能准确确定调查目的和内容。

③市场调查方案应尽量做到科学性与经济性相结合。

④市场调查方案的格式很灵活，不一定要采用固定格式。

四、评价市场调查方案

（一）市场调查方案可行性研究的方法

对调查研究工作而言，事先对市场调查方案进行科学的可行性研究是非常必要的。目前，可行性研究方法有很多，常用的有逻辑分析法、经验判断法和试点调查法等。

1.逻辑分析法

例如，某企业准备搞一次民意调查，想知道一项新的福利改革制度在职工中的支持度，那么在选取样本时应该如何操作呢？假设该企业有1 000人，其中销售人员300人、生产人员200人、科研人员500人，只准备选取100人进行问卷调查。

从逻辑上讲，若按各工种人员在总人数中所占的比例进行样本的分配，显然是科学和符合逻辑的。照此思路，我们将有如下样本分配方法：

销售人员取样数=300÷1 000×100=30（人）

生产人员取样数=200÷1 000×100=20（人）

科研人员取样数=500÷1 000×100=50（人）

2.经验判断法

经验判断法是指组织一些具有丰富市场调查经验的人对设计出来的市场调查方案进行初步研究和判断，以说明调查方案的合理性和可行性的方法。

经验判断法节约人力、物力资源，能够在较短的时间内做出决策。

3.试点调查法

试点调查法是指通过在小范围内选择部分单位进行试点调查，对调查方案进行实地检验，以说明调查方案的可行性的方法。

采用试点调查法的目的是对调查方案进行实地检验，如检验调查目标的制定是否恰当，检验调查指标的设置是否正确，是否有哪些考核项目应该增加、哪些项目应该减少、哪些地方应该修改和补充。试点调查法结束后，要及时提出具体建议，对原方案进行修订和补充，以便使制订的调查方案科学合理，符合实际情况。

运用试点调查法进行调查方案的可行性研究，还应注意以下几个常见问题：

①选择好调查对象。应尽量选择规模小、具有代表性的单位作为试点单位。必要时，可采用少数单位先行试点，然后扩大试点的范围和区域，最后全面铺开的方法，如此循序渐进。

②事先建立一支精干的调查队伍，这是做好试点工作的先决条件。团队成员应包括有关调查的负责人、调查方案设计者和调查骨干。

③调查方法和调查方式应保持适当的灵活性，不应太死板。市场调查人员可以多准备几种调查方式和调查方法，经过对比后从中选出最适合的调查方式和调查方法。

④试点调查工作结束后，应及时做好总结工作，认真分析试点调查的结果，找出影响调查结果的各种主客观因素并进行分析。试点调查工作也可理解为：在时间要求并不是那么紧迫的前提下，或者对方案的实施把握性不大时所做的一种小范围测试。

(二) 市场调查方案的总体评价

市场调查方案的总体评价可以从不同角度来衡量。但是在一般情况下，对调查方案的总体评价应包括三个方面的内容，即调查方案是否体现调查目的和要求、调查方案是否具有可操作性、调查方案是否科学和完整。

任务四　市场调查机构

一、市场调查机构概述

(一) 市场调查机构的含义

市场调查机构是市场调查的主体，也是市场调查的组织者和实施者，主要包括政府调查机构、社会调查机构、企业内部调查机构等。

(二) 市场调查机构的类型

市场调查机构有以下几种类型：

1. 按照市场调查服务的独立程度划分

①独立性调查机构，是指专门从事市场调查活动的单位，也称专业市场调查机构。

②非独立性调查机构，是指企业或公司内部设立的主要从事市场调查活动的部门，又称企业市场调查机构。

2. 按照市场调查机构的隶属关系划分

①各级政府统计部门建立的调查机构。

②新闻单位、大学和研究机关的调查机构。

③专业性市场调查机构，又可分为综合性市场调查公司、咨询公司、其他调查公司。

我国大多数企业主要是委托专业市场调查公司来开展市场调查活动，所以，目前市场调查行业的主体是专业市场调查公司。

（三）专业市场调查公司的类型

专业市场调查公司又称独立性市场调查机构，是进行市场调查的独立组织。专业市场调查公司的类型主要有：

1.完全服务公司

完全服务公司有能力完成其委托者所要求的全部市场调查工作，能够自己找出问题，进行调查设计、收集和分析数据，并且完成最后的报告。显然，这些公司拥有必需的人才和设备来完成整个任务。

（1）综合性市场调查公司

这是专业市场调查公司中数量最多的类型，是专门从事市场调查事务的机构，专营市场调查业务，提供综合服务，具有较强的市场调查能力，服务意识强，调查策划能力强，有专门的调查队伍或调查网络体系，市场调查的专业化程度高，能够承担企业委托的各类市场调查项目，调查项目的质量能够得到有效控制。例如，美国的AC尼尔森市场调查公司、盖洛普市场调查股份有限公司，我国的华南国际市场研究有限公司、北京零点调查公司等都属于这种类型。

（2）广告研究公司

很多具有一定规模的广告公司都设有市场调查部门，其主要任务是经营广告业务，接受客户市场调查的委托，但多数与广告活动有关。广告公司的市场调查部门主要承担的是广告制作前的调查与广告效果调查等两大调查任务。广告公司的市场调查部门在进行市场调查时，主要进行方案策划与研究报告撰写工作。至于现场调查，一般都是由其他市场调查公司配合完成。

（3）辛迪加信息服务公司

辛迪加是syndicate的音译，其原来的意思是报业的联合组织，有新闻可以在各报同时发表。辛迪加信息服务公司通过定期收集各种各样的数据和信息，并将其整理成数据集，然后以刊物的形式提供给订户。辛迪加信息服务公司主要为受众提供媒体资料和零售资料，但公司不是专门为某个客户提供服务，任何人都可以购买公司的资料。这类公司数量少，但规模大，有大量的客户作为公司所提供数据的订户。美国营业额排名在前的市场调查公司，如AC尼尔森市场调查公司等，能够向订户提供有关全美电视收视率的数据，美国的电视台、电台、广告公司，以及许多企业都是AC尼尔森市场调查公司数据的固定订户。我国的央视调查咨询中心下属的央视-索福瑞媒介研究有限公司也属于辛迪加信息服务公司。

（4）管理咨询公司

这类公司一般由资历较深的专家、学者和有丰富实践经验的人员组成，主要为委托企业提供管理咨询服务，充当企业顾问和参谋的角色。这类公司服务的内容包括企业诊断性调查、专项调查研究、项目的可行性分析与经营策略研究等。其主要任务是为企业的生产与经营活动提供技术方面、管理方面的咨询服务。

2.有限服务公司

有限服务公司专门从事某个方面或某几个方面的调查工作，主要是为其他市场调查公司提供各种辅助性服务，如提供抽样样本、现场服务、市场细分、数据输入与统计分析等专业性强、技术含量高的服务项目。随着市场调查行业的发展，以及分工越来越细，这类调查公司有很好的发展前景。

（1）现场服务公司

现场服务公司除了收集资料外，不做任何其他业务。该类公司对于现场质量控制有丰富经验，可进行专门的拦截访问、电话访问、深度小组讨论、邮寄调查或入户调查。

（2）市场细分专业公司

这类公司对所从事的行业都有较深的了解，主要业务是对特定的调查对象进行数据收集。有些调查公司专门针对某个特定行业的人员进行调查，如专门针对非营利机构进行调查。

（3）数据输入服务公司

这类公司利用计算机专门编辑已完成的问卷，进行编码和数据输入，提供高质量的软件系统与数据输入服务。

（4）调查样本公司和电话样本公司

这类公司是专门从事样本设计与分发的公司，并且有自己的调查部。一个拥有全国样本的公司可以自己进行电话调查，从而节约了时间。

（5）专门进行数据分析的公司

这类公司在调查过程中，能够为数据分析和解释提供技术帮助，拥有专门的高级分析人才和先进的分析软件，采用复杂的数据分析技术，如多元回归分析、因子分析等。

3.独立性市场调查机构

随着市场经济的发展，一些独立性市场调查机构应运而生，如政府信息统计部门，其除了为政府决策部门提供各种资料外，有时也向企业或投资者提供市场调查或咨询服务。这类公司的主要职能包括承接市场调查项目、提供市场咨询、提供市场资料与管理培训等。

（四）当前中国市场调查行业的类型与特点

当前我国主要有三类市场调查公司，即外资调查公司、有政府背景的国有调查公司与民营专业调查公司。

1.外资调查公司

这类公司主要有AC尼尔森市场调查公司、盖洛普市场调查股份有限公司等，其进入中国主要是基于大型跨国公司对国内市场的调查需求，该类公司前期投入多、规模大、办公环境好。

优势：质量高，操作规范，分工明确；业务量稳定，主要客户来自海外；研究人员素质高，培训能力强。

劣势：调查项目报价高，超出国内客户的承受力；高级管理人员流失严重；对于针对性强的项目优势不明显。

2.有政府背景的国有调查公司

国家统计局及各省统计局都设有调查公司，如国家统计局下属的华通现代、上海商业信息中心。

优势：能发挥其城市调查队、农村调查队的网络优势，项目成本低；拥有政府信息资源，容易获得较多行业的背景数据；依据成本低与行业数据的优势，有较广泛的客户群。

劣势：个人工作绩效与回报得不到保障；市场压力不明显，项目针对性较差；受政府部门管理，缺乏独立性；实地调查数据误差较大。

3.民营专业调查公司

这类调查公司多是股份制公司，投资人和经营人一体化，以市场调查为主要业务，不从事其他经营活动。在我国市场调查行业中，这类公司数量最多，规模较小。

优势：市场营销能力较强，服务意识较强；采用项目经理负责制，有利于最大限度地激发个人的积极性和责任心；能够满足客户的特别需要，获得信息的手段较为灵活；报价也具有较强的竞争力。

劣势：人员流失严重；市场开拓难度大；执行多个城市项目时，竞争力较差。

二、市场调查机构的选择

（一）选择调查机构的条件

尽管很多大型企业都设立了自己的市场调查部门，但大多数企业还没有条件自组调查班子，因此要了解国内与国外原材料供应、商品销售、需求与流通渠道等，必须委托专业调查机构进行深入调查，以利于确定市场策略。

我们可以从以下几点来判断、选择市场调查机构：

①没有语言障碍，便于与人沟通，能够获得所需资料；

②力求使调查成本最小化；

③专业调查机构能从客观的角度进行调查。

（二）选择市场调查机构应考虑的因素

①声誉；

②业务能力与专业人员的水平；

③资历;

④经营方式与财力;

⑤工作设施状况。

经过慎重分析比较，确定了调查的代理机构以后，便可与之签订代理合同。代理合同的主要内容包括调查范围与方式、预算、付款条件、人员配备、期限等。

同步案例2-3　美国关于速溶咖啡的市场调查

美国关于速溶咖啡的市场调查，体现了市场调查的创造性。20世纪40年代，当速溶咖啡这个新产品刚刚投放市场时，厂家自信它很快会取代传统的豆制咖啡而获得成功。因为它的味道和营养成分与豆制咖啡相同，而且饮用方便，人们不必再花较长的时间去煮，也不需要再为刷洗煮咖啡的器具而费很大的力气。厂家为了推销速溶咖啡，就在广告上着力宣传它的这些优点。出乎意料的是，购买者寥寥无几。

市场调查人员对消费者进行了问卷调查，请被调查者回答不喜欢速溶咖啡的原因。很多人一致回答是因为不喜欢它的味道，这显然不是真正的原因。

为了深入了解消费者拒绝使用速溶咖啡的潜在动机，市场调查人员改用间接的方法对消费者的真实动机进行了调查和研究。市场调查人员编制了两种购物单（见表2-2），并把两种购物单分别发给两组妇女，请两组妇女描写想象中的按购物单买东西的家庭主妇的形象。

表2-2　**两种购物单**

类别	产品名称		
购物单1	1千克发酵粉	2块面包、1个胡萝卜	1磅速溶咖啡
	1.5磅碎牛肉	2千克桃子	5磅土豆
购物单2	1千克发酵粉	2块面包、1个胡萝卜	1磅新鲜咖啡豆
	1.5磅碎牛肉	2千克桃子	5磅土豆

结果表明，两组妇女所描写的想象中的两个家庭主妇的形象是截然不同的。看到列有速溶咖啡购物单的那组妇女几乎有一半人说，按这张购物单购物的家庭主妇是一个懒惰、邋遢、生活没有计划的女人；12%的妇女把这个家庭主妇说成是一个挥霍浪费的女人；还有10%的妇女说这个家庭主妇不是一位好妻子。另一组妇女则把按列有新鲜咖啡豆购物单购货的家庭主妇，描写成勤俭、讲究生活、有经验和喜欢烹调的女人。这说明，当时的美国妇女有一种带有偏见的自我意识：作为家庭主妇，担负繁重的家务劳动是一种天职，而逃避这种劳动则是偷懒的行为，应遭到谴责。速溶咖啡的广告强调的是省时、省力，因此并没有给人留下好的印象，反而被理解为速溶咖啡帮助了懒人。

谜底揭开之后，厂家对产品的包装进行了相应的修改，除去了使人产生消极心理的因素。广告不再宣传又快又方便的特点，而是宣传它具有传统豆制咖啡所具有的美味、芳香和质地醇厚等特点；在包装上，把产品密封得十分牢固，开启时十分费力，这就在一定程度上打消了顾客因使用新产品省力而造成的心理压力。结果，速溶咖啡的销路大增，很快成了西方世界最受欢迎的咖啡。

问题：为什么速溶咖啡能成为西方世界最受欢迎的咖啡？

分析提示：在营销调查中，调查问卷的设计是十分关键的一环。只有设计成功的调查问卷，才能得到对企业有价值的信息。上述案例中调查成功的原因，就是调查人员在调查过程中发挥了创造性。

项目小结

1.市场调查项目的确定首先要明确调查目标，其次要了解有关资讯，再次要深入实地考察，最后要确定调查问题。

2.市场调查工作涉及面广，但一般来说，都要经过六个阶段：确定调查目标；制订调查计划；收集市场资料；整理、分析资料；撰写调查分析报告；跟踪调查。

3.市场调查方案设计就是根据调查研究的目的和调查对象的性质，在进行实际调查之前，对调查工作总任务的各个方面和各个阶段进行通盘考虑和安排，提出相应的调查实施方案，制定出合理的工作程序。

4.市场调查机构是市场调查的主体，也是市场调查的组织者和实施者，主要包括政府调查机构、社会调查机构、企业内部调查机构等。选择市场调查机构应主要考虑以下因素：声誉；业务能力与专业人员的水平；资历；经营方式与财力；工作设施状况。

主要概念

市场调查方案设计　市场调查机构

基本训练

（一）填空题

1.确定市场调查项目的步骤包括：（　　）、（　　）、（　　）与（　　）。

2.市场调查的基本程序包括：（　　）、（　　）、（　　）、（　　）、（　　）与（　　）。

3.市场调查机构主要包括（　　）、（　　）与（　　）。

（二）选择题

1.（　　）是市场调查的准备阶段要完成的。

A.设计调查方案　　B.培训调查人员

C.发出调查问卷　　D.核算预算经费

2.民营专业调查公司的优势不包括（　　）。

A.市场营销能力较强，服务意识较强　　B.研究人员素质高，培训能力强

C.获得信息的手段较为灵活　　D.报价具有较强的竞争力

3.专业市场调查公司的类型不包括（　　）

A.独立性市场调查机构　　B.完全服务公司

C．有限服务公司　　D．外资调查公司

4．确定调查项目的标准有（　　）。

A．项目的价值　　B．项目的创造性

C．项目的可行性　　D．项目的合适性

5．常见的市场调查机构有（　　）。

A．政府设立的调查机构　　B．市场调查的专门机构

C．政府统计部门　　D．企业内部的市场调查机构

（三）简答题

1．简述确定市场调查项目的步骤。

2．简述市场调查方案的主要内容。

3．简述市场调查的基本程序。

（四）案例分析

“润妍”的市场调查

从中国洗发水市场的发展过程来看，宝洁公司等跨国公司的加入，不仅促进了中国洗发水市场日渐走向成熟，而且为中国消费者带来了许多洗发新理念。宝洁公司是世界上最大的日用消费品公司之一，自从登陆中国市场以来，其在中国日用消费品市场上可谓所向披靡，仅用了10余年时间，就成为中国日化市场的第一品牌。在中国，宝洁旗下共有六大洗发水品牌，即飘柔、潘婷、海飞丝、沙宣、润妍、伊卡璐。在中国如鱼得水的宝洁也许不曾料到，其竟然在耗费了多种资源、花费了长达3年的时间进行市场调查和概念测试的润妍上栽了一个大跟头。

1997年，宝洁开始确定开发“润妍”新品战略，并从此开始了长达3年的市场调查与概念测试。这是宝洁在新产品开发上采取的一贯做法，从消费者到竞争者、从品牌到包装等，无不经过科学与严格的市场测试。

1．“蛔虫”式调查

在研制新产品之前，宝洁公司按照“成功-再推广”的惯例，首先要找准目标消费者的真正需求。为此，宝洁公司先后请了300名消费者反复进行3次产品概念测试。1999年年底，包括时任润妍品牌经理在内的十几个人分头到北京、大连、杭州、上海、广州等地选择符合条件的目标消费者，和他们48小时生活在一起，进行“蛔虫”式调查。从早上穿着睡衣睡眼蒙眬地走进洗手间开始洗脸梳头，到晚上洗发卸装，被访者的饮食、化妆、洗护发习惯等尽收眼底。在调查中，宝洁公司进一步了解到，东方人向来以皮肤白皙为美，东方女性渴望有“一头乌黑的秀发，一双水汪汪的大眼睛”，所以最具表现力的黑发美是东方女性所追求的，经过反复概念测试，宝洁公司基本把握住了大多数消费者心目中的秀发概念——滋润而又具有生命力的黑发最美。

宝洁公司通过对一系列一、二手资料的调查，发现了以下科学证明：将一根头发放在显微镜下，你会发现头发是由很多细微的表皮组成的，这些称为毛小皮的物

质将直接影响头发的外观。健康头发的毛小皮排列整齐，而头发受损后，毛小皮则是翘起或断裂的，头发看上去又黄又暗。而润发露中的滋润成分能使毛小皮平整，并在头发上形成一层保护膜，从而有效防止水分的散失，补充头发的水分和养分，使头发平滑光亮，并且更加滋润。同时，润发露还能大大减少头发的断裂和摩擦，令秀发柔顺易梳。宝洁公司专门做过研究，发现使用不含润发露的洗发水，头发的断裂指数为1，使用含润发露的洗发水，头发的断裂指数为0.3，而在使用洗发水后再单独使用专门的润发露，头发的断裂指数就降低到了0.1。市场调查表明，在欧美、日本、中国香港等发达市场，约80%的消费者会在使用洗发水后单独使用专门的润发产品；在中国内地，这个比例即使在北京、上海等大城市也只有14%左右，全国平均还不到10%，这说明国内大多数消费者还没有认识到专门润发步骤的必要性。因此，宝洁推出润妍一方面是借黑发概念打造属于自己的一个新品牌，另一方面是为了把润发概念迅速普及。

2.使用测试

从消费者的需求出发进行技术创新。根据消费者的普遍需求，宝洁公司的日本技术中心随即研制出了冲洗型和免洗型两款“润妍”润发产品。产品研制出来后并没有马上投放市场，而是继续请消费者做使用测试，并根据消费者的要求，再进行产品改进。最终推向市场的“润妍”是加入了独创的水润中草药精华，特别适合东方人发质和发色的倍黑中草药润发露。

3.包装调查

宝洁公司专门设立了模拟货架，将自己的产品与不同品牌特别是竞争品牌的洗发水和润发露放在一起，反复请消费者观看，然后调查消费者究竟记住了什么、忘记了什么，并据此做进一步的调整与改进。最终推向市场的“润妍”倍黑中草药润发露强调专门为东方人设计，融合了国际先进技术和中国传统中草药成分，适合东方人的发质和发色。

4.广告调查

宝洁公司先请专业的广告公司拍摄了一组长达6分钟的系列广告，再组织消费者来观看，请消费者选择他们认为最好的3组画面，最后总结绝大多数消费者的意见，将神秘女性、头发芭蕾等画面进行再组合，成为“润妍”的宣传广告。广告片的音乐组合也颇具匠心，以现代的旋律配以中国传统的乐器，如古筝、琵琶等，进一步呼应“润妍”产品现代东方美的定位。此外，宝洁公司还委托第三方专业调查公司做市场占有率调查，通过问卷调查、消费者座谈会、消费者一对一访问或者经常到商店里看消费者的购买习惯等方式，全方位收集顾客及经销商的反馈。

5.网上推广

开设润妍网站，通过提供丰富的产品介绍、护发知识、品牌近期活动预告、跟踪报道等内容来教育消费者，刺激消费者的购买欲望。为了更好地在18～35岁的女性中进行产品推广，宝洁公司还专门聘请赛百威公司进行网上和网下推广营销活动，成立了润妍俱乐部。通过润妍俱乐部“Friends recommendation”的在线活动，宝洁公司可以清晰地辨认消费者的功能，并能有效统计、管理消费者名录，锁定目标消费者；通过区别消费者的不同喜好，宝洁公司可以“一对一”传递消费者关心的信息，让消费者在与润妍产品相关的在线游戏中了解产品。

6. 公关宣传

在产品推出时，宝洁公司还举行了一系列公关宣传活动。例如，宝洁在上海隆重推出“中国美发百年回顾展”；赞助中国美院，共同举办“创造黑白之美”水墨画展；赞助电影《花样年华》等。这些公关宣传活动都取得了成功。

7. 区域试销

“润妍”在选择“上市之地”方面也费了一番心思，最后选定了杭州，这个孕育着无限商机的市场。杭州是著名的国际旅游城市，既有深厚的历史文化底蕴，又具有鲜明的现代气息，受此熏陶兼具两种气息的杭州女性，与“润妍”要着力塑造的既现代又传统的东方美一拍即合。

2002年4月，润妍全面停产，一个经历了3年酝酿、上市刚刚2年的产品就这样退出了市场。宝洁自1988年登陆中国以来，针对中国消费者研发却又因为种种原因退出市场的品牌中，润妍是第一个，也是唯一一个。人们不禁要问，是什么原因导致这样的结果出现呢？

资料来源　肖瑞海. 润妍退市的背后——宝洁公司润妍品牌推介失败的案例 [J]. 沪港经济，2003（4）.

问题：

1. 宝洁公司在润妍上市前所做的市场调查工作恰当吗？哪里出现了问题？

2. 如果你是此次调查的负责人，请你重新为润妍上市做一个市场调查方案。你会提出哪些意见？

单元实训

【实训情境设计】

“巨人”倒下后，“脑黄金”不见了，史玉柱消失了，但一个叫“脑白金”的产品出现了，并且创造了3年销售20亿元人民币的奇迹。史玉柱靠“脑白金”复出，不仅还清了“巨人”欠下的巨额债务，还顺利实现了企业的兼并重组，史玉柱成了一个经营奇才。但史玉柱绝不能高枕无忧，只要我们认真研究一下“脑白金”的市场现状，就会发现“脑白金”目前存在严重的市场危机。“脑白金”的电视广告可以说无处不在，10多个广告版本不厌其烦地轮番轰炸，而所有的广告几乎都不厌其烦地重复着几句相同的话，观众已感到不堪其扰。“脑白金”广告已做多年，目前上海健特生物公司正在思考是否应该对现行的广告宣传方式做一下改变。

【实训任务要求】

1. 以小组为单位进行实训。将学生分成若干小组，每组5～7人，小组成员分工合作。

2. 查找与市场实训情景有关的资料，了解市场调查的主要内容，能够结合具体情况，就“脑白金”广告宣传方式拟订一份市场调查方案。

3. 各项目小组向全班汇报实训结果，教师进行点评。

4. 每位同学都要完成课程实训总结、撰写实训报告，在此基础上综合评出个人的成绩。

【实训提示】

1. 这项实训活动应在调查策划实训室进行，实训室内应配备讨论桌，便于小组设计调查方案时使用。

2. 事先将全班学生分成几个小组，确定小组长，每个项目小组不得超过7人，以集体形式完成设计方案。

3. 以小组为单位，上交市场调查方案。方案设计的基本内容均应涉及，不能有遗漏，保持报告的完整性，但具体格式可以灵活一些。

【实训效果评价】

小组成员共同评出组员个人实训态度成绩，教师和各小组组长共同评出组员个人实训表现成绩（见表2-3），教师评出小组实训报告成绩（见表2-4），并在此基础上给出个人最终成绩。

表2-3 **组员个人实训过程评价表**

小组成员姓名	态度（满分为100分）	表现（满分为100分）	
		操作（50%）	技能（50%）

注：各项考评满分分别为100分，60分以下为不及格，60～69分为及格，70～79分为中等，80～89分为良好，90分以上为优秀。

表2-4 **小组实训报告评价表**

评价内容	分值（分）	评分（分）
资料全面，报告内容完整	20	
研究深入、有说服力	30	
有创新观点和思路	20	
实训结果明确	30	
总分	100	

注：考评满分为100分，60分以下为不及格，60～69分为及格，70～79分为中等，80～89分为良好，90分以上为优秀。

个人最终成绩=个人实训态度成绩×20%+个人实训表现成绩×50%+小组实训报告成绩×30%

项目三　设计市场调查问卷

学习目标

通过本项目学习，达到以下目标：

理论目标：了解市场调查问卷的基本结构和作用；熟悉态度测量表；掌握设计市场调查问卷的程序；重点掌握设计市场调查问卷的技巧。

实训目标：培养学生对市场调查问卷设计的基本能力；使学生在现实的市场调查过程中，掌握问卷设计的基本结构和作用，掌握设计问卷的技巧；培养学生的专业调查能力与职业核心能力。

引例

康师傅的“茶调查”

中国人善于喝茶、品茶。在人们的意识中，冷茶、隔夜茶甚至放在不合适的器皿里的茶都是不能喝的。进行市场调查时，如果询问消费者：“既是冷茶，也是隔夜茶，而且放在塑料瓶里，你会喝吗?”消费者会回答：“谁会喝那玩意?”可是，“康师傅”与“统一”却反其道而行，如今的“绿茶”“冰红茶”等茶饮料卖得非常火。这是因为上述调查问卷中谈到的茶给被调查者的感觉还是“原始”的茶，而不是“全新的茶”，所以出现了事实与调查结果的矛盾。

资料来源　黄孝俊. 市场调查分析［M］. 杭州：浙江大学出版社，2002.

问题：从此案例中你能得到哪些启示?

分析提示：调查问卷设计得好坏会直接影响调查结果的真实性、可靠性。

任务一　认知市场调查问卷

一、问卷调查法的概念与特点

（一）问卷调查法的概念

问卷调查法又称问卷法，是指调查者运用统一设计的问卷向被选取的调查对象了解情况或征询意见的调查方法。

（二）问卷调查法的特点

1.问卷调查法是进行实地调查的有效方法

实地调查是收集第一手资料的调查方法，具有针对性强、运用面广、材料真实的特点。实地调查常用的方法有观察调查法、访问调查法、实验调查法。访问调查法是实地调查中运用最多的一种方法，而问卷调查法是进行访问调查的有效方法。

2.问卷调查法属于标准化的调查

问卷调查法是按照统一设计的问卷进行调查的方法。问卷调查法可使调查内容标准化、系统化，便于资料收集与处理，具有形式短小、内容简明、应用灵活等优点，在市场调查中被广泛采用。

二、市场调查问卷的类型与基本结构

（一）市场调查问卷及问卷设计的概念

市场调查问卷又称调查表，是指调查人员根据调查目的和要求设计的，由一系列问题、可能附带的备选答案及其他辅助内容所组成的书面文件。

所谓问卷设计，是指根据调查目的，将所需调查的问题具体化，使调查者能顺利获取必要的信息资料，并便于统计分析。

采用问卷调查法时，被调查者通常通过问卷间接地向调查者提供资料，所以调查问卷的设计是否科学合理，会直接影响到问卷的回收率，以及资料的真实性、实用性。因此，市场调查人员应对问卷设计给予充分的重视。

（二）市场调查问卷的类型

①根据调查方式的不同，市场调查问卷可分为电话调查问卷、计算机辅助电话调查问卷、入户访问调查问卷、网上调查问卷等。

②根据问卷的填答方式不同，市场调查问卷可分为自填式问卷和代填式问卷。

（三）市场调查问卷的基本结构

市场调查问卷一般由开头、正文和结尾三个部分组成。

1.开头

市场调查问卷的开头主要包括问候语（引言）、填表说明（注释）和过程性记录。

（1）问候语

使用问候语是为了引起被调查者的重视，消除他们的疑虑，激发他们的参与意识，以争取得到他们的合作。因此，语气应该亲切、诚恳、有礼貌，内容要能交代清楚调查目的、调查者身份、保密原则以及奖励措施等；同时，不能拖沓冗长，以免引起被调查者的反感。如果问候语的内容和措辞恰当，可能会降低拒访率，提高调查结果的可靠性和有效性；相反，如果问候语的内容和措辞不当，可能会导致无回答率提高，从而增加调查成本，影响调查结果。

例如，“公众医疗保险问卷”问候语：

①××女士/先生，②你好！③我是北方市场调查公司访问员。④我们正在进行

一项有关公众医疗保险意识的调查，目的是想了解人们对医疗保险的看法和意见。⑤你的回答无所谓对错，只要是你真实的情况和看法即可。⑥我们对你的回答将完全保密。⑦可能要耽搁你15分钟左右的时间，请你配合。⑧谢谢你的支持。

（2）填表说明

写清填表说明的目的在于规范受访者对问卷的回答。填表说明可以集中放在问卷前面，也可以分散放到各有关问题之前。尤其是对自填式问卷，填表说明一定要详细清楚，而且位置要醒目。否则，即使被调查者理解了题意，也可能回答错误，如把单选题当成多选题、把排序题当成选择题等，从而导致数据偏差或误差。

填写说明一般包括以下内容：

●有关记录工具的统一规定。

●答题符号的统一规定。

●各种题型的答题规则。

●问卷的回收时间。

●问卷的回收方式。

某问卷填表说明如下：

①请你在所选择的答案上画圈。

②对于只许选择一个答案的问题，只能画一个圈；对于可选择多个答案的问题，请在你认为合适的答案上画圈。

③对于需要填写数字的题目，请在留出的横线上填写。

④对于注明要求你自己填写的内容，请在规定的地方填上你的意见。

（3）过程性记录

过程性记录用于识别问卷、访问员、受访者姓名和地址、核对员、录入员等，以便校对检查、更正错误、分清责任。

过程性记录的主要内容有：

●问卷编号。

●受访者姓名。

●受访者地址。

●受访者联系方式。

●访问员姓名。

●访问员编号。

●访问时间。

●核对员。

●核查时间。

●录入员。

●地域编号。

●类别编号。

●其他环节负责人编号。

某问卷过程性记录项目如下：

受访者姓名（请签名）：__________性别：__________民族：__________

受访者地址：____________________邮政编码：______________________

电话：___________________________手机：___________________________

访问员姓名：_________访问员编号：_________访问日期：_________

开始时间：___________结束时间：___________核访日期：_________

（4）甄别

甄别，也称过滤，它是先对被调查者进行过滤，筛选掉不需要的部分，然后针对特定的被调查者进行调查。

通过甄别，一方面，可以筛选掉与调查事项有直接关系的人，以达到避嫌的目的；另一方面，可以确定哪些人是合格的被调查者，哪些人不是合格的被调查者。

甄别的目的是确保被调查者合格，能够作为该项调查的代表。

甄别的主要任务是筛选掉两类不合格的被调查者。

一类是常规禁止访问者，主要包括：

●广告、公关机构从业者；

●调查研究机构从业者；

●电视、广播、报纸等机构从业者。

另一类是特定禁止访问者，主要包括：

●与调查内容利害相关的单位机构从业者；

●某些特征（如户籍、年龄、职业、收入、受教育程度、家庭类型、民族等）不符合要求者。

举例如下：

①你在近半年内是否接受过同类采访？

A.是－－－－－－－－－－－－－－－终止访问

B.否－－－－－－－－－－－－－－－继续访问

②请问你的年龄是：

A.20岁以下－－－－－－－－－－－－－－－终止访问

B.20～30岁－－－－－－－－－－－－－－－继续访问

C.30～40岁－－－－－－－－－－－－－－－继续访问

D.40～50岁－－－－－－－－－－－－－－－继续访问

E.50岁以上－－－－－－－－－－－－－－－终止访问

2.正文

该部分是问卷的核心内容，包括所要调查的全部问题以及有关被调查者的一些背景资料和预留的编码位置。

问卷的正文一般包括资料的收集、被调查者的基本情况和编码三个部分。

(1) 资料的收集

收集资料部分是问卷的主体，也是使用问卷的目的所在，其内容主要包括调查所要了解的问题和备选答案。显然，对这部分内容设计方法的探讨，是问卷设计的重点。

(2) 被调查者的基本情况

被调查者的有关背景资料也是问卷正文的重要内容之一。被调查者往往对这部分内容比较敏感，但这些问题与研究目的密切相关、必不可少，如个人的年龄、性别、文化程度、职业、职务、收入等，家庭的类型、人口数、经济状况，单位的性质、规模、行业、所在地等，具体内容要依据研究者先期的分析设计而定。

某调查问卷背景资料如下：

①请问你的受教育程度？

A.没受过正式教育----------------1

B.小学/初中----------------2

C.高中/职高/中专/技校----------------3

D.大专/大学或以上----------------4

②请问你的职业和职位是什么？

A.普通职员/工人----------------1

B.部门经理/高级管理人员----------------2

C.公司老板/厂长/总经理----------------3

D.专业人员----------------4

E.个体户----------------5

F.失业/待业----------------6

G.学生----------------7

H.离退休人员----------------8

I.其他（请注明）----------------9

(3) 编码

这里的编码是指问卷中包含的前编码设计，以及为后编码设计预留的位置。

3.结尾

问卷的结尾可以提出一些开放性的问题。例如，可以提关于企业新产品开发、广告主题和演示方法、消费者购买心理等方面的问题。因为这些问题都需要被调查者发表比较有创意的看法，应该给被调查者更多的思考空间，问题应该放在调查问卷的后半部分。只有这时，被调查者才开始对调查问题进行深入的思考，被调查者才愿意将调查问卷做到底。最后应该对被调查者的合作表示感谢，如果有礼物的话，不要忘记把礼物送给被调查者。

一份优秀的市场调查问卷应该具备以下几点：

①能够很好地完成调查与分析目标，满足信息使用者对信息资料的要求。

②使用适当的语言和方式，实现与被调查者的良好沟通，使被调查者愿意合作。

③对于调查者而言，问卷应该是能够方便和快捷地进行检查、验收，准确进行编码和数据输入的。

④问卷能够回答调查大纲中所提出的问题，能够为企业的营销决策提供合适和准确的信息依据。

三、市场调查问卷的作用

通过问卷收集信息资料是国际上通行的调查方式，也是我国近几年推行最快、应用最广的调查方式。市场调查问卷的作用可以概括为以下几个方面：

（一）实施方便、节省时间、效率高

市场调查问卷可以把针对调查目标和调查内容的所有问题以提问的方式列出，并且许多问题都可以给出多种可能的答案，供被调查者选择，在访问员说明意图的情况下由被调查者完成。只要被调查者有一定的文化水平和语言表达能力，就能完成市场调查问卷。所以除特殊情况外，问卷中的有关问题无须再由访问员向被调查者做详细说明，仅由被调查者完成即可。这种方式容易为被调查者接受，并且访问员只要稍加培训就可以胜任这项工作。这就节省了访问员用于解释目的、问题的时间，因此能加快调查进度、提高调查工作的效率。

（二）提供访问时的脚本，规范访问行为

调查是一项集体行为，由许多访问员在不同的地点及不同的时间分别进行工作，最后的调查结果需要统一使用。在这种情况下，规范化的工作流程就十分重要，必须保证每一个访问员提供的数据都是按照统一口径获得的，否则就无法区分不同样本之间的差异是客观事实，还是由于访问员的口径不一致。为了规范调查行为，进行清晰的工作流程设计是非常重要的，所有访问员必须接受相同的培训，并且具有基本相似的个人素质。除此之外，还需要对访问的用语和提问顺序进行规范，市场调查问卷便是这样一个工具。

（三）提供答案记录工具，规范记录行为

问卷是访问员记录被调查者回答的问题的工具，所有被调查者的回答，都必须按照指定的符号记录在问卷的指定位置，否则后期处理人员就无法找到并且进行处理。访问员必须按照统一的要求进行记录，而不能按自己的理解进行记录。

例如，在一次关于护发用品的调查中，有一道题询问被调查者什么时候开始掉头发，设计者的意愿是记录被调查者开始掉头发的年龄，但在问卷中是如此设计的：

请问您是什么时候开始掉头发的？（　　）

由于在访问培训时，对于“时候”这一概念没有进行强调，因此访问员在访问过程中随心所欲地进行了处理。结果，在所获得的回答中，除了正确填写年龄的情

况外，还有填具体年份，以及填“更年期”“生完孩子以后”等答案的情况，这就导致了问卷记录不规范，从而给处理环节带来了麻烦，甚至使数据出现了缺失。

正确的做法应当是：

请问您是什么时候开始掉头发的？（　　）岁（填写年龄）

这样就不会出现理解上和记录上的差异了。

（四）有利于信息统计处理及定量分析

目前的问卷多使用计算机进行处理。要将问卷信息转换成计算机能够识别的信息，就必须对数据进行编码。问卷是一种将用户回答转化成编码的工具，如下面一个问题：

您认为A品牌手机要发展，应当着重在哪些方面努力？（　　）

A.改进质量　B.降低成本　C.完善经销渠道　D.加强售后服务　E.增加宣传

根据回收的问卷就可以将被调查者的回答转化成数字编码，录入时无须考虑具体内容，只录入数字即可。

市场调查问卷可将调查内容分解为细致的项目，并进行合理排列。问卷中大多数问题为封闭式，列出备选答案，供被调查者选择，只有少数问题采用开放的文字表达方式，因此有利于调查内容的系统化、标准化，便于手工或利用计算机对所获得的信息进行研究。同时，市场调查问卷不仅将人们的实际购买行为以提问和回答的方式设计出来，而且能将人们的态度、观点、行为和看法等定性认识转化为定量研究；不仅便于调查者对调查对象的基本状况进行了解，还可以对各种市场现象的相关因素进行回归分析、相关分析及聚类分析等。

同步案例3-1　中国台湾学者林振春先生就良好问卷提出的几点评价标准

1.问卷中所有的题目都和研究目的相符合，即题目都是测量所要调查的选项。

2.问卷能显示出一个重要主题，使填答者认为重要，且愿意花时间去填答，亦即具有表面效度。

3.问卷仅用于收集通过其他方法无法得到的资料，如调查社区的年龄结构应直接向户政部门取得，以问卷访问社区居民是无法得到的。

4.问卷尽可能简短，其长度只要足以获得重要资料即可，问卷太长会影响填答效果，最好在30分钟以内即可完成。

5.问卷的题目要依照人的心理次序安排，由一般性至特殊性，以引导填答者组织其思想，并使填答具有逻辑性。

6.问卷题目的设计要符合编题原则，以免获得不正确的回答。

7.问卷所收集的资料，要易于列表和解释。

8.问卷的指导语或填答说明要清楚，使填答者不会有错误的反应。

9.问卷的编排格式要清楚，翻页要顺手，指示符号要明确，不致有瞻前顾后的麻烦。

10.印刷的纸张不能太薄，字体不能太小，要符合精美的原则。

资料来源 佚名．问卷设计［EB/OL］．［2010-12-09］．http://wenku.baidu.com/link?url=qRMMHz3VIJzfT1rVSjesHzrwhJgBScl1tLPQKqqK5qMo_17NHWYSvDNCpRFv1xTPzMIqALYfL4T9GyTGnY6rHecHjTe1sHKjAJPRCWYUTVG.

任务二 问卷设计的程序及技巧

问卷设计就是根据调查的目的将所需调查的问题具体化，既方便调查者获得必要的信息资料，也便于统计分析。

一、问卷设计的程序

设计一份调查问卷是一个系统的过程，问卷设计人员需要构思各种问题的形式，考虑能描述所调查事项的一系列特性，对各种问题的措辞进行仔细推敲。因此，在设计问卷之前，问卷设计人员必须将调查内容可能涉及的方面列一个大纲，在问卷的设计过程中必须遵循一个符合逻辑的程序，这样才有可能设计好问卷。

（一）明确需要获取的信息及分析方法

问卷是为调查服务的工具之一，问卷的设计要时刻针对调查目标，根据调查目标确定需要获取的信息，并针对所需的信息设计问卷。这一阶段的工作与调查前期的工作密切相关。因为调查的第一步就是确定调查目标，如果问卷设计人员对调查目标已经进行了细致的研究，这一阶段的工作就会容易得多。

这一阶段应该注意的问题主要有以下几点：

1.问卷内容应与调查发起者的需求一致

很多时候，调查发起者可能自己都不知道自己真正需要通过调查获得哪些信息。例如，某次关于某类电视广告效果的调查开始前，调查发起者只是说想了解该类广告的投放效果，再深入点就说不清楚了。如果仅根据这一句话确定问卷内容，结果往往很难满足调查发起者的真正需求。因此，问卷设计人员要与调查发起者进行沟通交流，深入了解其真正的需求。

2.反复检查或通过预调查分析是否遗漏重要信息

要保证信息的完整性，使问卷提供的信息能充分满足调查发起者的需要。

3.把握主题，深入研究具体需要哪些信息，提出正确的理论假设

与调查发起者交流时要得到以下信息：需要分析哪些问题、涉及哪些变量，这样最终确定的问卷才可能满足调查发起者的需要。

4.问卷设计人员不能忽略获取信息的可行性分析

例如，某计算机公司为了解竞争产品的实力和销售情况，决定对经销公司进行问卷调查。调查发起者与问卷设计人员对所要了解的信息都很明确，但是直到调查实施阶段才意识到问卷所要了解的许多信息都属于商业机密，不应放入问卷，结果不仅调查无法进行，还使被调查者对调查产生了反感。因此，除了删除没有必要询问的信息，对被调查者难以理解或不易回忆起来的问题也要慎重考虑。同时，对被

调查者不愿回答或不愿真实回答的问题，可以采用隐藏题型或随机化技术。

5.信息一定要精简

调查发起者可能希望一次调查能尽可能多地获取信息，基于这一想法，有些调查发起者将一些与调查目的关系很小甚至无关的问题都列入问卷，结果不仅使问卷涵盖内容太广、拖沓冗长、结构松散，而且使调查难度增加、成本增加、非抽样误差增大。因此，在确定所需获取的信息时，应将与调查目标无关的问题全部删除。

6.确定分析和使用信息的方法

问卷设计人员应事先确定分析和使用信息的方法，因为采用的方法不同，所获得的信息类型也不尽相同。许多调查人员忽略了这步工作，结果直到调查结束后，才发现收集的资料难以运用。

（二）选择恰当的资料收集方式

经常使用的资料收集方式有派员访问调查、电话调查、邮寄调查以及网络调查等。到底使用哪一种方式，主要应考虑以下几个方面的因素：

1.问卷类型因素

问卷设计人员应确定所需要的信息是通过正规的问卷来获得，还是通过非结构性的个人访谈来获得。如果选择的问卷类型不合适，调查结果就不会令人满意。

2.调查对象因素

要了解在何时、何地调查什么人，被调查者的职业、分布状况、可接触性以及他们参加的意愿如何等。

3.费用及时间因素

尽管调查人员希望与一些大公司的销售经理进行深度访谈，但由于经费的约束、时间的限制，因此不得不使用电话访问或个人访问等比较节约的调查方式。

总体来说，派员访问调查数据准确、成功率高，但成本较高且周期长。邮寄调查可用于规模较大、调查内容不复杂的一些项目。电话调查随着电话普及率的提高，适用面越来越广。网络调查成本低、速度快，虽然难以保证数量，但使用频率越来越高。不同的调查方式各有利弊，问卷设计人员在选择调查方式时需要依据调查要求和客观条件进行权衡。

（三）确定问卷中每个问题的内容

在市场调查过程中，所需信息很多，但是问卷的空间是有限的。为了让有限的空间发挥最大的效用，所设计的每个问题都要力求能够获得有用的数据。为此，这一阶段要注意以下几方面的问题：

1.检查问卷的内容能否准确、有效地反映所需的信息

例如，调查发起者想了解消费者对某产品的价格和服务质量是否感兴趣，调查人员询问消费者：

“您对它的价格和服务质量满意还是不满意？”

该问题实际上包括价格和服务两个方面，结果“对价格不满意但对服务满

意”、“对服务不满意但对价格满意”或“对价格和服务都不满意”的消费者都有可能回答“不满意”。该结果可能不是调查发起者想了解的信息，因而该问题应分为：

“您对它的价格满意还是不满意？”

“您对它的服务质量满意还是不满意？”

2.推敲问题内容的可行性与可靠性

有些问题可能对被调查者要求过高，被调查者根本回忆不出或不知道问题的答案，结果缺失太多，导致数据可信度下降。

3.问卷题目的数量要把握好

问卷题目的数量要适度，研究表明，冗长的问卷可能会使被调查者兴趣下降，无关或重复的问题可能会引起被调查者的反感或分散注意力，从而提高误差。

（四）选择合适的问题类型

一般来说，问卷中涉及的问题可归纳为两类：开放题和封闭题。

1.开放题

开放题是指没有向被调查者提供问题的备选答案，被调查者可以自由地、不受限制地使用自己的语言或通过提供精确的数字来回答问题。开放题的形式可以分为填空题和自由回答题。

例如，填空题：

您打算购买哪种品牌的小轿车：（　　）、（　　）、（　　）、（　　）。

您喜欢的手机品牌是（　　）。

自由回答题：

请您对××品牌的手机谈点看法。

开放题的优点是：被调查者有机会进行自我表达或详细描述，有利于发挥被调查者的主动性和想象力；防止固定选项对被调查者的诱导；检测被调查者是否了解问题等。因此，开放题所得的资料往往比较主动、具体、信息量大。

开放题的缺点是：由于被调查者提供答案的想法和角度不同，因此调查结果不易处理，难以进行定量整理和分析，还可能因被调查者表达能力的差异而形成偏差；同时，由于开放题需要占用较多的时间，被调查者往往放弃回答或答非所问，从而使问卷的回收率和有效率降低。

2.封闭题

封闭题是指调查人员事先已经设计好了问题及问题的各种可能答案，被调查者只能从备选答案中选定一个或几个现成的答案。封闭题的形式一般有二项选择题、多项选择题、排序题、过滤题等。

①二项选择题举例如下：

您是否计划在3年内购买小轿车？

是（　　）不是（　　）

②多项选择题举例如下：

您每天上网的时间为（　　）。

A.30分钟　　B.60分钟

C.3个小时　D.更多的时间

③排序题举例如下：

请问您购买手机时，最看重的是（　　），其次是（　　），再次是（　　）。

A.价格　　　B.品牌

C.服务质量　D.公司信誉

E.维修　　　F.其他

④过滤题举例如下：

您平时对手机短信感兴趣吗？（　　）。

A.感兴趣　B.一般　C.不感兴趣

选A的被调查者，请回答下面的问题：

您对手机短信感兴趣的原因是（　　）。

A.短信给您带来方便

B.短信节约通话费用

C.短信可以表达许多不方便说的事情

D.短信可以带来很多新的生活观念和文化观念

选C的被调查者，请回答下面的问题：

您对手机短信不感兴趣的原因是（　　）。

A.短信输入麻烦

B."垃圾"短信太多

C.短信使人们之间的距离变远了

封闭题的优点是：由于答案标准化，被调查者只需要选择合适的选项，便于回答，提高了问卷的回收率和有效率，便于统计分析和处理。

封闭题的缺点是：被调查者只能在规定的范围内做出回答，可能无法准确表达自己其他各种有目的的、真实的想法，而且一旦被选答案的设计有缺陷，会直接影响调查质量。

（五）确定问题的措辞

措辞就是把问题的内容和结构转化为通俗易懂的语言和句子。措辞不当，被调查者可能会拒绝或错误地回答问题，从而导致调查结果出现误差，影响数据的质量。为此，在问题的措辞上要遵循以下原则：

①词语简单，问题直接，为人熟悉；

②问题明确，避免模棱两可的措辞；

③一个问题只涉及一个方面；

④问题本身无偏见，避免诱导性措辞；

⑤问题对所有被调查者都适合；

⑥避免隐含的假设，避免有双重含义的问题。

（六）确定问题的先后顺序

在将诸问题最后连成问卷时，研究人员必须确定问卷上包括多少问题以及用什么顺序提出它们。确定问题次序的一般规则有如下几个：

1.敏感性问题和开放性问题放在问卷的后面

若将敏感性问题（如与性行为、收入有关的问题）放在前面，被调查者会对问卷产生反感，因而拒绝继续答下去。若将这些问题放在问卷的后面，即便被调查者拒绝回答敏感性问题，已答过的所有非敏感性问题的信息还是保留住了。

开放性问题也应置后，即使其涉及的是非敏感性问题。开放性问题一般需要被调查者进行较多的考虑，因此回答问题所需的时间要比封闭性问题更长。如果被调查者花15分钟才能答完100个问题中的第一个，或发现第一个问题难以回答，他就可能断定自己没有时间完成该问卷，或者断定完成此问卷可能需要花费太多的时间和精力，从而可能拒绝继续回答下去。

2.先问易于回答的问题

问卷上的第一个问题应易于回答。其不应该对被调查者形成威胁，而且应该清楚，有性质截然不同的回答选项。第一个问题一般应是关于一件事实而非一个看法或一个信仰的，而且不需要花时间考虑。因此，一个关于性别或年龄的问题比一个关于生活哲学的问题更适合作为第一个问题。如果可能，第一个问题应是使被调查者感兴趣的问题，能激励被调查者答完问卷。

3.先问后面的问题所必需的信息

例如，首先取得诸如家庭成员姓名之类的信息，有助于被调查者动脑筋回忆涉及家庭其他成员的问题。

4.按逻辑次序排列问题

一般人大体是按某种常见的顺序，如时间顺序，安排其对问题的回答的。因此，研究人员在设计问卷时也应遵循这一做法。例如，当问及被调查者的就职史时，如按时间顺序回答，即从第一个职业到目前的职业，或从目前的职业追溯到第一个职业，被调查者会感到容易回答。问卷不应先问第二个职业，接着问第五个职业，然后又问第四个职业。除了时间顺序外，大多数问卷都有某种“参考框架”，一般根据所研究的题目排列问题的顺序。

5.避免建立反应倾向

上面论及的规则主张建立一个诸如时间顺序之类的逻辑次序，并主张慎防问题排列顺序的混乱，慎防从一个参考框架突然跳到另一个参考框架上。然而，这并不是一条不可能变通的硬性规则。任何时候，只要研究人员认为有必要建立一个逻辑次序或就同一问题问许多连续的问题时，就可能建立一个反应倾向。“反应倾向”就是不管问题的内容或正确的答案如何，就以特定的方法来回答各项问题的倾向。“社会赞许性”就是一个反应倾向，即赞同社会所期望的和由规范所支持的说法，这种反应倾向通过问题的措辞比通过问题的次序更易得到纠正；另一个主要通过问题的措辞加以纠正的反应倾向是“默认”，即回答“是”而不是回答“不是”、回答“同意”而不是回答“不同意”的倾向。另一些反应倾向则可能由问题的次序引起。例如，当问到从第一个到目前为止的每一个职业的收入时，被调查者可能会挨个儿提高后来每一个职业的收入情况，而不管实际上收入是否真正提高了。如果在一次试访中调查人员就怀疑或看出问题次序引起了反应倾向，那么除了改变问题的次序外就别无他途了。这样做的缺点是受访者的思维序列可能被打断，因为受访者必须从一种形式转到另一种形式。不过，如果反应倾向能被打破，这样做就是值得的。

6.将可信度检验问题配成对儿

成对儿的问题，如肯定/否定，常用于检验可信度。例如，我们可在问卷的一处问“因工作关系收取一定礼物应该绝对禁止（同意/不同意）”，而在后面问“因工作关系收取一定礼物应该可以允许（同意/不同意）”。如果问题由于含糊不清或其他原因而不可信，被调查者就会对两个问题都不同意或都同意（上面提到过的默认反应倾向可能导致被调查者对两个问题都同意）。使用这种问题配对法，不会解决默认反应倾向的问题，但会使研究人员发现不可信的问题，从而把这个问题从这个被调查者或整个样本的资料分析中去掉。

显然，人们不会将这样的两个问题成对儿地放在一起，因为如果那样做，所有的被调查者最终都会明白，他们的回答必须是前后一致的（这样才不会显得“愚蠢”），这样使用重复问题的初衷就无法实现。而且，如果这种问题很多，就不应该先后排列有序。例如，不应总把肯定的形式放在前面，第一个问题的选择就应该是随机的，因为即使这些问题被分散列在问卷中，也常会被发现。让被调查者发觉有成对儿的问题出现是不好的，只要有可能就应予以避免，其理由有以下三个：

①被调查者会故意对两个问题都做前后一致的回答，从而无法达到设置这些问题的目的。

②被调查者为了查看自己是如何回答成对儿问题中的前一个的，从而花费过多的时间回头翻看问卷。这可能使受访者感到为难，还没有答完问卷就不耐烦了。

③对于把问题配成对儿，被调查者可能理解为那是存心抓他作弊把柄的诡计。

7.使问题有多种不同的长度和形式

研究人员可能希望在问题形式、回答形式、长度、开放性和封闭性等方面使问题具有多样性，这有助于保持被调查者的兴趣，但也可能使问卷更难回答。

8.确定漏斗形技术是否适用

某些社会研究人员主张按“漏斗形”排列问题。根据漏斗形技术，要先问范围广的、一般的，甚至开放性的问题，接着问较具体的问题，这样漏斗就越来越窄了。采用这一技术时，由于先问非威胁性（甚至不相干）的问题，因此被调查者不会感到拘束。通过使用漏斗形技术再加上“筛选”的问题，研究人员就能确定具体问题是否适合于被调查者，从而避免问不宜问的问题。例如，研究人员不是首先问被调查者抽多少烟或抽什么牌子的烟，而是先问是否抽烟。如果被调查者回答“不”，则其他有关抽烟的具体问题就跳过不问了。如果先问易于回答的、一般性的或开放性的问题，那样漏斗形技术就能行得通，但更可取的是先问易于回答的、封闭性的、关于事实的问题，然后问特别敏感的和开放性的问题。无论如何，问卷的开头都应该使回答者不感拘束。

（七）确定问卷的版面格式

问卷的版面格式是问卷能否取得良好调查效果的重要环节之一，一般需要注意以下问题：

1.版面严肃

避免使用过多的颜色、字体和不必要的插图等，要使被调查者感觉这是一次科学的调查活动。但在一些带有娱乐性质的调查中，如出于新闻性的宣传目的而进行的趣味调查，则可以设计较活泼的版面，以使被调查者感到轻松。

2.清晰美观

问卷应使用较大的字体和间距，避免为了节约纸张而将字体和间距过分缩小，因为这样一方面会引起被调查者的不悦，另一方面也容易造成访问员或被调查者阅读上的错误。

3.纸张精美

在可能的情况下，问卷应当使用较好的纸张。如果被调查者觉得调查者过于节俭，必然会怀疑自己所提供信息的价值，认为调查者并没有重视自己的信息，甚至不愿意在收集信息方面多付出一些成本。

在需要填写文字内容的地方，应留出足够的空间，以方便书写。同一个问题应当在同一个页面上，尤其应当避免将问题和备选答案印在不同的页面上。

（八）检测与修改初稿

问卷的初稿很可能存在一些潜在的问题，一般要经过仔细检查和修改，必要时应重复检查上述各个步骤，反复推敲每个问题的用词。在这一阶段，耐心、严谨与认真的态度非常重要。然而，即使经过认真检查，一些潜在的问题未经实际调查可能还是发现不了。因此，在正式使用问卷之前，一般要对它进行测试，在与正式调查相同的环境里进行测试，观察调查方式是否合适，询问访问员和被调查者对问卷设计有何问题，然后对试调查得到的回答进行编码与分析，检验问卷是否能够提供需要的信息，出现问题时应立即修改问卷，必要时可删除不能提供所需信息的问题。

问卷设计包括以上八个步骤，但在不同的调查中，各个步骤的内容会有些差异。有时候几个步骤可能合并在一起，无法截然分开；而在另一些时候，如多次调查的场合中，由于有过去的经验，因此有些步骤可以省略。在问卷设计的过程中，有些步骤可能需要多次重复，往往是在执行后面的步骤时，还会发现前面设计中的一些问题，从而需要再返回来重新对前面的步骤进行修正。

二、问卷设计的技巧

（一）问卷开头的设计技巧

问卷开头包括引言、注释和过程性记录，其中，引言和注释是对问卷情况的说明。引言的目的在于引起被调查者对填答问卷的重视和兴趣，争取他们对调查给予积极支持和合作。因此，引言的篇幅宜小不宜大。引言中应说明研究者的身份，这一内容可以放在引言的开头，如“我们是大连××咨询公司市场调查部，为了了解……”，也可放在引言的落款处。

例如，下面是一个邮寄的自填式问卷的开头：

“女士（先生）：

我们这次公众健康意识调查的目的是增强社会各阶层人士对健康的关注，进一步改善公共卫生系统的工作，促进公共卫生事业的益民发展。本次调查活动并非知识性测验，只要求您根据自己的实际情况选答。根据《中华人民共和国统计法》的有关规定，我们将对您个人的有关情况实行严格的保密措施。”

引言的结尾处，如有必要，应说明问卷交回的方法。总之，引言的语气要谦虚、诚恳，使人易于接受。

注释即问卷的填写说明，包括问卷的填写方法、填答要求以及有关事项。注释一般放在引言之后，问答题之前。

（二）问句的设计技巧

对问句设计总的要求是：问句表达要简明、生动，注意概念的准确性，避免提出有歧义的问题，具体应注意以下几点：

1.避免提出笼统、抽象、过于专业化的问题

这样的问题容易造成理解困难、不易回答，且对实际调查工作并无指导意义。举例如下：

“您对某品牌手机的印象如何？”

这样的问题过于笼统，很难达到预期效果，可以这样问：

“您认为该品牌手机的款式如何、功能如何、通话效果如何？”

2.避免使用不确切的词

“很久”“经常”等副词，以及“漂亮”“美丽”等形容词，个人理解往往不同，在问卷设计中应避免或减少使用。举例如下：

“您是否经常上网？”

被调查者不知道“经常”是指一天一次还是一周一次，可以改问：

“您每天上网多长时间？”

还可以在后面注明“多少个小时”等字样。

3.避免使用含糊不清的句子

举例如下：

“您认为政府的改革措施是否合理?”

这个句子的含糊之处在于:①没说清是哪一级政府,是中央人民政府还是地方人民政府。②没说清是哪些改革措施,是政治方面的改革措施还是经济方面的改革措施。由于这样的问句被调查者无法回答,或者只能含糊回答,因此调查也就失去了意义。

4.避免使用诱导性的提问

如果提出的问题不“执中”,能够暗示出调查人员的观点和见解,力求使回答者跟着这种倾向回答,那么这种提问就是“诱导性提问”。举例如下:

“消费者普遍认为××手机的质量好,您的评价如何?”

诱导性提问会导致两个不良后果:一是被调查者不加思考就同意问题中暗示的结论;二是诱导性提问大多是引用权威或多数人的观点,被调查者考虑到这样的结论既然已经是普遍的结论,就会产生心理上的顺向反应。此外,对于一些敏感性问题,在诱导性提问下,被调查者可能会不敢表达其他想法。因此,这种提问是调查的大忌,常常会引出和事实相反的结论。

5.避免提出令被调查者难堪的问题或敏感问题

举例如下:

“您是否有过坐公共汽车不买票的时候?”

这样的问题容易让被调查者产生顾虑和反感,从而不愿意回答。因此,这样的问句要避免。如果有些问题非问不可,也不能只顾自己的需要穷追不舍,应考虑被调查者的自尊心。

6.问句要考虑时间性

时间过久的问题易使人遗忘。举例如下:

“您去年手机总话费是多少?”

这样的问题被调查者是很难回答的,因为要全年累计记账才行。一般可以问被调查者上个月的手机话费是多少,这样回忆起来较容易,答案也比较准确。

7.拟定问句要有明确的界限

对于年龄、经济收入等调查项目,通常会令人产生不同的理解。例如,年龄有虚岁、周岁;收入是仅指工资,还是包括奖金、补贴、其他收入、存款在内。如果对此没有很明确的界定,调查结果也很难达到预期要求。

8.问句要具体

一个问句如果包含过多询问内容,既会使被调查者无从答起,也会给统计处理带来困难。举例如下:

“您为何不看电影只看电视?”

这个问题包含了“您为何不看电影?”“您为何要看电视?”“什么原因使您改看电视?”等。防止出现此类问题的办法是分离语句中的提问部分,使一个问句只问一个要点。

9.避免问题与答案不一致

所提问题与所设答案应做到一致。举例如下：

"您经常看哪个栏目的电视？"

①经济生活；②电视红娘；③电视商场；④经常看；⑤偶尔看；⑥根本不看。

（三）问句答案的设计技巧

问句答案的设计，是问卷设计的重要组成部分，特别是在封闭式问题中，答案的设计必须周密细致，具体要求如下：

1.答案要穷尽

这是指要将所有的答案尽可能地列出，这样才能使每个被调查者都有答案可选，不会因找不到可选的答案而放弃回答。

例如，对"您的婚姻状况"这个问题，如果只设计"已婚""未婚""丧偶"三个答案，那么那些已离婚而未再婚的人就无法回答，因此还应设计一项"离异"。

对复杂的问答题设计答案要仔细考虑。举例如下：

您不购买某品牌商品的原因是（ ）。

A.不了解 B.价格太贵 C.使用不方便 D.性能不好

E.保管不便 F.售后服务不好 G.无质量保证

这几项答案可能并不能完全包括被调查者不愿意购买的原因，从而造成回答困难。为了防止出现列举不全的现象，可在答案的最后列出一项"其他（请注明）"，这样被调查者就可将问卷中未穷尽的项目填写在所留的空格内。但需要注意，如果一个问题选择"其他"答案的人过多，则说明答案的设计是不恰当的。

2.答案应互斥

从逻辑上讲，互斥是指两个概念之间不能出现交叉和包容的现象。在设计答案时，一个问题列出的不同答案必须互不相容、互不重叠的，否则被调查者可能会做出有重复内容的双重选择，从而对资料的整理分析不利，影响调查效果。举例如下：

您平均每月支出中，花费最多的是（ ）。

A.食品 B.服装 C.书刊 D.日用品

E.娱乐 F.交际 G.饮料 H.其他

答案中的"食品"和"饮料"是包容关系，所以在设计答案时，一定要用同一标准在同一层次上分类，避免答案之间出现交叉或包容的现象。

3.答案可采用定距或定比的方式

对于不同的问答题，其答案有不同的设计方法，因此在设计答案时，要根据研究的具体要求来决定采用哪种形式的答案。

例如，在研究每月工资收入或女士年龄时，如需准确了解具体数字，则可采用填入式，即"您每月工资收入是（ ）元""您的年龄是（ ）岁"。

但通常在调查这类敏感性问题时，出于消除被调查者顾虑和资料整理分析的需要，研究人员常常通过定距或定比的方式设计问题答案。举例如下：

您的工资是（　　）。

A.1 000元以下　B.1 000～2 999元　C.3 000～4 999元

D.5 000～9 999元　E.10 000元及以上

设计这类答案时，要注意以下几点：

①划分的档次不宜太多，每一档的范围不宜太宽。因为档次太多，会使问卷篇幅增大，而且有些档次只有极少数人可回答。一般的方法是，在大多数人所属的范围内进行适当的分档，将两端列为开口组就行了。

②在无法确定档次的数目时，采取宁多勿少的做法，因为频次小的档次可以在修改时进行合并。

③各档的数字之间正好衔接，无重叠、中断现象。

4.注释和填答标记应恰当

对于封闭式问答题，每一项答案都应有明显的填答标记或注释，答案与答案之间要留出足够的空格。注意不要在填答标记、符号或每项答案的前或后做选择记号，因为在各项答案之间距离较近时，研究者可能不容易辨认被调查者到底选择了哪个答案。在一般调查中，使用数字作为各项答案标记的较多，这样可以起到问卷编码的作用。进行大规模调查时，问卷的设计最好给出如何在答案上做记号的范例。

同步案例3-2　"2015啤酒市场消费认知"有奖调查问卷

填写说明：

（1）无特殊要求的题目即为单选，多选视为无效。

（2）选择时点击选项对应按钮即可。

（3）个人资料要求真实准确，有任何虚假、错误信息都将视为无效。

1.您是否经常喝啤酒？（　　）。

A.是　B.否

2.您对啤酒的消费习惯如何？（　　）

A.偶尔才喝　B.想喝就喝　C.每日必喝

3.您的啤酒饮用史有多长？（　　）

A.1年以内　B.2～5年

C.6～10年　D.10年以上

4.您是否有特别偏爱的啤酒品牌？（　　）

A.有　B.没有

5.您在购买啤酒时，是否指定品牌？（　　）

A.一定要指定品牌，但不坚持非要这种品牌不可

B.不指定品牌

C.只有一定不会购买的品牌

6.相比之下，您更喜欢喝本地品牌的啤酒还是其他品牌的啤酒？(　　)

A.本地品牌　　B.其他品牌

7.您喜欢买哪种规格的啤酒？(　　)

A.瓶装（700ml）　　B.小瓶装（350ml）　　C.易拉罐整箱购买

8.您的月收入是多少？(　　)

A.1 000元以下　　B.1 000～2 999元　　C.3 000～4 999元

D.5 000～9 999元　　E.10 000元及以上

9.您一个月在喝啤酒上的消费有多少？(　　)

A.50元以下　　B.50～99元　　C.100～299元

D.300～499元　　E.500元及以上

10.您知道生啤和熟啤的区别吗？(　　)

A.不知道　　B.知道

11.下列哪种牌子的啤酒是您经常喝的？(　　)

A.趵突泉　　B.青岛　　C.北京

D.嘉士伯　　E.喜力　　F.朝日

G.百威　　H.蓝带

12.为什么选择这种或这些品牌的啤酒？(　　)

A.口感好，著名品牌　　B.品质保证，个人偏好　　C.包装精美

D.比较有档次　　E.购买方便　　F.其他原因

13.您会对什么样的品牌印象深刻？(　　)

A.口感极佳，价格适中　　B.有抽奖活动　　C.广告宣传到位

D.有品质保证　　E.经常搞促销活动

14.下列哪种口味的啤酒是您经常喝的？(　　)

A.清爽　　B.醇和

C.果味　　D.其他

15.下列哪种工艺的啤酒是您喜欢的？(　　)

A.纯生　　B.干啤　　C.黑啤

D.小麦　　E.全麦

16.您一般会在何处购买啤酒？(　　)

A.大型超市　　B.商场

C.酒吧　　D.便利店

17.您一般会在什么心情下喝啤酒？(　　)

A.高兴时　　B.烦心时　　C.无聊时

D.伤心时　　E.其他

姓名：____________________

性别：____________________

年龄：______________

联系电话：______________

电子邮箱：______________

身份证号：______________________________

通信地址：______________________________

邮编：______________

资料来源　根据“‘2007啤酒市场消费认知’有奖调查问卷”等资料整理。

问题：请对该问卷的设计进行评价。

分析提示：该问卷有值得肯定的地方，但也存在不足之处，根据问卷设计的要求、技巧等进行评价。

任务三　态度测量表

态度测量是指调查人员根据被调查者的可能认识或认识态度，就某一问题列出若干答案，设计态度测量表，然后根据被调查者的选择来确定其认识或认识态度。

态度测量表的设计包括两步：第一步，设定规则，并根据这些规则为不同的态度特性分配不同的数字。这些数字和态度变量的取值必须一一对应，每个数字代表唯一的态度变量值，每个态度变量值对应唯一的数字。这种对应关系应该是明确的和固定的。第二步，将这些数字排列或组成一个序列，根据被调查者的不同态度，将其在这一序列上进行定位。例如，首先将“对某超市的态度”这一态度变量的可能取值，用不同的数字来代表，“1”代表“喜欢”，“2”代表“无所谓”，“3”代表“不喜欢”；然后由被调查者根据自己的情况，是“喜欢”、“无所谓”还是“不喜欢”，用数字填写调查问卷或调查表。这就是一个典型的三级量表。

态度测量表中用数字代表态度主要出于两个目的：首先，数字便于统计分析；其次，数字使态度测量活动本身变得容易、清楚和明确。

一、测量尺度

（一）测量尺度的概念和内容

测量尺度是指测量层次的分类。测量尺度决定了数据内所有的信息，能使资料汇总与统计分析更合适。

统计学上把属性分为品质属性和数量属性。前者是指不可以用数字计量的属性，如性别、文化程度等；后者是指可以用数字计量的属性，如年龄、智商等。市场调查研究为了使测量更确切，引入了市场调查研究的属性分类方法，即将属性分为定类属性、定秩属性、定距属性和定比属性。定类属性是只具有类别差异的属性，如性别分为男性和女性。定秩属性是具有某种逻辑顺序，可以确认等级位次的属性，如文化程度可以分为初中及以下、高中或中专、大专、大学本科、硕士及硕士以上。定距属性是具有等距间隔差异的属性，如智商。定比属性是具有可以形成比例关系的等距离间隔差异的属性，如年龄。对应于四个层次的属性，存在着四个层次的测量尺度，即类别尺度、顺序尺度、等量尺度和比率尺度。

（二）测量尺度的分类

1.类别尺度

类别尺度是根据变量的特性给予名字或代号，以下变量均为类别尺度：

①性别（男性、女性）；

②婚姻状况（未婚、已婚、丧偶、离婚……）；

③宗教信仰（佛教、道教、基督教……）；

④就业情况（就业、失业）；

⑤车牌号码（辽AT04F5、辽BT04F5……）；

⑥咖啡的味道（太苦、稍苦、刚好、稍酸、太酸……）。

我们也可以用数字来代表类别尺度中非数值的情况。例如，针对婚姻状况，可用数字1代表未婚，用数字2代表已婚，用数字3代表丧偶，用数字4代表离婚。需要特别注意的是，答案前的字符只起到分类作用，不能互相比较，类别数据（变量为类别尺度的数据）不适用于加、减、乘、除等符号运算。因此，调查资料汇总后，必须分析出全体被调查者的代表性看法，这称为平均态度值。在该类测量尺度中，平均态度值不能用算术平均数或中位数表示。

2.顺序尺度

顺序尺度是一种用于表明调查对象等级、顺序的赋值工具，它针对某种特征（如高低、好坏、多少）将目标进行排序。因此，顺序尺度除了具有类别尺度用数字代表特征的特点外，还增加了对数据排序的能力。顺序尺度的应用基础是可传递性假设，假设是为了进行操作或思考而假定的必要前提条件。可传递性假设可以这样加以描述："如果A大于B，而B大于C，则A大于C。"还有一些其他可替代的词语，如"更喜欢""比……强""在……之前"。举例如下：

请对下列品牌的空调按从1到5进行排序：1表示最喜欢的，5表示最不喜欢的。

海尔　　三洋　　LG　　三星　　长虹

数字严格地用于表示等级的顺序，既不表明绝对数量，也不表明两个数字之间的差距是相等的。因此，任何可以代表数字关系的系列数字都可以接受。换句话说，海尔可以被指定为10分，三洋可以被指定为25分，LG可以被指定为30分，三星可以被指定为15分，长虹可以被指定为20分。也可以用其他数字表示，只要顺序不改变即可。

顺序尺度使调查人员能对目标进行排列并比较目标的等级，从而发现最重要的、影响最大的因素是什么。普通的算术运算（如加、减、乘、除）都不能用于顺序尺度。汇总调查资料并确定对每个产品的好恶顺序以求平均值时，可用中位数或加权平均数表示，而百分位数或四分位数可以用来测量离散程度。通过采取一定的方法将各答案之间的顺序关系转化为差距关系，能够计算平均态度值，但是仅凭顺序尺度不能评价两个等级之间的差异程度。由于应用方便，顺序尺度在市场调查与研究中得到了广泛应用。

3.等量尺度

当数据既有顺序尺度的性质，又可以比较两个元素之间的差异时，可采用等量尺度。举例如下：

观察某日3个地方的最高温度，其结果如下：

A地15摄氏度，B地28摄氏度，C地34摄氏度。

若用此温度来排序，可以发现C地最温暖（温度最高），A地最冷（温度最低）。除此之外，两个数值之差是有意义的，即C地比A地高19摄氏度，B地比A地高13摄氏度，C地比B地高6摄氏度。值得注意的是，等量尺度的数据永远是数值，因此加、减对于等量数据是有意义的。

4.比率尺度

比率尺度除了具备等量尺度的所有特性外，还具有固定零点，所列答案之间具有类别关系、顺序关系、差距关系和比率关系，可以进行排序、加减运算等。计算态度平均值可采取几何平均数。统计分析可以用F检验和T检验。但采用这种尺度对被调查者态度进行测量有一定的困难。例如，第一个人身高1.8米，第二个人身高0.9米，我们可以说第一个人的身高是第二个人的2倍，但当消费者给予某种冰箱的评价是10分，给另一种冰箱的评价为5分时，只能说明其喜爱程度有差别，并不能表示消费者对第一种冰箱的喜爱程度是对第二种冰箱的喜爱程度的2倍。所以，在市场调查中，这种尺度应用不多。

上面介绍了四种测量尺度，在市场调查中，最常用的是类别尺度和顺序尺度。表3-1对这四种测量尺度进行了简单对比。

表3-1　**测量尺度的四种类型**

尺度	基本特征	常见的例子	市场实例	允许进行的统计运算	
				描述性	推理性
类别尺度	用数字表明对象的类别、归属和分类	身份证、学生证号等	品牌代号、性别分类等	百分比、众数等	二项式检验
顺序尺度	用数字表明对象的相对位置，而非对象间的差别大小	质量等级、级别等	喜爱程度等级、购买意愿排序、社会等级等	百分数、中位数	相关分析、方差分析
等量尺度	可以比较对象间的差距，零点不固定	温度	观点、态度、偏好等	范围、平均值、标准差	方差分析、回归分析、因子分析
比率尺度	有固定零点，可计算类别值之间的比率	长度、重量	年龄、收入、成本、销售量、市场份额	几何平均数、调和平均数	所有运算

二、直接量表

进行态度测量的方法是多种多样的。一般来说，市场调查人员都是先将有关态度询问的问题或语句设计好，并直接询问被调查者，然后由被调查者根据自己的态度来选择答案，这种方法称为直接测量。在直接测量的基础上设计出的量表称为直接量表。直接量表主要有以下几种：

（一）评比量表

评比量表是市场调查研究中最常用的一种顺序量表。评比量表的设计原理是：对于提出的问题，以两种对立的态度为两个端点，在两个端点中间按程度顺序排列不同的态度，然后由被调查者从中选择一种适合自己的态度表现。对态度、意见的排列顺序可按若干阶段排列，阶段可多可少，视具体调查要求而定。

若将态度、意见划分为10种，则其排列方法见表3-2。

表3-2　**态度评比量表（一）**　单位：分

最不喜欢	很不喜欢	不喜欢	稍不喜欢	无所谓	还可以	稍喜欢	喜欢	很喜欢	最喜欢
1	2	3	4	5	6	7	8	9	10

若将态度、意见划分为5种，则其排列方法见表3-3。

表3-3　**态度评比量表（二）**　单位：分

很不喜欢	不喜欢	无所谓	喜欢	很喜欢
-2	-1	0	1	2

表3-2将消费者的态度划分为10种，最高分为10分，最低分为1分。表3-3将消费者的态度划分为5种，其分数的给法可以用-2、-1、0、1、2表示，也可以用1、2、3、4、5表示。市场调查人员先将设计好的评比量表发给被调查者填写，再将所有填写后的量表加以整理，即可得到某个消费者总体的态度测量结果。应当看到，这种测量态度的量表用不同的数值来代表某种态度，目的是将非数量化的问题加以量化，而不是用抽象的数值随意排列。应用这种量表调查时必须注意以下两个方面的问题：一方面，注意设计量表时的定量基础，并将调查得到的态度测量结果在定量基础上进行分析，判断其高低。如在10种态度评比量表中，原设计的最高分是10分，最低分是1分。那么若某个消费者的态度测量结果是2分，就说明他的态度测量结果得分较低，其态度倾向于否定；若另一个消费者的态度测量结果是8分，就说明他的态度测量结果得分较高，其态度倾向于肯定。另一方面，注意量表所测定的数量只能说明态度的不同，并不能说明其他。如应用10种态度评比量表对不同的消费者进行调查，甲消费者的测量结果是8分，乙消费者的测量结果是4分，则说明甲消费者对某商品喜欢，乙消费者对某商品不太喜欢，而不能说甲消费者对某商品的喜欢程度是乙消费者对某商品喜欢程度的2倍。若将10种态度评比量表用于对不同商品的态度测量，如消费者对A商品的态度是9分，对B商品的态度

是3分，说明消费者对A商品很喜欢，对B商品不喜欢，而不能说明消费者对A商品的需求量是对B商品需求量的3倍。因此在市场调查实践中，评比量表既可用于对使用某一种商品的多个消费者的态度进行测量，也可用于对使用多种商品的多个消费者的态度进行测量。

（二）语义差别量表

语义差别量表主要用成对儿的反义形容词测试被调查者对某一项目的态度。在市场调查中，它主要用于市场比较、个人及群体之间差异的比较，以及人们对事物或周围环境的态度研究等。例如，用语义差别量表调查受访者对某音乐的感受，首先应确定相关维度，同时界定两个语义相反的术语代表每一个维度的两极，接下来就可以让受访者评价其对某音乐的感受，见表3-4。

表3-4 **语义差别量表**

愉悦的	7	6	5	4	3	2	1	不悦的
简单的	7	6	5	4	3	2	1	复杂的
不和谐的	7	6	5	4	3	2	1	和谐的
传统的	7	6	5	4	3	2	1	现代的

研究者对各维度的分数进行统计，不仅可以了解受访者对某音乐的看法，还可以进行群体和团体间的比较分析。为了防止回答偏差，最好将彼此有关系的项目位置加以变化。例如，通常受访者如果认为某段音乐是“不和谐的”，同样也会认为它是“现代的”。上面的量表就将“不和谐的”和“传统的”放在了左侧，而将“和谐的”和“现代的”放在了右侧。

利用语义差别量表可以迅速、高效地分析产品或公司形象与竞争对手相比所具有的长处或短处。更重要的是，在营销与行为科学研究中发现，语义差别量表在制定决策和预测方面有足够的可靠性和有效性。语义差别量表不仅适用面广，而且非常简洁，故被研究人员所偏爱，经常被作为测量现象的工具。

（三）购买意向量表

对于市场营销活动来说，最主要的问题就是顾客会不会买产品，期望的市场占有率是多少。很多企业在推出新产品和新服务、进行产品更新或服务调整时，都会开展购买意向调查。举例如下：

问题一：您会使用Apple Watch吗？（　　）

A.作为原手表的替代产品　　B.作为装饰品

问题二：您是否会推荐您的朋友购买Apple Watch？（　　）

A.肯定会　　B.可能会　　C.说不好

D.可能不会　　E.肯定不会

问题一是为了帮助产品定位；问题二一般是生产商对购买意向进行双向核查，即如果60%的被调查者声称他们肯定会购买产品，而90%的人声明他们肯定不会将产品推荐给朋友，那么调查人员将考虑购买意向的有效性。

研究表明，购买意向量表能很好地预示顾客对消费品的选择情况。这种量表不仅很容易制作，而且只要求被调查者对他们购买一件新产品的可能性做主观判断。从以往经验来看，我们可以把顾客在量表上的回答转换成对购买可能性的估计。许多公司使用购买意向量表不是为了测量市场份额，而是为了帮助做出产品开发的可行性决策。一般而言，研究者常常将回答"肯定买"或"可能买"的人数的百分比相加，然后将其作为决策的一个依据。例如，一家消费品制造商可能要求在概念测试阶段这一百分比达到80%或更高，在家庭试用阶段这一百分比达到55%，才可能考虑试销。

（四）固定总数量表

固定总数量表常用于比较消费者对不同品牌产品的偏好，也可用于比较同一问题的不同因素的重要程度。

在固定总数量表中，调查人员列举出若干答案，要求被调查者根据各个特性的重要程度给各答案一个分数，不管分数如何分配，各答案分数的总和必须是一个固定数值（通常是100分）。举例如下：

对于给定品牌，各分配一定分数，总分为100分。

品牌甲（　　）品牌乙（　　）品牌丙（　　）

在选购饮料时，下列因素的重要程度如何？（请打分，总分为100分）

新鲜度（　　）价格（　　）品牌（　　）

包装（　　）　色泽（　　）口味（　　）

应用固定总数量表，便于汇总计算百分率。按分数高低排列，也可以形成一个顺序量表，且可以避免次数繁多的配对比较。所以，这种方法得到了调查人员的广泛认可，但是当比较的对象数量过多时，被调查者可能会感到混乱。

（五）配对比较量表

配对比较量表是通过配对比较的方法来测量人们态度的一种量表。例如，某饮料经销者非常想了解几种牌子的饮料在消费者心中的地位，这时就可采用此法。如果现有A、B、C、D四种品牌的饮料，可将其两两组合成6对，要求受访者（100名）成对儿比较，并指出何者为佳。如果在对A和B的比较中回答A佳，则在A较B为佳栏下记录1人，如果共有20人这样认为，则频数为20。全部6对饮料比较后所得结果见表3-5。

表3-5　**认为品牌i较品牌j好的人数分布**

j \ i	A	B	C	D
A	—	80	70	40
B	20	—	30	15
C	30	70	—	35
D	60	85	65	—

为了进一步分析，可将次数转化为比率，见表3-6。

表3-6 认为品牌i较品牌j好的比率

j \ i	A	B	C	D
A	0.50	0.80	0.70	0.40
B	0.20	0.50	0.30	0.15
C	0.30	0.70	0.50	0.35
D	0.60	0.85	0.65	0.50
合计	1.60	2.85	2.15	1.40

在表3-6中，各品牌与自己比较的比率均为0.5，将每列的比率相加，就可得出各品牌的态度值。四种品牌的态度值相比，显然B品牌最受欢迎。

B（2.85）＞C（2.15）＞A（1.60）＞D（1.40）

三、间接量表

一些调查人员在做有关态度的询问时，由被调查者自己决定询问语句，然后由调查人员进行态度评定，这种方法称为间接测量。在间接测量的基础上设计出的量表称为间接量表。间接量表主要有以下几种：

（一）沙斯通量表

沙斯通量表是在1929年提出的，最早用于测定社会态度。依照沙斯通的构想，人类对社会的态度虽然极为复杂，但从某一事物的一种极端到另一种极端之间，决定一个人态度的位置是一件可能的事。沙斯通量表中的语句是测量同一主题的，它不太适用于对多种主题的态度的测量，因为对于多种主题的每一个主题都分别需要一系列的语句。

沙斯通量表的具体建立步骤如下：

1.拟定语句

根据主题，拟定可能的有关态度调查的语句20～25个，以说明对一个主题的一系列态度，有的语句是完全肯定的，有的语句是完全否定的。例如，①折扣销售实际上是骗人的；②折扣销售能使消费者获利；③折扣销售有利于促进商品销售；④大多数人都喜欢折扣销售；⑤折扣销售的商品质量都比较差；⑥折扣销售的商品都是过时的商品……

2.组建判定小组

选择20～50名判定员，要求他们将这些语句划分为若干组（7组、9组、11组等），组别的划分可以反映他们对每一个表述肯定或否定的情况。如果分为11组，则可将中立态度列入第6组，将不利态度列入第1～5组，将最不利的态度放在第1

组，将有利态度列入第7～11组，将最有利的态度放在第11组。事实上，所有语句都可以分为三类，即有利态度、中性态度和不利态度。表示有利态度的语句一般不可能被列入表示不利态度的组别内；同样，表示不利态度的语句也不可能被列入表示有利态度的组别内。当然，每个判定员对各语句的态度的认识是有区别的，如某判定员认为上述第①句是最不利的态度，就将它列入第1组，而其他判定员也可能将第①句列入第2组或第3组。

3.计算平均数和标准差

所有判定员将语句分组后，研究人员就可根据判定员所确定的各组语句的次数，计算其平均数和标准差。平均数反映了判定员态度的集中程度，而标准差反映了判定员态度的离散程度。

4.选出标准差最小的问题提问

各组分别选出标准差最小的2条语句，向真正调查时的被调查者提出，要求他们回答。

沙斯通量表的优点是：量表的语句是根据各判定员的标准差确定的，有一定的科学性。

沙斯通量表的缺点是：量表确定费时、费力；判定员的选择应有一定的代表性；无法反映被调查者的态度在程度上的区别。

（二）李克特量表

李克特量表是问卷设计中运用十分广泛的一种量表。它要求被调查者表明对某一表述是赞成还是否定。它与沙斯通量表的不同之处有两点：一是回答者对这些问题的态度不再被分成简单的同意或不同意两类，而是将赞成度分为若干类，范围从非常赞成到非常不赞成，中间为中性类，由于类型增多，因此人们在态度上的差别能充分体现出来；二是不需要判定员。

李克特量表的具体建立步骤如下：

①拟定若干条正负态度语句，两者的数目不一定要相等。每条语句的答案可分为非常赞成、赞成、未定、不赞成、非常不赞成五类。

②对被调查者所选的答案，都给予一个分值，由于语句有正、负态度之分，因此他们的给分办法也有不同。举例如下：

请您给下面的观点打分，其中，很同意（5分），比较同意（4分），讲不清（3分），不太同意（2分），很不同意（1分）：

A.越有钱，越应该买保险

B.年轻人没有必要买保险

C.只有人们的收入达到一定水平，才会考虑买保险

D.我不大爱生病，没有必要参加保险公司推出的医疗保险

⋮

I.目前保险定价合理

量表的项目应围绕问题的“典型”观点，所选项目应当分散，能够代表问题的一个足够宽的范围。此外，需要考虑项目的正负方向，这样可以避免由于习惯“附和”或“反对”而造成的回答偏差。

同步案例3-3 企业成功来自对顾客的态度调查

纺织企业家乔·海曼于20世纪60年代接管了一家纺织厂。他在对工厂进行改造时，收到了许多颜色、品种不同的订货单。当工厂经过改造快要投产时，他收到了政府部门的通知，必须减少两个染缸中的一个，因为排水系统承受不了。对企业来讲这是一场灾难，如果少了一个染缸，就不能生产出那么多的颜色。在绝望之中，乔·海曼决定采用态度测量表了解顾客对改变颜色的看法，并希望通过当面的解释使已订货的顾客接受企业可以生产的颜色。通过有效的调查与沟通，已订货的顾客接受了解释，改选了其他颜色，企业不仅没有减少订单，反而由于只设一个染缸而大大降低了生产成本。

问题：乔·海曼的调查会用到什么样的态度测量表？

分析提示：针对不同的问题，会使用不同的态度测量表，可以举例进行回答。

项目小结

1.问卷设计就是根据调查的目的将所需调查问题具体化，既方便调查者获得必要的信息资料，也便于统计分析。

2.市场调查问卷一般由开头、正文和结尾三个部分组成，每部分都有自己的设计技巧。

3.市场调查问卷设计包括八个步骤，但在不同的调查中，各个步骤的内容会有些差异。

4.态度测量是指调查人员根据被调查者的可能认识或认识态度，就某一问题列出若干答案，设计态度测量表，然后根据被调查者的选择来制定其认识或认识态度。

主要概念

市场调查问卷　问卷设计　态度测量　测量尺度

基本训练

（一）填空题

1.问卷的正文一般包括（　　）、（　　）和（　　）三个部分。

2.沙斯通量表是在（　　）年提出的，最早用于测定社会态度。

3.在问句答案的设计中，答案要（　　），且必须互斥。

4.测量尺度包括（　　）、（　　）、（　　）和（　　）。

（二）选择题

1.下列（　　）不是问卷开头的组成部分。

A.问候语　　B.填表说明

C.问卷编号　　D.开放题

2.以下题型属于开放题的是（　　）。

A.二项选择题　　B.多项选择题

C.填空题　　D.排序题

3.不属于测量尺度类型的是（　　）。

A.类别尺度　　B.差别尺度

C.顺序尺度　　D.比率尺度

4.某调查问卷中“您对网上购物有什么看法”属于（　　）问题。

A.公开式　　B.开放式

C.保守式　　D.封闭式

5.市场调查研究的属性分类不包括（　　）。

A.定类属性　　B.定秩属性

C.定量属性　　D.定距属性

（三）简答题

1.简述问卷设计的程序。

2.市场调查问卷中问句的设计技巧有哪些？

3.开放题的优缺点有哪些？

4.一份完整的调查问卷包括哪些部分？

5.市场调查问卷的作用有哪些？

（四）案例分析

“狗不理”为何不再红火

老字号是一块黄金招牌，其商誉是不可低估的。在竞争激烈的市场环境下，我们怎样看待这种以无形资产而居商家之首的中华老字号呢？谁不遵守市场的游戏规则，谁就将为此付出代价。

曾风靡中国的天津三绝之一的“狗不理”已现衰落迹象，就锦州而言，饮食广场上的“狗不理”已是门庭冷落。“狗不理”打破单一卖包子的格局后，为什么还一度低迷呢？原因有以下几点：一是不遵守游戏规则。如在京津地区，“狗不理”多是外地人在品尝。分店特许加盟，按规定是垄断2千米的经营权，但实际上正好相反，2千米内也有人在打“狗不理”的牌。二是管理不到位。从招牌到品种、价格、总店的培训，均不统一，没有了“狗不理”原有的特点。三是特色不突出。“狗不理”在竞争条件下，已不能独居原来的垄断地位，作为“包子”这一食品的形态更无法满足人们日益增长的物质需要。而且如今的“狗不理”销售的其他品类如酒水、快餐等，市场同质化现象严重，没有做到独出心裁。四是单一靠卖品牌进行扩张。无形资产的变现能力是客观存在的，但无形资产不能产生再生价值，从某种意义上看这是在出卖自己的名声，更何况其在出卖品牌的同时并没有丰富“狗不理”的文化内涵。

资料来源 佚名．“狗不理”为何不再红火［EB/OL］．［2016-05-27］．http://3y.uu456.com/bp-b9618f020740be1e650e9a64-5.html.

问题：

1．“狗不理”想重振昔日的雄风，如果开展市场调查，重点应该考虑什么问题？

2．如何设计市场调查问卷？

单元实训

【实训情境设计】

在项目二的“单元实训”中，我们已经完成了对“脑白金”广告宣传方式的调查方案设计，请同学们根据该调查方案，设计一份调查问卷，并进行实训。

【实训任务要求】

1．以小组为单位进行实训。将学生分成若干小组，每组5～7人，小组成员分工合作。

2．查找与市场实训情景有关的资料，根据市场调查的主要内容，结合具体情况，就“脑白金”广告宣传方式拟定一份市场调查问卷。

3．各项目小组向全班汇报实训结果，教师进行点评。

4．每位同学都要完成课程实训总结、撰写实训报告，在此基础上综合评出个人的成绩。

【实训提示】

1．这项实训活动应在调查策划实训室进行，实训室内应配备讨论桌，便于小组设计调查问卷时使用。

2．事先将全班学生分成几个小组，确定小组长，每个项目小组不得超过7人，以集体形式完成设计方案。

3．以小组为单位，上交市场调查问卷。市场调查问卷的内容均应涉及，不能有遗漏，要求设计的调查问卷完整、科学、合理，并且能够满足调查目的的需要。

【实训效果评价】

小组成员共同评出组员个人实训态度成绩，教师和各小组组长共同评出组员个人实训表现成绩（见表3-6），教师评出小组实训报告成绩（见表3-7），并在此基础上给出个人最终成绩。

表 3-6　　组员个人实训过程评价表

小组成员姓名	态度（满分为100分）	表现（满分为100分）	
		操作（50%）	技能（50%）

注：各项考评满分分别为100分，60分以下为不及格，60～69分为及格，70～79分为中等，80～89分为良好，90分以上为优秀。

表 3-7　　小组实训报告评价表

评价内容	分值（分）	评分（分）
市场调查问卷体现了调查目的与要求	20	
市场调查问卷具有可操作性	30	
市场调查问卷具有科学性与完整性	10	
市场调查问卷的质量好、效果佳	40	
总分	100	

注：考评满分为100分，60分以下为不及格，60～69分为及格，70～79分为中等，80～89分为良好，90分以上为优秀。

个人最终成绩=个人实训态度成绩×20%+个人实训表现成绩×50%+小组实训报告成绩×30%

项目四　选择市场调查方法

学习目标

通过本项目学习，达到以下目标：

理论目标：掌握文案调查法的含义和特点、文案调查的具体方法；掌握访问调查法的含义和类型、观察调查法的特点和主要内容、实验调查法的优缺点；掌握网络调查法的含义和内容、网络调查的具体方法。

实训目标：培养学生灵活运用市场调查方法的能力；使学生在市场调查过程中，掌握文案调查法、实地调查法、网络调查法的具体应用；培养学生的专业调查能力与职业核心能力。

引例

某公司产品需求市场调查

某公司想了解一下其产品的需求情况，为此组织了一次市场调查活动。按照调查计划，该公司首先进行了一次问卷调查，其选取了北京、上海和广州三个城市，并在这三个城市中随机发放调查问卷。其向消费者提供的问卷中，问答项目达几百个，而且十分具体。该调查所获得的数据被输入计算机，进行详细分析。

资料来源　迈克丹尼尔，等. 当代市场调查［M］. 范秀成，等，译. 4版. 北京：机械工业出版社，2004.

问题：这些调查数据对企业有什么帮助？从哪里可以方便地获得这些市场信息？

分析提示：在市场调查中，资料通常通过一定的手段、方法获取。市场调查资料的采集方法有很多，不同的方法有不同的特点，在市场调查决策时，要注意区别各种方法之间的异同。

在市场调查中，调查资料通常要通过一定的手段与方法来获取。根据资料性质的不同，资料的获取方法可分为原始资料的收集方法和二手资料的收集方法两大类。二手资料是指在某处已经存在，并已经按某种目的编辑起来的资料；原始资料也称一手资料，是指调查者为了某种特定的目的而通过专门调查获得的资料。不同的方法，其特点、适用条件、费用以及所得的资料也不尽相同，在调查中要注意恰当地选择市场调查方法来获取所需要的资料。

任务一　文案调查法

一、文案调查法概述

(一) 文案调查法的含义

文案调查法又称直接调查法，是利用企业内部和外部现有的各种信息资料，对调查内容进行分析研究的一种调查方法。

(二) 市场信息的类别

市场调查是对市场信息进行收集和研究的过程，在介绍调查方法之前，我们有必要了解市场信息的各种类别。

1.按市场信息的负载形式分类

①文献性信息，如文字、图像、符号、声频、视频等。

②物质性信息，如展览品、模型、样品等。

③思维性信息，如预测信息、对竞争对手决策的判断等。

2.按市场信息的产生过程分类

①原始信息，即在市场活动中产生的各种文字和数据资料。

②加工信息，即根据需要，对原始信息进行加工、处理和分析等得出的信息。

3.按市场信息的范围分类

①宏观市场信息，即有关企业外部经营环境的各种信息，如国民经济发展情况、居民购买力、股市行情等。

②微观市场信息，即有关企业生产、经营状况的各种信息，如企业商品销售额、劳动效率、购销合同履行情况等。

4.按市场信息的状态分类

①动态市场信息，即反映市场现象在不同时期的发展变化情况的信息。

②静态市场信息，即反映某一时刻市场活动的信息。

对各种动态及静态市场信息进行收集、整理和分析，是科学预测和决策的前提。

(三) 文案调查法的特点

文案调查法具有以下几个特点：

①文案调查法主要收集已经加工过的次级资料，而不是对原始资料进行收集。

②文案调查法以收集文献性信息为主，这些文献性信息具体表现为各种文献资料。

③文案调查法收集的资料包括动态和静态两个方面，尤其偏重于动态角度。

(四) 文案调查法的优点

1.运用文案调查法可以发现问题并为市场调查研究提供重要的参考依据

①市场发展趋势分析，即通过收集各种市场动态资料并加以分析对比，观察市

场发展趋势。例如，某企业近几年的营业额平均以15%的速度增长，由此可推测企业未来几年营业额的变动情况。

②相关分析和回归分析，即利用一系列相互联系的现有资料进行相关分析和回归分析，以研究现象之间相互影响的方向和程度，并在此基础上进行预测。

③市场占有率分析，即根据各方面的资料，计算出本企业某种产品的市场销售量占该市场同种商品总销售量的份额，以了解市场需求及本企业所处的市场地位。

④市场覆盖率分析，即用本企业某种商品的投放点与全国该种产品市场销售点的总数进行比较，以了解企业商品销售的广度和宽度。

2. 文案调查法可为实地调查创造条件

①运用文案调查法，可以初步了解调查对象的性质、范围、内容和重点等，并能提供实地调查无法或难以取得的市场环境等宏观资料，便于进一步开展和组织实地调查，取得良好的效果。

②通过文案调查法收集的资料可用来证实各种调查假设，即可将以往类似的调查资料与实地调查资料进行对比，鉴别和证明实地调查结果的准确性和可靠性。

③运用文案调查法收集资料并经适当的实地调查，可以推算出所需掌握的数据资料。

3. 文案调查法可用于经常性的市场调查

文案调查法省时、省力，组织起来也比较简单，而且具有较强的机动性和灵活性，能根据企业经营管理的需要，随时收集、整理和分析各种市场信息，定期为决策者提供有关市场调查报告。

4. 文案调查法不受时空限制

从时间上看，运用文案调查法不仅可以掌握现实资料，还可获得运用实地调查法无法取得的历史资料；从空间上看，运用文案调查法既能对企业内部资料进行收集，还可掌握大量有关市场环境方面的资料。

（五）文案调查法的缺点

①文案调查法依据的主要是历史资料，现实中正在发展变化的新情况、新问题难以得到及时反映。

②通过文案调查法收集、整理的资料和调查目的往往不能很好地吻合，收集的资料有时不能解决问题，有时易有遗漏。例如，企业需要每月商品销售额资料，而通过文案调查法收集到的是全年商品销售额资料，尽管可计算平均月销售额，但精确度会受到影响。

③文案调查法要求调查人员具有丰富的理论知识和扎实的专业知识，否则调查人员可能会感到无能为力。此外，由于运用文案调查法收集的次级资料的准确程度较难把握，有些资料是由专业水平较高的人员采用科学的方法收集和加工的，准确度较高，而有些资料只是估算和推测得出的，准确度较低，因此调查人员需要明确资料的来源并加以说明。

二、文案调查的渠道与方法

（一）文案调查的渠道

运用文案调查法时，市场调查人员应围绕调查目标，收集一切可以利用的现有资料。从企业经营的角度讲，现有资料包括企业内部资料和企业外部资料。因此，文案调查的渠道也主要是这两种。

1.企业内部资料

企业内部资料主要是指企业内部对自身经济活动的各种记录。对企业内部资料的收集主要有以下几种渠道：

①业务资料，是指与企业经济活动有关的各种资料，如订货单、进货单、发货单、合同文本、发票、销售记录、业务员访问报告等。

②统计资料，包括各类统计报表，企业生产、销售、库存等各种数据资料，各类统计分析资料等。

③财务资料，是指由企业财务部门提供的各种财务、会计核算和分析资料，如生产成本、销售成本、各种产品的价格及经营利润等。

④企业积累的其他资料，如平时的剪报、各种调查报告、经验总结、顾客意见和建议、同业卷宗、有关照片和录像等。

企业内部资料的收集相对比较容易，调查费用低，调查障碍少，市场调查人员能够正确把握资料的来源和收集过程，因此应尽量利用企业的内部资料。

2.企业外部资料

外部资料是指来自企业外部的各种相关信息资料。对企业外部资料的收集主要有以下几种渠道：

①政府统计部门公布的有关资料。国家统计局和各地方统计局都定期发布统计公报等信息，并定期出版各类统计年鉴，内容包括全国人口总数、国民收入水平、居民购买力水平等，这些均是很有权威和价值的信息。

②各种经济信息中心、专业信息咨询机构、各行业协会和联合会提供的市场信息和有关行业情报。这些机构的信息系统资料齐全、信息灵敏度高，为了满足各类用户的需要，其通常还提供资料的代购、咨询、检索和定向服务，是获取资料的重要来源。

③国内外有关书籍、报刊所提供的文献资料，包括各种统计资料、广告资料、市场行情和各种预测资料等。

④有关生产和经营机构提供的商品目录、广告说明书、专利资料及商品价目表等。

⑤各地电台、电视台提供的有关市场信息。近年来，全国各地的电台和电视台为了适应市场经济形势发展的需要，都相继开设了以传播市场信息为主要内容的专题节目及各类广告。

⑥各种国际组织、外国使馆、商会提供的国际市场信息。

⑦国内外各种博览会、展销会、交易会、订货会等促销会议以及专业性、学术性经验交流会议上发放的文件和材料。

需要注意的是，对于企业外部资料的收集，可以依据不同情况采取不同的方式：

第一，对于具有宣传广告性质的资料，如产品目录、使用说明书、图册、会议资料等，由于其是企、事业单位为扩大影响、推销产品、争取客户而免费面向社会提供的，因此可以无偿取得；对于只能通过有偿方式获得的资料，由于产生了调查成本，因此研究人员要对其可能产生的各种效益加以考虑。

第二，对于公开出版、发行的资料，一般可通过邮购、交换、索取等方式直接获得；对于对使用对象有一定限制或具有保密性质的资料，则需要通过间接的方式获得。

（二）文案调查的具体方法

要想研究现有资料，必须先查找现有资料。从某种意义上讲，文案调查法也就是对资料的查寻方法，下面我们主要介绍文献性资料的查寻方法。

1.参考文献查找法

参考文献查找法是指利用有关著作、论文结尾所列的参考文献目录，或者文中提到的某些文献资料，以此为线索，追踪、查找有关文献资料的方法。采用这种方法可以提高查找效率。

2.检索工具查找法

检索工具查找法是指利用已有的检索工具查找文献资料的方法。根据检索工具的不同，这种方法又可分为手工检索和计算机检索两种。

（1）手工检索

进行手工检索的前提是要有检索工具。因收录范围不同、著录方式不同、出版形式不同，检索工具也多种多样。按著录方式划分，检索工具主要有以下三种：一是目录，它是根据信息资料的题名进行编制的，常见的目录有产品目录、企业目录、行业目录等；二是索引，它是将信息资料的内容特征和表象特征录出，标明出处，按一定的方法组织排列，如按人名、地名、符号等特征进行排列；三是文摘，它是对资料主要内容所做的一种简要介绍，能使人们用较少的时间获得较多的信息。

（2）计算机检索

与手工检索相比，计算机检索不仅具有检索速度快、效率高、内容新、范围广、数量大等优点，而且可打破获取信息资料的地理障碍和时间约束，能向各类拥护提供完善的、可靠的信息。在市场调查电脑化程度提高之后，市场调查人员将主要依靠计算机来检索信息。应当指出的是，运用文案调查法收集的资料，有些十分真实、清楚、明了，可以直接加以利用；有些则杂乱无章且有失真情况发生，对此企业还应进行加工和筛选，才能最终得出结论。

三、文案调查体系的建立

(一) 文案调查体系建立的必要性

企业除了可根据有关调查项目进行文案调查外，还应在平时有目的、有系统地收集并积累各类市场资料，从而为开展经常性的文案调查打下良好的基础 。

目前，我国企业信息机构人员不健全，信息反馈不灵敏，调查预测工作薄弱，这已经直接影响到了企业的管理水平和经济效益。因此，加强文案市场调查体系的建立已成为当务之急。按照信息要及时、准确、系统的要求，从当前的情况出发，企业应着手抓好以下几项工作：

第一，制定一套文案调查的指标体系和信息收集、处理、保存、传输的工艺流程，逐步配备现代化的信息工具和手段，加快信息的流动速度。

第二，根据企业生产经营和长远发展的需要，配备专门的市场调查人员，培养一支精干的情报队伍。

第三，加强企业内部信息管理，提高信息传递速度，保证信息质量，增强管理机构利用信息的能力，力求用最快的速度、最简便的方式解决企业经营管理过程中的一系列战略问题，从而发挥信息在企业中的“耳目”作用。

第四，建立和逐步扩大企业与外部市场信息的联系，使内部和外部的市场信息工作形成一个有机的体系。这样一方面可借助企业外部的各种信息网络获得必要的信息，另一方面企业的各种信息也可通过该网络在全国范围内扩散。

(二) 文案调查资料的储存和管理

1.文案调查资料储存和管理的方式

许多文案调查资料是可以长期使用的，对这部分资料需要进行合理的储存与保管。文案调查资料储存和管理的方式主要有两种：一是经济档案式的储存和管理；二是利用电脑储存和管理。

①经济档案式的储存和管理。正像每个人都有自己的个人档案那样，为了反映市场的发展变化过程，便于企业科学积累资料，企业也应针对自身的特点为资料建立经济档案，这是文案调查资料管理的重要内容。

②利用电脑储存和管理。利用电脑储存和管理即把与企业经营有关的各种信息资料输入电脑，利用电脑对资料进行储存、查找、排序、累加和计算。这种方式不仅可以大大节省储存时间和空间，还可以提高数据资料处理的效率和精确度。

2.杜威十进分类法

研究者无论采用何种储存和管理方式，都要对资料进行科学的规划和分类。杜威十进分类法（Dewey Decimal Classification）是一种良好的分类方法，尤其适用于经济档案管理。该方法将企业的各种资料按照资料来源进行妥善归类并制作索引，便于寻找相关资料。杜威十进分类法的适用范围见表4-1。

表 4-1　　杜威十进分类法的适用范围

分类	项目
10账册类	企业内部财务报表、专案设计、年度预算等均属于账册类资料。对经营指标、销售统计月报、费用明细表、库存明细表、营业报告、产品计划表、人员销售计划表、市场计划书等企业营销方面的财务性资料进行分析与运用，有助于评估与衡量营销问题
20剪报类	剪报类资料具有时效性强、相关性强与连续性强等优点。处理剪报类资料时除了要自行分类，还得注明来源、日期，并编制索引，以便随时查阅。以某一公司的剪报为例，采用杜威十进分类法进行分类，第一位数代表基本类，第二位数代表大分类，第三位数代表中分类，第四位数代表小分类，第五位数代表细分类
30期刊类	外界机构定期发行的刊物均属于期刊类资料。期刊类资料提供了政治、经济、产业动向、企业经营、科技动向、市场倾向等方面的信息。期刊类资料可细分为：31统计年鉴，32一般刊物，33政府刊物，34民间定期刊物，35统计资料，36竞争对手刊物，37证券交易所报告，38学校团体研究报告，39其他相关市场调查报告
40专刊类	国内外的专利资料、发明资料、开发资料或开发构想资料等都属于专刊类资料。专刊类资料对于产品开发及销售具有极大的利用价值。其中，对专利资料的分析结果往往是新产品构想的主要来源。专刊类资料大多由政府定期公布。专刊类资料可细分为：41专利资料，42～49发明及产品开发资料
50目录类	产品目录、产品说明书等都属于目录类资料。目录类资料不仅能够反映竞争对手的动向，而且是研究开发新产品的重要资料，尤其是国外厂商的产品说明书、技术说明书或产品使用说明书。目录类资料可细分为：51产品目录，52产品说明书，53技术说明书，54营业说明书，55企业说明书，56PR促进表
60企业内外之视听觉类	企业内外之视听觉类资料包括：61照片，62地图，63缩影影片，64幻灯片，65标本模型，66录音带，67影片，68录像带，69其他。以地图类资料为例，若能将其细分为地质图、产业图、交通图等，那么其将对新事业的开发或新地域的开发等决策的拟定具有极大的参考价值
70刊物索引类	各种有关期刊的发行索引均属于刊物索引类资料。企业若能有效运用刊物索引类资料，将会收到事半功倍的效果。以美国国际开发处出版的Abstract Index为例，该索引收录了100多个国家的“海外投资环境调查资料”，这些资料可用于国际性投资参考
80外部机构调查资料类	外界发行的调查资料均属于外部机构调查类资料，如政府机构的统计调查，金融机构的金融经济资料，大学、研究机构或民间机构等发行的市场或行为方面的资料等。外部机构调查类资料可细分为：81调查专案机构，82公会，83政府机构，84学术机构，85民间专业机构，86金融机构
90演讲类	有关演讲会、讲习会或研讨会的资料都属于演讲类资料。听讲人员或受讲人员应在事后将听讲内容记载于规定格式的报表上

3.资料储存和管理的要点

（1）储存和管理的方法

根据实际情况，按照因地制宜、先易后难、逐步完善的原则有计划、有重点地收集积累资料，使资料的储存和管理做到经常化、制度化。

（2）储存和管理的工具

根据资料的性质和企业现有条件选择储存和管理的工具，一般使用的工具有资料袋、文件夹、录音机、录像机、电脑等。

（3）储存和管理的地点

储存和管理的地点应根据资料的重要程度加以选择，通常需要有防火、防毁、防盗等措施，以保证资料的安全。

（4）储存和管理的时间

要注意资料的时效性，定期进行检查分析，对过时资料要果断销毁，以提高储存资料的质量。

任务二 实地调查法

实地调查法包括访问调查法、观察调查法和实验调查法三种形式。

一、访问调查法

（一）访问调查法的含义

访问调查法也称直接调查法，即调查人员直接向被调查者提出问题，以获得信息资料的调查方法，它是市场调查中最常用的方法之一。

（二）访问调查法的类型

访问调查法在实际应用中，按传递询问内容的方式以及调查者与被调查者接触的方式不同，可分为面谈调查法、邮寄调查法、电话调查法、留置问卷调查法等。这些方法各具有自己的特点，并应用于不同的场合。

1.面谈调查法

面谈调查法是调查人员直接面对被调查者了解情况、获得资料的方法，是一种最常用的方法。

面谈调查法根据谈话方式的不同，又可分为两种调查方式：一是自由交谈方式。这种方式能使被调查者有充分发表见解的机会，有利于双方充分沟通，深入讨论问题，弄清所需了解问题的来龙去脉，有时还能了解到未列入调查提纲的重要资料。自由交谈方式要求调查人员有较高的谈话技巧，善于启发和引导被调查者的思路。自由交谈方式常用于调查、了解消费者的购买动机、消费倾向、产品质量等问题。二是调查表提问方式。这种方式是调查人员按事先拟好的调查表（或提纲）项目，逐一向被调查者提问，请被调查者逐一回答。调查表提问方式的优点是谈话内容明确，调查人员容易控制谈话进程，调查表回收率高，调查结果容易统计处理。调查表提问方式适用于需要获得统计资料时的市场调查，如产品的需求预测等。

面谈调查法也可以采用个别访问或集体座谈的方式。集体座谈就是开调查会，由于众多的被调查者同时出席，因此可以互相启发思路，使调查人员获得较多信息。采用这种方式时，应适当控制被调查者的人数。若人数过少，则不能起到集思广益的效果；若人数太多，则难以控制调查会的进程。面谈调查法的优点和缺点见表4-2。

表4-2 **面谈调查法的优点和缺点**

优点	缺点
• 调查表回收率高 • 真实性较强 • 偏差小 • 灵活性较强	• 费用高 • 受主观因素影响大 • 对调查人员要求高

面谈调查法的成功在很大程度上取决于调查人员的调查水平。调查水平不仅包括专业知识水平，也包括面谈技巧。运用一定的面谈技巧是使调查顺利进行、获得满意资料的关键。

运用面谈技巧时需要注意以下问题：

①在调查过程中，调查人员要始终保持精神饱满、自信乐观。调查人员的精神状态在很大程度上影响着被调查者的情绪，因此调查人员要以热情礼貌、积极友好的态度去感染对方，取得对方的好感，使对方乐于合作；要尊重对方，切不可盛气凌人或过分自信。

②访问时，若双方是老相识，见面稍加寒暄，便可开门见山；若双方是初次接触，则应先向被访者说明来意，讲清访问目的、调查资料的用途，以消除对方的戒备心理，使对方愉快地接受询问并提供真实情况。

③问话的语气、措辞、方式要适合被调查者的身份、知识水平。不合适的问话会导致回答者的不安或产生错误答案。

④访问应按一定的程序进行，以便于调查的顺利进行。一般先问简单有趣的问题，以增强被调查者的信心，涉及被调查者隐私的问题应放在最后。

⑤当被调查者不愿意合作、拒绝回答或随便回答时，要具体问题具体分析，采取相应措施。一般可采用以下方法：注意沟通方式，可穿插一些能提起对方兴趣的话题；耐心、聚精会神地倾听被调查者的发言，以提高被调查者发言的积极性；若被调查者工作忙，可约期再访；对于确定无意合作的被调查者，可以放弃。

⑥掌握调查时间。调查时间不宜过长，一般在20分钟以内，这段时间双方的注意力是最集中的；如果时间过长、问题过长，被调查者会感到厌倦，而不愿继续回答。

⑦仪表大方、口齿清楚、语言流利，能够随机应变。

2.邮寄调查法

邮寄调查法就是将设计好的调查表通过邮局寄给被调查者，请被调查者填好后在规定的日期内寄回的方法。邮寄调查法的优点和缺点见表4-3。

表4-3　**邮寄调查法的优点和缺点**

优点	缺点
• 调查区域广泛 • 节省费用 • 被调查者有较充分的时间填写问卷 • 匿名性较强，可得到直接访问得不到的信息	• 问卷回收率低 • 信息反馈时间长，会影响资料的时效性 • 被调查者可能会漏答问题 • 填写问卷的人可能不是目标被调查者，从而影响样本的代表性 • 无法控制答题次序 • 对受教育程度低者不适用 • 缺少现场指导，无法纠正被调查者误解的问题

3.电话调查法

电话调查法是指通过电话与被调查者交谈，从而获得调查资料的方法。电话调查法的优点和缺点见表4-4。

表4-4　**电话调查法的优点和缺点**

优点	缺点
• 收集信息资料速度快 • 节省调查费用与时间 • 回答率较高	• 不适于复杂的调查 • 调查对象具有局限性，如无法调查未安装电话的家庭 • 无法根据被调查者的表情判断回答的真实性 • 拒访率较高

4.留置问卷调查法

留置问卷调查法是指调查人员将调查表当面交给被调查者，并对有关问题进行适当的解释说明，留给被调查者事后自行填写，问卷可由调查人员按约定日期回收，也可以由被调查者寄回的方法。这种调查方法的特点介于面谈调查法和邮寄调查法之间。留置问卷调查法的优点和缺点见表4-5。

表4-5　**留置问卷调查法的优点和缺点**

优点	缺点
• 问卷回收率较高 • 被调查者有较充分的时间填写问卷 • 被调查者可当面询问问卷填写要求 • 避免由于误解调查内容而产生误差 • 对于被调查者有意无意漏答的问题，调查人员可在回收问卷时将其补全，从而减少无效问卷	• 调查范围有限 • 调查费用较高 • 问卷容易丢失

5.访问调查法的评价与选择

访问调查法中的面谈调查法、电话调查法、邮寄调查法和留置问卷调查法各有长处和不足，现将四种方法从回收率、灵活性、准确性、速度、费用、资料范围、复杂程度等方面进行比较（见表4-6）。

表4-6　面谈调查法、电话调查法、邮寄调查法和留置问卷调查法的比较

调查方法 比较内容	面谈调查法	电话调查法	邮寄调查法	留置问卷调查法
回收率	高	较高	低	较高
灵活性	强	较强	差	较强
准确性	高	较高	低	较高
速度	较慢	快	慢	较慢
费用	高	较低	低	较高
资料范围	窄	较窄	最广	窄
复杂程度	复杂	简单	简单	较复杂

在对调查方法进行分析评价时，如果其中一种方法在一些主要方面（这些方面与调查目标和要求一致）明显优于其他方法，则可确定该种调查方法最佳。例如，某五交化公司需要尽快、粗略地了解消费者对某一新型高档耐用消费品的消费意见和需求意向，以便考虑是否大量进货，赶上消费高潮。很显然，这一调查项目最重要的要求是获得信息的速度要快，调查本身可以简单一些，因此选择速度快的电话调查法比较合适。

但是在一般情况下，调查目标和要求总是多方面的，如希望速度快、费用低、信息的价值大，这就很难确定明显最佳的方法。因为任何一种方法都是在某些方面具有优势，而在另一些方面有所不足，这就需要市场调查人员对各种方法进行综合评价，从而选出最佳的调查方法。

对调查方法的综合评价有两种方法：一是定性评价法，即经验判断评价法；二是定量评价法，即评分法。

经验判断评价法是凭借有市场调查经验的人员选定调查方法的一种定性评价法。这是根据调查目标和要求对询问调查法的各项指标进行比较分析，分清轻重、缓急和主次，权衡利弊，从而选择比较好的方法。经验判断评价法的特点是简便易行、节省时间、考虑问题全面，同时存在着受主观因素影响大、缺乏定量分析、准确性较差等不足。这种评价方法的效果在很大程度上取决于参加评价人员的经验以及工作的积极性。

评分法是选定若干名熟悉市场的调查人员参加，给各种调查方法打分的一种定量评价法。首先，确定评价指标和评分标准。评价指标主要考虑回收率、灵活性、准确性、速度、资料范围、费用、复杂程度等因素，也可以选择其中的几个因素作为主要评价指标。评分采用五分制、十分制、百分制均可。其次，根据各种方法的特点，分别赋予不同方法的各项指标一定的权数。再次，根据各种方法的特点，分

别给出不同方法的各项指标一定的分数。最后，用加权平均法计算出各种方法的总分，选定总分最高的为本调查项目的最佳调查方法。在定量评价的过程中，评价指标权数的大小由被调查项目的目标和要求决定，不同的调查项目，其目标和要求不同，各评价指标的权数也不尽相同。因此，评价指标权数的分配，直接体现了不同评价指标在市场调查过程中的重要程度。

二、观察调查法

（一）观察调查法的含义

观察调查法是指调查人员或仪器在调查现场直接记录物体或事件的行为变化过程，以获取所需信息的方法。观察调查法既可观察人，也可观察现象，既可以由人观察，也可以由机器观察。

使用观察调查法必须具备以下三个条件：

①所需信息必须是能够观察到的，或者是能从观察到的行为中推断出来的；

②所要观察的行为必须是重复性的、频繁的或在某些方面是可预测的；

③所要观察的行为必须是相对短期的行为。

有些信息（如消费者的感觉、态度、动机、情感、私下行为、长期和偶尔的行为）是很难观察到的，这时可采用访问调查法或其他方法收集。与其他方法相比，观察调查法可以避免让调查对象感觉到正在接受调查，可提高调查结果的准确性。对于人们不能和不愿提供的信息，采用观察调查法是唯一能够获得所需信息的方法。因此，观察调查法特别适合收集任何人均可接触的资料，或可用肉眼观察获得的资料。例如，为调查研究某一特定产品的商业价值，需要调查这一区域的车流量、行人流量及方向，采用观察调查法直接记录在一定时间内通行的车辆数、行人数及方向即可。美国AC尼尔森公司通过电子计算机系统在全国各地上千户家庭的电视机上装上了电子监视器，每90秒扫描一次，从而将每个电视机的收视情况记录了下来，以评估看不同电视节目的观众数量和人口组成。电视台可以利用这些信息判断节目的好坏，并调整不同时间播放广告的价格。这是使用观察调查法的一个最典型的例子。在现代市场调查中，观察调查法常用于对顾客注意力的调查，以及在商场观察消费者购买商品的品种、数量、价格等，以掌握消费动向。

（二）观察调查法的优点和缺点

观察调查法的优点和缺点见表4-7。

表4-7　**观察调查法的优点和缺点**

优点	缺点
• 客观真实，准确可靠 • 时效性长，可作为其他方法的补充 • 简便易行，灵活性强	• 调查成本较高、时间较长 • 趋于表面化 • 易受阻碍

同步案例4-1 茶叶与箩筐

古代有一些茶叶商，世代以经营茶叶为生。长期的经商生活培养了一位茶叶商的商业眼光。有一次，他到南方某茶叶市场去采摘茶叶，不料路上车船不顺，耽搁了很长时间。等他心急火燎地赶到目的地时，当地茶市已近尾声，所有茶叶都已"有主"，没有他的份儿了。怎么办呢？难道就这样花钱费力白跑一趟吗？这个茶叶商在懊悔之余，没有急着赶回家，而是一个人在街上闲逛。他睁大自己的眼睛，要在似乎没有生意可做的地方找到自己的赚钱机会。忽然，他发现一个茶农在卖箩筐，不禁兴奋地大喊一声："天助我也！"他马上赶回客栈，派人将当地装茶的箩筐全部买下，储备起来。一两天后，当早去的茶叶商准备将自己的茶叶运回家时，突然发现当地的街市上已无箩筐可买。为了抢时间，茶叶商们只得出高价向这位来晚的茶叶商求购箩筐。此时的茶叶很多，茶叶商们为了装运茶叶所需要的箩筐合计起来也是一个很大的数目，这位来晚的茶叶商虽然没有采购到茶叶，但是卖箩筐却赚了一大笔钱。

资料来源 邓剑平. 市场调查与预测［M］. 北京：高等教育出版社，2010.

问题：来晚的茶叶商是通过什么方法收集到新的市场信息并赚到钱的？

分析提示：这位茶叶商主要是通过观察调查法，在对市场行情进行认真分析后获得了赚取财富的机会。市场中总是孕育着商机，重点在于经营者是否能够用心观察并捕捉到对企业经营有利的信息。

（三）观察调查法的基本类型

观察调查法可从不同的角度进行分类，调查者可以从成本和数据质量的角度出发，选择一种最有效的观察方法。

1.按调查人员观察方式的不同，可分为结构观察调查法和无结构观察调查法

结构观察调查法是指事先根据调查目标，对观察的内容、步骤做出规定，以此来实施观察的调查方法。无结构观察调查法是指只规定调查目标和任务，调查人员可以按照调查目标和要求自主确定观察内容的调查方法。结构观察调查法由于要事先列出观察的内容，因此调查人员的意见有时会不知不觉地参与进去，从而不可避免地对调查结果产生影响。

无结构观察调查法常在调查人员对调查对象缺乏足够了解的情况下使用，并且实施观察较为灵活，可作为进一步调查的基础。

2.按调查人员在观察过程中是否公开身份，可分为公开观察调查法和非公开观察调查法

公开观察调查法是指被调查者在知道调查人员身份的情况下，有针对性地为调查人员提供其所需要的资料的调查方法。公开观察调查法会使被观察者表现得不自然，或者有意识地改变自己惯常的态度和做法，导致观察结果失真。

非公开观察调查法是指调查人员在观察过程中不暴露自己的身份，使被观察者

在不受干扰的情况下真实表现自己的调查方法。这种观察结果更真实可信，如调查酒店的服务质量，调查人员以客人的身份入住酒店，观察酒店的总体服务水平、服务人员的工作态度等。

3.按调查人员是否对观察进行控制，可分为实验观察调查法和非实验观察调查法

实验观察调查法是指在人为设计的环境中进行观察的调查方法。例如，要调查公司员工对客户的服务态度和服务质量，调查人员可以先设计场景，然后以客户的身份观察员工的言谈举止，并有意地百般挑剔、制造麻烦、惹事找茬，通过观察员工的反应获得想了解的情况。

非实验观察调查法是指在自然状况下进行观察，所有参与的人和物都不受控制，并且与往常一样的调查方法。例如，调查人员在自然状况下，观察公司员工接待顾客、提供服务的过程。

4.按调查人员对所调查情景的介入程度，可分为直接观察调查法和间接观察调查法

直接观察调查法是指调查人员直接加入所调查的情景之中进行观察的调查方法。采用直接观察调查法时，调查人员要确定是定期观察还是不定期观察，以及观察的次数。市场调查中的大部分观察都是直接观察。例如，一家皮鞋厂派几名调查人员分别到几家商场的皮鞋柜台，观察顾客对哪些款式的皮鞋感兴趣，顾客试穿最多的皮鞋是什么款式、什么颜色，不同年龄层在皮鞋款式选择上的差异等，并统计顾客的购买成交情况，这是一种直接观察调查法。又如，日本某皮鞋公司生产的皮鞋在很多方面都不尽如人意，因此销路不畅。于是，公司老板每天到飞机场附近给外国旅行者擦皮鞋，在擦皮鞋的过程中，他仔细观察皮鞋的品牌、质地、皮革质量、缝制技术。很快，他就弄清了外国名牌皮鞋的制造技术和标准，改进了公司的产品质量，最终该皮鞋公司的产品成为日本鞋业市场上的畅销品。皮鞋制造公司应用的也是直接观察调查法。直接观察调查法的具体应用形式很多，调查人员可以根据需要灵活选择。在直接观察调查法中，使用较多的是神秘购物法。神秘购物法是用来收集有关商店的观察数据，以及顾客和雇员间交谈的数据的一种调查方法。在一般情况下，神秘购物者与雇员之间要进行交流，如“这款上装有黄色的吗？”“有没有配套的裤子？”“几天后能到货？”等，这种相互交流不是访谈，只是为了观察雇员的行动和问答。

间接观察调查法是指调查人员不直接介入所调查的情景之中，而是通过观察与调查对象直接关联的事物来推断调查对象的情况的调查方法。实际痕迹观察调查法是一种典型的间接观察调查法。实际痕迹观察调查法是指调查人员通过观察被调查者留下的实际痕迹，进行统计、分析并得出所需信息的一种方法。实际痕迹观察调查法比较隐蔽，保密性较好，不易为竞争对手了解，并且可以获得真实的数据。例如，美国一家汽车经销商同时经营汽车修理业务，为了了解在哪一个广播电台做广

告效果最好，对于前来修理的汽车，其首先要看一看汽车收音机的指针指向哪个波段，由此便可知道哪个电台的听众最多，以后就选择在这个电台做广告，这是媒体痕迹观察调查法。又如，有些公司的人员专门在居民小区的垃圾点进行垃圾的收集和分类，从该小区消费者丢弃的包装物、容器与废物中，可以了解该小区消费者的消费结构、消费水平以及相关产品的市场占有率、社会普及率等资料，这是垃圾收拣观察调查法，还可收拣家庭垃圾、办公室垃圾、收购站垃圾、交通工具垃圾、竞争对手垃圾等，采用这种方法得到的信息资料比中间商提供的信息资料更可靠。再如，一些耐用消费品购买者都会在开箱后看到产品的说明书或保修单，上面一般都有回执，凡是填写回执内容并寄回回执的顾客，都可以获得某些优惠条件，或作为提供保修的必要手续。企业可以通过回执了解顾客的人口类型，他们在购买与使用产品过程中的体会、希望、意见、抱怨和投诉等，这是顾客行为后果观察调查法。

5.按观察记录的主体不同，可分为人工观察调查法与机器观察调查法

人工观察调查法是指由调查人员直接观察现场记录的有关内容，并根据观察现象进行合理推断的调查方法。人工观察调查法较易受调查人员自身因素的影响，如主观偏见、情绪反应、生理变化等，从而影响调查结果。

机器观察调查法是指借助一定的设备、技术进行观察的调查方法。机器观察调查法避免了调查人员自身因素的影响、节省人力，同时，借助机器设备进行现场观察，记录效率较高，信息更真实、客观、细致、精确和全面，而且能为其他调查方法提供线索。例如，在商场的入口处和商场其他部位安装观察仪器，记录在一定时间内经过的人流量，以及消费者走的线路、目光、表情等，用于调整商场的营业时间、进货量、货架摆放等，并确定商品需求的趋向。又如，将交通流量计数器放置在特定的路段，既可以测定交通流量、汽车流量、行人数，也可以为店址选择、户外广告位置的确定提供依据。此外，扫描仪、测瞳仪、脑电图、阅读器等都可以用于观察调查。但采用机器观察调查法需要一笔较大的投资，并且需要具有较高专业技术水平和较强分析能力的调查人员对观察记录内容进行深入分析。

在市场调查实践中，观察调查法用得比较广泛，最常用的有直接观察调查法、机器观察调查法和实际痕迹观察调查法。

三、实验调查法

（一）实验调查法的含义

实验调查法是指在对某个问题进行调查时，假设其他因素不变而分别研究其中某一个因素或某几个因素对调查问题所产生的影响的一种调查方法。实验调查法是一种类似于实验室求证的调查方法，又称因果性调查法，它可以验证某一个因素与另一个因素是否存在因果关系，而要验证因果关系就必须证明两个因素之间符合因果条件。

实验调查法源于自然科学的实验求证法，它可以有控制地分析、观察某些市场

现象间的因果关系及相互影响程度。采用实验调查法时，首先要选择合适的接受实验者，然后在不同的条件下，控制不相关的因素，检验不同组内接受实验者的反应，最后取得实验数据。实验取得的数据比较客观，具有可信度，但实验中的影响因素很多，不可控制的实验因素可能会在一定程度上影响实验效果。因此，实验调查法只适用于对当前市场现象的影响分析。例如，产品准备改变品质、变换造型、更换包装、调整价格、改换渠道、变动广告、推出新产品、变动产品陈列等，都可采用实验调查法进行测试。实验调查法与访问调查法和观察调查法有很大的区别，调查人员在访问调查法和观察调查法中，只是一个被动的信息收集者，而在实验调查法中，调查人员是调查过程中的积极参与者。

（二）实验调查法的优点和缺点

实验调查法的优点和缺点见表4-8。

表4-8 实验调查法的优点和缺点

优点	缺点
• 方法科学，结果较准确 • 增强主动性，易于开拓新市场	• 费用高，时间长 • 自变量难以控制 • 保密性较差 • 难以实施

同步案例4-2 红色的杯子

一位日本咖啡店老板发觉不同的颜色能使人产生不同的感觉，于是他做了一个实验。他请来30位测试者，请他们每人喝4杯浓度完全相同的咖啡，但这4个装咖啡的杯子的颜色是不同的，有红色、黄色、青色和咖啡色。然后，咖啡店老板询问被试者：“哪种杯子的咖啡浓度最适宜？”大家异口同声地回答：“青色杯子的咖啡太淡，红色杯子的咖啡太浓，黄色杯子的咖啡浓度正好。”还有一部分人认为：“咖啡色杯子的咖啡太浓。”于是，老板的咖啡店改用了红色的杯子。其结果是由于减少了原料，老板赚了更多的钱。

资料来源 邓剑平. 市场调查与预测［M］. 北京：高等教育出版社，2010.

问题：实验调查法是一种常用的调查法吗？企业如何判断该方法是否有效？

分析提示：实验调查法是一种特殊的市场调查方法。不同地区的消费者具有不同的消费习惯与观念，因此实验调查法不一定要在大范围内开展，只要这种做法能检验出企业目标市场的需求特点与规律，那便是有效的，是有利于企业经营的。

（三）实验调查法的基本类型

1.根据调查的真实程度以及地点和形式的不同，可分为实地实验调查法和模拟实验调查法

实地实验调查法是指把实验项目放在实际的市场上进行试销来求证的调查方

法。处于大规模生产前的新产品、具有战略意义的新市场的开拓、市场营销因素组合决策方案的优选等，都可以采用实地实验调查法预演销售结果，从而为企业决策提供可靠的依据。

模拟实验调查法是一种仿真式的市场调查方法，是指把调查对象请到一个人为布置过的、尽量模仿真实市场的实验场地，按照调查人员设计的方案对调查对象进行测试的一种调查方法。由于模拟实验调查法相当于在实验室进行，因此商家比较容易控制环境，可以排除各种干扰因素，可以在尽可能短的时间内，对产品的销售进行多方面内容的调查。模拟实验调查法的保密性较强，对于有些需要保密的调查项目，或实地调查成本较高的项目，可采用模拟实验调查法。在市场营销中，典型的模拟实验调查法有新产品试用模拟实验和模拟市场购买。

（1）新产品试用模拟实验

新产品是否受消费者喜爱、能否有足够的市场占有率、市场前景如何等都会对企业的未来发展产生很大影响。因此，新产品在正式上市前，可以在模拟市场上让目标消费者试用、试吃、试玩或体验，然后派调查人员对消费者的试用情况进行考察，征求消费者的意见和建议，以便做进一步的改进。

例如，上海某日化厂试制一款新型防晒霜，在没有上市之前，让目标市场的消费者进行短时间实际消费性试用，同时派出技术人员对消费者的使用情况进行考察，通过试用，征求消费者对产品在各个方面的意见和建议。调查人员可以用访问调查法或表格法进行提问，如你喜不喜欢这种防晒霜，你认为这款产品的效果如何，你最喜欢的是这款产品的哪个方面，这款产品的包装好不好，这款产品的价格是否合理，这款产品的香型你是否喜欢，你认为霜体是用白色或淡绿色好还是用其他颜色好……

（2）模拟市场购买

模拟市场购买是指营造一个临时市场作为实验场所，以进行购买行为调查的方法。调查活动一般以产品展示等名目进行，调查组织者召集一些人员参加购买，为了促使更多的人参加购买，可以举办没有任何针对性的促销活动，并给予参与者一定的奖励，让参与者到已经摆放了新产品的模拟市场，任意购买他们喜欢的产品。在模拟市场上，还要准备一定量的竞争对手的产品。在消费者的购买行为结束时，调查人员要了解消费者购买的品种和数量，并且询问原因，还可以对调查对象进行事后跟踪调查。由于模拟市场的范围较小、实验的产品数量有限，因此其与真实市场相比尚有一定的差距。

此外，由于计算机和三维模型的发展，模拟市场购买的应用范围也在不断扩大。调查组织者可以在计算机屏幕上模拟出一家零售店，店里有装满各种产品的货架。购物者通过触摸监视器上货架的图像，就可以选择货架上的产品，然后被选择产品就会移到屏幕中心。在屏幕上，购物者可以转动产品，以便从各个角度查看产品。要想购买产品，购物者只要触摸运货车图像，产品就会移到车上，这与顾客在商店里购买时，把产品放在手推车里一样。在购买过程中，计算机会记录下顾客购买各类产品所花的时间、检验包装的每一个侧面所用的时间、购买产品的数量以及购买产品的顺序。这种计算机模拟的网上商店，提供了许多优于传统研究方法的优点：第一，可以将一个实际的市场完全复制；第二，调查人员能迅速实施并改善这些测试；第三，测试成本低；第四，模拟商店具有高度的灵活性。

2.根据是否可以进行误差分析，可分为正式实验调查法和非正式实验调查法

正式实验调查法是指能够进行实验误差分析的调查方法，它一般具有比较规范的实验手段和设备，实验结果有比较充分的数据，对数据进行的误差分析能够满足实验要求。正式实验调查法要求严格、耗费时间长、费用高、结果较准确。

非正式实验调查法只需要了解调查后的结果和现象，不需要进行各种误差分析。如果调查人员对实验数据的要求不是很严格，采用非正式实验调查法即可。

3.根据调查过程中是否有对照组，可分为有对比实验调查法和无对比实验调查法

有对比实验调查法是指在有对照组的情况下，对实验对象自身因素前后的变化情况进行实验和对比分析的方法。有对比实验调查法需要寻找一个与调查对象有可比性的、保持不变的参照系，这样对实验结果进行分析时就可以排除非实验因素的影响。有对比试验调查法可以减少实验误差，有对比实验调查法属于正式调查。例如，苏州西山某蜜饯厂，想知道话梅大包装和小包装的销量，于是其将同一品牌的话梅一部分采用大包装，另一部分采用小包装，选择甲超市为实验市场，乙超市为比较市场（这两个超市的规模、客流量、周边环境等条件都很相似），进行为期两个月的销售实验。第一个月把大包装话梅给甲超市，小包装话梅给乙超市；第二个月把大包装话梅给乙超市，小包装话梅给甲超市。这样对调的目的在于减少由于超市自身和环境的差别而引起的误差。实验结果是：对调后实验市场小包装话梅的销量比大包装话梅的销量增加25%，比较市场小包装话梅的销量比大包装话梅的销量增加21%，两个市场平均增加23%。比较市场小包装话梅销量增加的情况，证明了实验市场实验结果的可靠性。同时，整个实验结果也说明，消费者喜欢购买小包装话梅，于是企业决定增加小包装话梅的供货量。

无对比实验调查法是指只对实验对象自身因素前后的变化情况进行实验和对比分析的方法。因为无对照组，误差可能较大，所以无对比实验调查法属于非正式调查。

同步案例4-3 肯德基开拓中国市场的调查方法

美国肯德基在开拓中国市场时，在公园和其他公共旅游景点向旅游者提供休息

场所，一边免费向潜在的消费者提供已经烹调好的炸鸡，一边征询消费者的意见，以便对肯德基炸鸡的口味进行调整。在消费者做了初步品尝后，调查人员会与消费者坐在一起，亲切地问“味道是否合适、盐放得多还是少、烤制得是否过火、皮是否够脆、肉是否够嫩”等问题，内容详细。而消费者在感谢的同时，并不觉得他们已成为调查对象，他们会将自己的真实意见毫无保留地说出来。肯德基由此找到了符合中国消费者口味的炸鸡配方，从而为肯德基在中国的迅速发展奠定了基础。

资料来源　佚名. 市场营销调查［EB/OL］.［2013-03-11］. http://wenku.baidu.com/view/2645a9b7960590c69ec37677.html?re=view.

问题：案例中运用的实地调查法有几种形式?

分析提示：该案例是一个运用实地调查法获取信息的典型案例，肯德基运用这种调查方法获得了大量准确可靠而又有用的反馈信息。实地调查法主要有访问调查法、观察调查法与实验调查法三种形式。

任务三　网络调查法

一、网络调查法概述

进入数字化信息时代，互联网为企业进行市场调查提供了强有力的工具。网络调查的出现，使传统市场调查产生了巨大的变革。因为互联网络本身就是一个巨大的信息资源库，能够为调查提供大量有用的资料，在市场调查的技术手段方面，网络调查是一个具有革命性的突破，它能找到真正的消费者，而非笼统意义上的潜在消费者和大众消费者，所以网络调查是企业进行市场预测和决策的基础，是网络营销链上极其重要的环节。

（一）网络调查法的含义

网络调查法又称网上市场调查法或联机市场调查法，是指通过网络有系统、有计划、有组织地收集、调查、记录、整理、分析与产品、劳务有关的市场信息，客观地测定及评价现在市场及潜在市场，从而解决市场营销的有关问题的方法。网络调查法是企业整体营销战略的一个组成部分，是建立在互联网基础上，借助互联网的特性来实现一定营销目标和调查目的的一种手段。

（二）网络调查法的特点

①网络调查法具有及时性、客观可靠性。

②网络调查法具有便捷性、经济性（低费用）、高效性。

③网络调查法具有互动性（交互性）、共享性。

④网络调查法具有可检验性、可控制性。

⑤网络调查法无时空、地域限制。

（三）网络调查法与传统市场调查法的比较

网络调查法与传统市场调查法的比较见表4-9。

表 4-9　　网络调查法与传统市场调查法的比较

调查方法 / 比较项目	网络调查法	传统市场调查法
调研费用	调研费用较低，主要是设计费和数据处理费，每份问卷所要支付的费用几乎是零	调研费用昂贵，包括问卷设计费、印刷费、发放费及回收费，访问人员聘请和培训费，调查结果录入费，专业市场研究公司对问卷进行统计分析的费用等
调查范围	调查范围为全国乃至全世界，样本数量庞大	调查范围受成本限制，调查地区和样本均有限制
运作速度	运作速度很快，只要搭建好平台，数据库就可自动生成，几天就能得出有价值的结论	运作速度慢，至少需要2个月到6个月才能得出结论
调查的时效性	调查可全天候进行	不同的被访问者对其进行访问的时间不同
调查的便利性	调查非常便利，被访问者可自行决定时间、地点回答问卷	调查不方便，要跨越空间障碍，到达访问地点
调查结果的可信性	调查结果相对真实可信	一般有督导对问卷进行审核，措施严格，调查结果可信性高
实用性	适合长期的大样本调查，适合要迅速得出结论的情况	适合面对面深度访谈，适合食品类等需要对被访问者进行感观测试的情况

（四）网络调查法的不足之处

①网络调查法只反映了网络用户的意见，不能代表全部消费者。

②调查人员与被访问者之间缺乏情感交流。

由此可以看出，虽然网络调查法发展得很快，以互联网为唯一调查媒介的网上市场调查公司不断产生，且取得了引人注目的成绩，但传统市场调查法仍是不可或缺的，特别是在一些经济技术不发达的国家和地区。即便是在发达国家和地区，传统市场调查法仍可以对网络调查法起到重要的辅助作用。

二、网络调查的具体方法

（一）网络访谈法

1.网络访谈法的含义

网络访谈法也称联机访谈法，是指使用已经建立的网站，通过事先的邀请，让确定的若干名网友在指定的时间登录一个特定的网站而进行市场调查的方法。网络访谈法是一种现代调查方法，我国已经有机构利用这种方法组织市场调查活动。

2.网络访谈法的步骤

（1）选择调查对象

当需要运用网络访谈法进行市场调查时，调查人员首先应该搜索自己的数据库，利用已有的顾客资料，按照既定的条件筛选可以作为访谈对象的受访者名单，建立一个受访者数据库；然后向受访者发送电子邮件，邀请他们届时接受访谈。

（2）事先通知访谈内容及要求

事先通知受访者访谈的内容及要求，以便受访者事先做好准备。

（3）进行访谈

访谈主持人在指定的时间提前打开网站迎接受访者，讲解问题和讨论要求，并与受访者进行轻松的交流。访谈主持人通过在网络上输入讨论的问题来控制访谈进程。

3.网络访谈法的优点

（1）速度快

利用网络访谈法进行市场调查是一种速度最快、最省时间的调查方法。一些市场调查公司通过实践总结认为，从征选受访者到获得调查结果，并且进行信息资料的汇总和访谈总结，只需要5~6天。

（2）节省费用

利用网络访谈法可以节省的费用包括会议室的租赁费用、使用仪器的费用、差旅费用、住宿费用、办公用品费用等。随着电脑价格和联网成本的降低，网络访谈法的费用将越来越少。

（3）不存在距离障碍

使用网络访谈法时，无论受访者与调查人员的距离有多远，都可以在很短的时间内实现访谈，而且可以与任何人进行访谈，如行动不便的人或者有特殊特征的人等。只要双方认为有必要，都可以实现访谈，几乎不存在距离障碍。

（二）网络问卷调查法

网络问卷调查法是指利用网络问卷进行市场调查的方法。

1.主动问卷调查法

主动问卷调查法的步骤如下：

①建立被访者E-mail地址信息库。

②设计调查问卷。

③选定调查目标并发放调查问卷。

④调查结果分析。

例如，美国消费者调查公司是美国一家网络市场调查公司。其通过互联网在世界范围内征集会员，只要回答一些关于个人职业、家庭成员组成及收入等方面的问题即可成为会员。该公司每月都会寄出一些市场调查表给符合调查要求的会员，询问诸如“你最喜欢的食物是什么口味?”“你最需要哪些家用电器?”等问题，市场调查表的下面注着完成调查后被调查者可以获得的酬金。根据问卷的长短以及难易程度的不同，酬金的范围为4~25美元。该公司每月还会从会员中随机抽奖，至少奖励50美元。目前，该公司已有网上会员50多万人。

2.被动问卷调查法

被动问卷调查法是指将问卷放在某网站上，等待访问者访问时主动填写问卷的一种调查方法。与主动问卷调查法的主动出击相比，被动问卷调查法更像守株待兔，此方法无须建立被访者E-mail地址信息库，在进行数据分析之前也无法选定调查目标，因此被调查者的范围也广阔得多，几乎每个网民都可以成为被调查者。

例如，中国互联网络信息中心（CNNIC）每半年进行一次的“中国互联网络发展状况调查”采用的就是被动问卷调查法。在调查期间，为了获得可以满足统计需要的问卷数量，CNNIC一般与国内一些著名的ISP（互联网服务提供商）、ICP（网络媒体提供商）合作，设置调查问卷的链接，进行适当的宣传以吸引大量的互联网浏览者进行问卷点击，感兴趣的人会自愿填写问卷并将问卷寄回。

（三）使用BBS（电子公告板）进行网络调查

网络用户通过Telnet或Web方式在BBS上发布消息，BBS上的信息量少，但针对性较强，适合行业性强的企业进行网络市场调查。

（四）委托市场调查机构调查

企业委托市场调查机构开展市场调查时，调查内容通常包括；网络浏览者对企业的了解情况；网络浏览者对企业产品的款式、性能、质量、价格等的满意程度；网络浏览者对企业售后服务的满意程度；网络浏览者对企业产品的意见和建议。

（五）不同网络调查方式的比较

不同网络调查方式的比较见表4-10。

表4-10　**不同网络调查方式的比较**

调查方式	具体操作方法
利用自己的网站	企业网站本身就是宣传媒体，如果企业网站已经拥有固定的访问者，那么企业完全可以利用自己的网站开展调查
租用别人的网站	如果企业自己的网站还没有建好，则企业可以租用别人的网站进行调查
、同时利用自己和别人的网站	如果企业网站已经建好但还没有固定的访问者，则企业可以在自己的网站调查，同时与其他一些著名的ISP、ICP建立广告链接，吸引访问者参与调查
E-mail型	直接向潜在顾客的E-mail发送问卷
讨论组型	在相应的讨论组中发布问卷信息，或者发布调查题目

三、网络调查的内容与步骤

（一）网络调查的内容

①网民基本情况调查。调查网络用户的性别、年龄、专业、学历、爱好、婚姻状况、职业、消费习惯以及网上浏览的习惯等。

②网络用户的地域调查。

③网络用户的收入调查。

④网上竞争对手调查。

（二）网络调查的程序

网络调查的程序具体如下：

①选择合适的搜索引擎。搜索引擎是指能及时发现需要内容的电子指针，如国外的雅虎、国内的百度等，它们能提供有关的市场信息，阅读、分析、存储数以万计的资料。

②确定调查对象。这包括企业产品的消费者、企业的竞争者。

③查询相关调查对象。

④确定适用的信息服务。

⑤信息的加工、整理、分析和运用。

（三）网络调查应注意的事项

1.认真设计在线调查问卷

①调查应强调是专门针对某个人的。

②用冷色调的表格来保护被调查者的眼睛。

③灵活使用图表、色彩及语气，使调查气氛活跃。

④调查内容应简短，多张短页的效果好于单张长页的效果。

2.公布保护个人信息声明

①应尊重个人隐私。

②自愿参加调查。

3.尽可能吸引网民参与调查，特别是采用被动问卷调查法时

①提供物质奖励和非物质奖励。

②寻找大家最感兴趣的话题。

③使用合适的电子邮件开头（开头应包含调查者及调查目的、奖励及调查指导）。

4.尽可能采用多种调查方式进行市场调查

①设计适当的问卷。

②有时间限制。

③选择合适的抽样方法。

项目小结

1.文案调查法又称直接调查法，是利用企业内部和外部现有的各种信息资料，对调查内容进行分析研究的一种调查方法。文案调查的渠道包括企业内部资料和企业外部资料。

2.实地调查法包括访问调查法、观察调查法和实验调查法三种形式。

3.访问调查法也称直接调查法，即调查人员直接向被调查者提出问题，以获得信息资料的调查方法，它是市场调查中最常用的方法之一。访问调查法可细分为

面谈调查法、邮寄调查法、电话调查法、留置问卷调查法等。

4. 观察调查法是指调查人员或仪器在调查现场直接记录物体或事件的行为变化过程，以获取所需信息的方法。观察调查法既可观察人，也可观察现象，既可以由人观察，也可以由机器观察。

5. 实验调查法是指在对某个问题进行调查时，假设其他因素不变而分别研究其中某一个因素或某几个因素对调查问题所产生的影响的一种调查方法。

6. 网络调查法又称网上市场调查法或联机市场调查法，是指通过网络有系统、有计划、有组织地收集、调查、记录、整理、分析与产品、劳务有关的市场信息，客观地测定及评价现在市场及潜在市场，从而解决市场营销的有关问题的方法。网络调查法是企业整体营销战略的一个组成部分，是建立在互联网基础上，借助互联网的特性来实现一定营销目标和调查目的的一种手段。

主要概念

文案调查法　实地调查法　访问调查法　观察调查法　实验调查法　网络调查法

基本训练

（一）填空题

1. 实地调查法是市场调查的一种重要方法，包括（　　）、（　　）和（　　）三种形式。

2. 访问调查法也称（　　），即调查人员直接向被调查者提出问题，以获得信息资料的调查方法，它是市场调查中最常用的方法之一。

3. 访问调查法可细分为（　　）、（　　）、（　　）和（　　）四种方法。

（二）选择题

1. 采用面谈调查法的拒答率（　　）。

A. 较高　　B. 较低

C. 一般　　D. 不确定

2. 若被调查者要求进一步了解所提的问题，则调查人员要进行适当的解释。这时，调查人员的解释称为（　　）。

A. 澄清　　B. 提问

C. 追问　　D. 控制

3. 采用电话调查法应尽量避免提（　　）。

A. 敏感性问题　　B. 数量性问题

C. 理论性问题　　D. 回忆性问题

4. 采用电话调查法对敏感性问题进行调查（　　）。

A. 更容易　　B. 更困难

C. 没有变化　　D. 变化方向不定

5. 利用网络问卷进行市场调查的方法称为（　　）。

A. 网络访谈法　　B. 电子邮件调查法

C. 网络问卷调查法　　D. BBS调查法

（三）简答题

1. 文案调查法的一般信息来源于哪些方面？

2. 文案调查法的主要优缺点有哪些？

3. 访问调查法有哪些类型？

4. 观察调查法有哪些类型？

（四）案例分析

雅马哈数字钢琴的“神秘购物者计划”

位于美国加利福尼亚州的乐器制造商雅马哈公司于1985年生产出了一种创新型钢琴，加重的琴键和体验型的数码音质，可以与真正的钢琴相匹敌。

作为新型钢琴市场的领导者，雅马哈公司把系列产品视为在更大的二手钢琴市场上获得一席之地，同时又不与自己新钢琴的顾客竞争。数码钢琴的价格合理，它是那些因负担不起新钢琴而想购买二手钢琴的消费者的一种较好的选择。

“新钢琴的市场需求量大约为每年100 000台，”雅马哈公司键盘部助理经理吉姆·林奇说，“二手钢琴市场的需求量大约为每年5 000 000台，但并非所有的二手钢琴都是卖出去的，还有一些二手钢琴是在家庭成员中流动的，很多零售店都接待了一些对二手钢琴感兴趣的顾客，我们认为如果能让那些顾客见识一下Clavinova，我们可以卖出很多产品，这就是我们推出‘神秘购物者计划’的原因”。

雅马哈公司“神秘购物者计划”的要点很简单，购买者前往某一乐器店，要求看一下比较好的二手钢琴，销售员可以任意向他们介绍二手钢琴，很明显，这是他们去的目的。但如果销售员向消费者介绍的第一架钢琴就是Clavinova，销售员就会立即得到一张100美元的支票，并被告知他们“赢”了。

如果销售员没有向购买者展示Clavinova，按要求神秘购物者应立即停止购买活动，这样才不会暴露自己神秘购物者的身份。“如果销售员没有‘赢’，购买者也不会说什么，购买者已经占用了销售员的时间，我们并不希望销售员花时间在假设的购买上并产生负面影响。”林奇说。对于那些没有赢得这一机会的销售员，雅马哈公司14个分部中的经理中的一位会找他们谈话，以明确的方式告诉他们失去了这次机会。休斯（Hughes）说：“对于制造商来说，与商店管理层人员和销售员谈话，也就是对他们说，遵照我们提供的行动惯例，使用我们提供的管理工具，你们就会改善我们产品的销售情况。如果你们遵循这些，你们很可能会看到销售量的增加。”这不是让别人做错事，而是告诉他们正确的方法并不断改进。

问题：雅马哈公司的计划是真正的“神秘购物者计划”吗？为什么？

单元实训

【实训情境设计】

场景一：

组织一次模拟入户访问。①把学生分成四组，第一组担任评委，第二组担任活动的组织者，第三组担任模拟入户的访问员，第四组担任模拟入户的被调查者，学生完成一次活动后可轮换角色。②扮演不同角色的学生了解自己的任务并进行准备。评委准备评分标准；活动组织者进行模拟场地的布置及模拟流程的安排；模拟入户的访问员进行模拟入户的准备；模拟入户的被调查者尽可能根据入户访问可能遇到的问题设置访问障碍和陷阱。③实训中，教师只做配角，必要时进行适当的补充与解围。④访问员谈入户访问的体会及感悟，教师对访问员进行适当的培训。

场景二：

将学生分组，教师担任项目经理兼培训员，选出4名学生做督导员。①在模拟训练的基础上，各小组分别组织一次真正的入户访问调查，调查对象为问卷所涉及的消费者。②安排一次阶段性的检查和总结，将各小组完成的问卷交给督导员，由督导员收集与检查问卷，对不合格的问卷要进行重访。③学生集中交流访问心得，最后由教师点评和答疑。④由各小组及每位学生填写课程实训总结与实训报告。

【实训任务要求】

1.以小组为单位进行实训。将学生分成若干小组，每组5～7人，小组成员分工合作。

2.查找与实训场景有关的资料，要求掌握入户访问的基本技巧。

3.各项目小组向全班汇报实训结果，教师进行点评。

4.每位同学都要完成课程实训总结、撰写实训报告，在此基础上综合评出个人的成绩。

【实训提示】

1.这项实训活动应在调查策划实训室进行，实训室内应配备讨论桌，便于小组设计调查问卷时使用。

2.事先将全班学生分成几个小组，确定小组长，每个项目小组不得超过7人，以集体形式完成设计方案。

3.以小组为单位，上交入户访问问卷与实训报告。

【实训效果评价】

小组成员共同评出组员个人实训态度成绩，教师和各小组组长共同评出组员个人实训表现成绩（见表4-11），教师评出小组实训报告成绩（见表4-12），在此基础上给出个人最终成绩。

表 4-11 **组员个人实训过程评价表**

小组成员姓名	态度（满分为100分）	表现（满分为100分）	
		操作（50%）	技能（50%）

注：各项考评满分分别为100分，60分以下为不及格，60～69分为及格，70～79分为中等，80～89分为良好，90分以上为优秀。

表 4-12 **小组实训报告评价表**

评价内容	分值（分）	评分（分）
入户实施	25	
完成数量	25	
完成质量	25	
交流参与	25	
总分	100	

注：考评满分为100分，60分以下为不及格，60～69分为及格，70～79分为中等，80～89分为良好，90分以上为优秀。

个人最终成绩=个人实训态度成绩×20%+个人实训表现成绩×50%+小组实训报告成绩×30%

项目五　抽样调查方法

学习目标

通过本项目的学习，达到以下目标：

理论目标：了解抽样调查的基本概念；了解抽样误差的产生；熟悉抽样调查的程序，能够对实际问题按照规定程序进行抽样调查；熟悉各种抽样调查方法的优缺点。

实训目标：在市场调查的抽样环节中培养学生熟练运用各种抽样方法的能力。

引例

2015年全国人口抽样调查数据

根据《全国人口普查条例》和《国务院办公厅关于开展2015年全国1%人口抽样调查的通知》，我国以2015年11月1日零时为标准时点进行了全国1%人口抽样调查（调查对象是指调查标准时点在中华人民共和国境内抽中调查小区内的全部人口）。这次调查以全国为总体，以各地级市（地区、盟、州）为子总体，采取分层、二阶段、概率比例、整群抽样方法，最终样本量为2 131万人，占全国总人口的1.55%。根据这次调查推算的人口主要数据如下：

一、总人口

全国大陆31个省、自治区、直辖市和现役军人的人口为137 349万人。同第六次全国人口普查2010年11月1日零时的133 972万人相比，五年共增加3 377万人，增长2.52%，年平均增长率为0.50%。

二、家庭户人口

全国大陆31个省、自治区、直辖市共有家庭户（家庭户是指以家庭成员关系为主、居住一处共同生活的人组成的户）40 947万户，家庭户人口为126 935万人，平均每个家庭户的人口为3.10人，与2010年第六次全国人口普查的数据持平。

三、性别构成

全国大陆31个省、自治区、直辖市和现役军人的人口中，男性人口为70 356万人，占51.22%；女性人口为66 993万人，占48.78%。总人口性别比（以女性为100，男性对女性的比例）由2010年第六次全国人口普查的105.20下降为105.02。

四、年龄构成

全国大陆31个省、自治区、直辖市和现役军人的人口中，0～14岁人口为22 696万人，占16.52%；15～59岁人口为92 471万人，占67.33%；60岁及以上人口为22 182万人，占16.15%，其中65岁及以上人口为14 374万人，占10.47%。同2010年第六次全国人口普查相比，0～14岁人口比重下降0.08个百分点，15～59岁人口比重下降2.81个百分点，60岁及以上人口比重上升2.89个百分点，65岁及以上人口比重上升1.60个百分点。

五、民族构成

全国大陆31个省、自治区、直辖市和现役军人的人口中，汉族人口为125 614万人，占91.46%；各少数民族人口为11 735万人，占8.54%。同2010年第六次全国人口普查相比，汉族人口增加3 021万人，增长2.46%；各少数民族人口增加356万人，增长3.13%。

六、各种受教育程度人口

全国大陆31个省、自治区、直辖市和现役军人的人口中，具有大学（指大专以上）教育程度人口为17 093万人；具有高中（含中专）教育程度人口为21 084万人；具有初中教育程度人口为48 942万人；具有小学教育程度人口为33 453万人（以上各种受教育程度的人包括各类学校的毕业生、肄业生和在校生）。

同2010年第六次全国人口普查相比，每10万人中具有大学教育程度人口由8 930人上升为12 445人；具有高中教育程度人口由14 032人上升为15 350人；具有初中教育程度人口由38 788人下降为35 633人；具有小学教育程度人口由26 779人下降为24 356人。

七、城乡人口

全国大陆31个省、自治区、直辖市和现役军人的人口中，居住在城镇的人口为76 750万人，占55.88%；居住在乡村的人口为60 599万人，占44.12%。同2010年第六次全国人口普查相比，城镇人口增加10 193万人，乡村人口减少6 816万人，城镇人口比重上升6.20个百分点。

八、人口的流动

全国大陆31个省、自治区、直辖市的人口中，居住地与户口登记地所在的乡镇街道不一致且离开户口登记地半年以上的人口为29 247万人，其中市辖区内人户分离的人口为4 650万人，不包括市辖区内人户分离的人口为24 597万人。同2010年第六次全国人口普查相比，居住地与户口登记地所在的乡镇街道不一致且离开户口登记地半年以上的人口增加3 108万人，增长11.89%。

资料来源　中华人民共和国国家统计局．2015年全国人口抽样调查数据 男性占比51.22%［EB/OL］．［2016-05-04］．http://www.redsh.com/ppnews/20160504/103130.shtml.

思考：人口抽样调查有什么特点？与人口普查相比有什么优势？

分析提示：建立在概率论理论基础上的科学抽样，大大节省了调查成本。

任务一　抽样的基本问题

市场调查是为了获得所有调查对象即总体的情况，这就需要对每一个调查对象的信息和特征进行详细的统计分析，就需要进行全面调查即普查。通过普查，调查人员可以获得最准确、最真实的情况。但有时由于调查对象很多，因此调查无法获得所有对象的信息，进行普查显得不太可能；同时，即使能够对所有对象进行调查，由于普查需要耗费大量的人力、物力、财力，因此在对调查结果的准确性要求不太高的情况下，普查显得没有必要，这时候可以抽取所有调查对象中的一部分进行研究，根据结果推测总体的情况，这种方法即抽样调查。

一、抽样调查的概念与特征

（一）抽样调查的概念

抽样调查是指按照一定的程序，从调查总体中抽选出一部分单位作为样本，对样本进行分析或观察，并根据样本统计量估计总体情况的一种调查活动，也称为抽查。抽样调查是一种被广泛使用的有效调查方法，属于非全面调查的范畴。

（二）抽样调查的特征

抽样调查应用科学的方法，从总体中抽取有代表性的调查对象进行调查，既克服了普查组织困难、费用高、时间长的缺点，也克服了重点调查、典型调查等传统调查方法主观随意性大、样本代表性不强等弱点，是一种比较科学和客观的调查方法。

1.费用低，易推广

抽样调查的调查单位比普查少得多，因而既能节约人力、费用和时间，又能比较快地得到调查结果，这对许多工作都是很有利的。例如，农产品产量全面调查的统计数字要等收割完毕以后一段时间才能得到，而抽样调查的统计数字在收获的同时就可以得到，一般能提前2个月得到，这对于安排农产品的收购、储存、运输等都是很有利的。

在调查单位少的情况下，有时可以增加调查内容，因此，有的国家在进行人口普查的同时也进行人口抽样调查，一般项目通过普查取得资料，另一些项目则通过抽样调查取得资料。这样既节省了调查费用和时间，又丰富了调查内容。

2.质量高，可信度好

统计数据与实际数据之间会有差别，这种差别通常称为误差。统计误差有两种：一是登记误差，也叫调查误差或工作误差，是指在调查登记、汇总计算的过程中发生的误差，这种误差是应该设法避免的；二是代表性误差，也叫抽样误差，是指以部分单位的统计数字为代表，去推算总体的全面数字时所产生的误差，这种误差一定会发生，是不可避免的。

全面调查只有登记误差而没有代表性误差，抽样调查则两种误差全有。因此，人们往往认为抽样调查不如全面调查准确，这种看法忽略了两种误差的大小。全面调查的调查单位多、涉及面广，参加调查汇总的人员多、水平参差不齐，因而发生登记误差的可能性就大。

由于抽样调查是建立在科学的数理统计分析的基础上的，因此，只要能够按照科学合理的程序进行抽样，就可以排除个人主观因素的影响，保证样本的代表性，将误差控制在一定的范围内，确保获取的信息资料有较高的可靠性和准确性。同时，由于抽样调查只调查部分总体单位，数目较小，参加调查的人员较精干，可以最大限度地减少工作性误差，从而提高调查的质量，因此，抽样调查的质量较高、可信度好。

3.时间短，收效快

市场营销调查对时间的要求是非常严格的。由于抽样调查的样本单位少、操作方便，因此能十分迅速地得到调查结果，这对于现代企业市场营销决策的制定是非常有益的。

同步案例5-1 调查夏季市场销售的凉鞋质量情况

某凉鞋制造厂为了解其所生产凉鞋的质量情况，安排调查员调查夏季市场销售的其品牌的凉鞋的质量情况，要求调查时间为1个月。

问题：采用哪种调查方式更好?

分析提示：根据普查与抽样调查的适用条件进行解答即可。调查夏季市场销售的凉鞋质量情况具有一定的破坏性，一般来说，在调查具有破坏性、无法进行普查、普查的意义或价值不大时，应选择抽样调查，所以此案例应该选择抽样调查。

（三）抽样调查的适用范围

抽样调查的适用范围广泛。从原则上讲，为了取得大量社会经济现象的统计资料，在许多场合都可以运用抽样调查方法；在某些特殊场合，甚至还必须应用抽样调查方法。

1.有些事物在测量或试验时有破坏性，不可能进行全面调查

例如，灯泡耐用时间试验、电视机抗震能力试验、罐头食品的卫生检查、人体白细胞数量的化验等，都是有破坏性的，不可能进行全面调查，只能使用抽样调查。

2.有些总体从理论上讲可以进行全面调查，但实际上办不到

例如，了解某林区有多少棵树、职工家庭生活状况如何等，从理论上讲这是有限总体，可以进行全面调查，但实际上办不到。对这类情况的了解一般采取抽样调查。

3.用于工业生产过程中的质量控制

抽样调查不但广泛用于生产结果的核算和估计，而且有效应用于对成批或大量连续生产的工业产品在生产过程中进行质量控制，以检查生产过程是否正常，及时

提供有关信息，便于采取措施，预防废品的发生。

4.对总体的假设进行检验

抽样调查可以对某种总体的假设进行检验，以判断这种假设的真伪，从而决定取舍。例如，要了解新教学法的采用、新技术的改革、新医疗方法的使用等是否有明显效果，需要对未知的或不完全知道的总体做出一些假设，然后利用抽样调查的方法，根据实验材料对所做的假设进行检验，做出判断。

随着抽样理论的发展、抽样技术的进步、抽样方法的完善和统计队伍业务水平的提高，抽样调查将在社会经济生活中得到更加广泛的运用。

二、抽样方法

抽样方法是指在抽样调查时采用一定的方法，抽选具有代表性的样本，以及各种抽样操作技巧和工作程序等的总称。为了使挑选的样本具有代表性，调查人员必须借助各种抽样方法。根据样本选取的原则，抽样方法主要有两种：随机抽样和非随机抽样。

（一）随机抽样

随机抽样又称概率抽样，是指对总体中的每个个体都给予平等的抽取机会的抽样技术。在随机抽样的条件下，每个个体抽中或抽不中完全凭机遇，排除了人的主观因素的选择。由于采用的技术和调查总体的特征不同，因此随机抽样又可细分为不同的抽样方法，具体分类及特点将在后文详细介绍。

1.随机抽样的优点

①随机抽样是从总体中按照随机原则抽取一部分单位进行的调查，排除了人为因素的干扰；同时，抽取的样本可以大致上代表总体，因此调查结果可以用来推断总体。

②随机抽样能够计算调查结果的可靠程度，可通过概率得出推算值与实际值的差异，即抽样误差（又称代表性误差），并将误差控制在一定范围内。

2.随机抽样的缺点

①平等看待所有调查样本，难以体现重点。

②与非随机抽样相比，同样规模的调查，随机抽样的抽样范围比较广，所需时间长，参加调查的人员和费用多。

③需要具有一定专业技术的人员进行抽样和资料分析，一般调查人员难以胜任。

在具体操作过程中，调查人员必须严格遵守正确的操作程序，避免武断或有偏见地选择抽样单位。当严格执行这些程序时，概率论中的法则都是有效的。这就是说，对于预测的范围来说，样本中的数据可以被认为是不同于总体的数据，其差异称为抽样误差。

（二）非随机抽样

非随机抽样又称非概率抽样，是指总体中的每个个体不具有被平等抽取的机会，而是根据一定的主观标准来抽选样本的方法。随机抽样和非随机抽样的主要区别，就是样本设计中使用的机制。在非随机抽样条件下，选择样本不是基于概率。换句话说，你不能计算出总体中的任何个体被选入样本的概率。根据简便易行、减少开支的原则，选择总体中的某些要素（单位）会导致非随机性，有目的的非随机抽样可能会系统地排除或过分强调总体的某些部分。非随机抽样也可细分为不同的抽样方法，具体分类及特点将在后文详细介绍。

1.非随机抽样的优点

①按一定的主观标准抽取样本，可以充分利用已知资料，选择较为典型的样本，从而使样本更好地代表总体。

②与随机抽样相比，非随机抽样可以缩小抽样范围，节约调查时间、调查人员和调查费用。

③操作方便，易于实施，统计上也比随机抽样简单。

2.非随机抽样的缺点

①无法判断其误差和检查结果的准确性。在用非随机抽样方法进行调查的总体中，每一个样本被抽取的概率不一样，所以概率值的大小不清楚，无法借助概率计算出推算值与实际值的差异，其可靠程度只能由调查人员主观评定。由于主观标准不当或主观判断失误均会增大抽样误差，因此难以核实出现的差错。

②调查人员不知道抽中的单位所具有的代表性如何，因此在进行实际市场调查时，调查人员要根据不同的调查要求和目的，选择最合适的抽样技术，这样才能起到良好的效果。

（三）选择抽样方法应考虑的因素

随机抽样和非随机抽样各有优点和缺点，调查人员在选择时要进行综合考虑。总体来说，需要考虑的因素有以下几个方面：

①如果调查人员在最后使用统计学的方法分析与处理调查数据，那么确定调查单位的方法必须是随机抽样，以保证调查数据对总体具有足够的代表性。

②如果市场调查在方案设计中就明确规定，最终必须获得具有一定准确性和把握性的调查结果，那么在确定调查单位时，就应该选择随机抽样的方式。

③如果存在一个近乎理想的抽样框，那么调查人员可以选择随机抽样。例如，中国工商银行在调查储户对银行提供新服务的反应时，可以很方便地获取储户的数据库作为相当完整的抽样框，然后经过编程就可以由计算机完成简单随机抽样。

④在调查人员没有掌握随机抽样的程序、原理和原则的情况下，或者在对调查的时效性要求高、调查的频度大的情况下，调查人员常采用非随机抽样方法。

三、抽样误差

（一）抽样误差的概念

抽样误差是指抽样估计值与被估计的总体参数值之间的偏差，抽样误差记作

Δ。抽样误差的大小能够说明用抽样指标估计总体指标是否可行、抽样效果是否理想等调查性问题。常见的抽样误差有：抽样平均数与总体平均数之差 $(\bar{x}-\bar{X})$，抽样成数与总体成数之差（p-P）。

抽样误差既是一种代表性误差，也是一种随机性误差。说其是代表性误差，是因为抽样调查是以样本代表总体，以样本综合指标代替总体综合指标，在利用总体的部分资料推算总体时，不论样本选取多么公正、设计多么完善，样本都只是一部分单位而不是所有单位，产生误差是无法避免的。说其是随机性误差，是因为按随机性原则抽样时，由于抽取的样本不同，因此会得到不同的抽样指标值，由此产生的误差值各不相同。抽样误差中的代表性误差是抽样调查本身固有的、无法避免的误差，随机性误差则可利用大数定律精确地计算并能够通过抽样设计程序控制。

抽样误差不包括下面两类误差：一类是调查误差，即在调查过程中由于观察、测量、登记、计算上的差错而引起的误差；另一类是系统性误差，即由于违反抽样调查的随机原则，有意抽选较好单位或较坏单位进行调查，造成样本的代表性不足而引起的误差。这两类误差都属于思想、作风、技术等问题，在实际调查中是可以防止和避免的。

影响抽样误差大小的因素有：

①总体内各单位标志值的差异程度。总体内各单位标志值的差异程度越小，或总体的标准差越小，在其他条件给定的前提下，抽样误差就越小；反之，抽样误差就越大。

②样本单位的数目。抽样误差的大小与样本单位的数目多少成反比。

③抽样方法。抽样方法不同，抽样误差的大小也不相同。一般来说，简单随机抽样比分层、分群随机抽样误差大，重复抽样比不重复抽样误差大。

④抽样调查的组织形式。抽样调查的组织形式不同，抽样误差的大小也不相同，而且同一组织形式的合理程度也会影响抽样误差的大小。

（二）抽样误差的计算

重复抽样是指样本抽出后再放回去，每个单位有可能被第二次抽中。不重复抽样是指样本抽出后不再放回去，每个单位只能被抽中一次。实践中，人们大多采用不重复抽样。

1.重复抽样下的抽样误差计算公式

（1）平均数的抽样误差

$$\mu_x=\sqrt{\frac{\sigma^2}{n}}$$

式中：μ_x 为抽样平均误差；σ^2 为总体方差（σ^2 一般要进行换算求得，即 $\sigma^2=\frac{\sum(x_i-\bar{x})^2}{n}$，或以样本标准差代替，也可采用经验估算等）；n为样本单位数。

（2）成数的抽样误差

$$\mu_p = \sqrt{\frac{p(1-p)}{n}}$$

式中：μ_p为成数（相对数）抽样误差；p为成数（相对数）；n为样本单位数。

2.不重复抽样下的抽样误差计算公式

（1）平均数的抽样误差

$$\mu_x = \sqrt{\frac{\sigma^2}{n}(1-\frac{n}{N})}$$

式中：N为总体单位数；$1-\frac{n}{N}$为修正系数。

（2）成数的抽样误差

$$\mu_p = \sqrt{\frac{p(1-p)}{n}(1-\frac{n}{N})}$$

【例5-1】某企业生产的产品，按正常生产经验，合格率为90%，现从5 000件产品中抽取50件进行检验，求合格率的抽样平均误差。

解：根据题意，分别计算合格率的抽样平均误差。

在重复抽样条件下，合格率的抽样平均误差为：

$$\mu_p = \sqrt{\frac{p(1-p)}{n}} = \sqrt{\frac{0.9\times0.1}{50}} = 4.24\%$$

在不重复抽样条件下，合格率的抽样平均误差为：

$$\mu_p = \sqrt{\frac{p(1-p)}{n}(1-\frac{n}{N})} = \sqrt{\frac{0.9\times0.1}{50}\times(1-\frac{50}{5\ 000})} = 4.22\%$$

四、抽样估计的概率度、精度和可靠程度

（一）抽样估计的概率度

抽样极限误差是单个样本值与总体指标值之间的绝对离差，而抽样平均误差是所有可能样本值与总体指标值之间的平均离差。将抽样极限误差与抽样平均误差相比，使由单一样本值得到的抽样极限误差标准化，得到抽样标准极限误差，但通常称其为概率度（t）或相对误差范围。

由此可知，标准正态分布变量t服从标准正态概率分布。

（二）抽样估计的精度

为了比较不同现象总体的抽样误差程度，必须首先消除总体规模大小悬殊的影响，通常还需要计算抽样误差系数，抽样误差系数记作Δ′。抽样误差系数反映了抽样误差的相对程度，其计算公式为：

$$\Delta'_x = \frac{\Delta_x}{\bar{x}}$$

$$\Delta'_p = \frac{\Delta_p}{p}$$

（三）抽样估计的可靠程度

对置信区间的测定总是在一定的概率保证程度下进行的，因为既然抽样误差是

一个随机变量，就不能指望抽样指标落在置信区间内成为必然事件，所以只能将其视为一个可能事件，这样就必定要用一定的概率来给予保证。抽样误差的可能范围属于估计的准确性问题，而保证抽样指标落在抽样误差的可能范围之内属于估计的可靠性问题。因此，抽样估计的可靠程度又称为置信度。具体来说，置信区间是以一定的概率把握程度确定的总体指标所在的区间，置信度是总体指标落在某个区间的概率把握程度。

抽样估计的可靠程度即概率，用P表示，P是t的函数，P=F（t）表明概率分布是概率度t的函数。确定抽样估计的可靠程度，就是要确定抽样平均数 $(\bar{x})$ 或抽样成数（p）落在置信区间 $(\bar{X}-\Delta_{\bar{x}},\bar{X}+\Delta_{\bar{x}})$ 或（$P-\Delta_p$，$P+\Delta_p$）中的概率P。F（t）的函数形式为：

$$P(|\bar{x}-\bar{X}|\leqslant t\mu_x)=F(t)$$

$$P(|p-P|\leqslant t\mu_p)=F(t)$$

由此可知，t增大，tμ也增大，所要求的误差范围也增大，说明从总体中随机抽取一个样本，其样本值落在这个较大的置信区间内的可能性或把握性P增大；反之，t减小，tμ也减小，所要求的误差范围也减小，说明从总体中随机抽取一个样本，其样本值落在这个较小的置信区间内的可能性或把握性P减小。

应用标准正态分布概率表，可以得出抽样指标落在置信区间内的置信度。

$$F(1)=P(|\bar{x}-\bar{X}|\leqslant 1\mu_{\bar{x}})=68.27\%$$

$$F(2)=P(|\bar{x}-\bar{X}|\leqslant 2\mu_{\bar{x}})=95.45\%$$

$$F(3)=P(|\bar{x}-\bar{X}|\leqslant 3\mu_{\bar{x}})=99.73\%$$

下面将常用的概率保证程度即概率面积与对应的概率度列入表5-1中。

表5-1　　常用概率面积与概率度对应表

概率面积F(t)	概率度t	概率面积F(t)	概率度t
0.6827	1.00	0.9545	2.00
0.7995	1.28	0.9900	2.58
0.8664	1.50	0.9973	3.00
0.9000	1.64	0.99994	4.00
0.9500	1.96	0.999999	5.00

任务二　抽样调查的程序

开展抽样调查时，大致可以按照以下程序进行（见图5-1）：

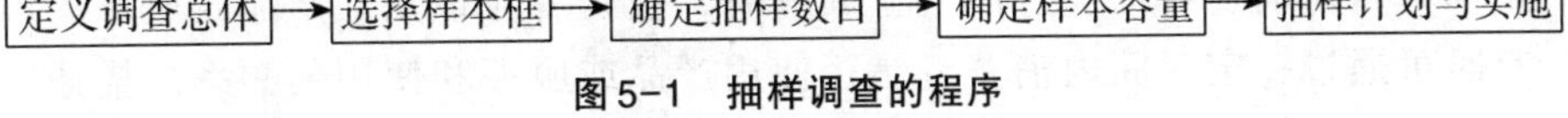

图5-1　抽样调查的程序

下面我们分别对各个步骤进行介绍。

一、定义调查总体

调查总体是调查的全部对象及其范围，只有准确定义调查总体，才能取得准确的信息，对总体的定义错误可能会导致整个研究项目的失败。抽样总体简称样本，是从全及总体中随机抽取出来，代表全及总体部分单位的集合体。抽样总体的单位数通常用小写英文字母n表示。对于全及总体单位数N来说，n是一个很小的数，它可以是N的几十分之一、几百分之一、几千分之一、几万分之一。一般来说，样本单位数达到或超过30个称为大样本，在30个以下称为小样本。社会经济现象的抽样调查多取大样本，自然实验观察则多取小样本。以很小的样本来推断很大的总体，这是抽样调查的一个特点。

总体是唯一确定的，而抽样样本不是这样，从一个全及总体中可以抽取出很多个抽样总体，全部样本的可能数目和每个样本的容量有关，也和随机抽样的方法有关。不同的样本容量和抽样方法，样本的可能数目也有很大差别。抽样本身是一种手段，目的在于对总体做出判断，因此，样本容量要多大、要怎样取样、样本的数目可能有多少、它们的分布又怎样，这些都关系到对总体判断的准确程度，都需要认真地研究。

为了满足调查目的的需要，调查人员应该详细说明提供信息或与所需信息有关的个体或实体（如公司、商店等）的特征，确定调查范围及总体单位。一般来说，总体单位可以从以下几个方面来描述：地域特征、人口统计学特征、产品或服务使用情况、对产品或服务的认知度等。

（一）地域特征

地域特征是指总体单位活动的范围或区域，可能是一个街区、一个省市、整个国家或者许多国家，有时指的是总体单位的户籍所在地或长期居住地。例如，当需要在沈阳市进行产品推广、制定媒体广告策略时，消费者的地域特征就是上述概念。

（二）人口统计学特征

考虑到调查目标和企业产品的目标市场，我们要郑重考虑在人口统计变量方面具有某些特征的总体单位。人口统计变量主要包括性别、年龄、学历、职业、家庭结构和家庭月收入等。例如，在进行剃须刀市场调查时，被访者主要应为男性，其中，年龄在18岁以上、55岁以下的被访者意见是至关重要的，了解60岁以上或18岁以下的被访者意见的意义不大。

（三）产品或服务使用情况

除了上述因素外，同质总体的共同特征通常根据产品或服务的需求情况来定义。例如，在对消费者的满意度进行调查时，被访者应该是某产品或服务的消费者。有时可通过一定时间内消费者是否使用产品或服务和使用的频率来描述。例如，在1个月内你是否乘坐过飞机？在1年内你是否打算购买一部新车？

（四）对产品或服务的认知度

企业在传递其产品和服务的信息，或者做品牌传播时，所采取的方式是多种多样的。当我们想探知每一种方式传递信息的效果如何、消费者对所传递信息的理解程度如何这类问题时，消费者对产品或服务的认知度就成为定义同质总体的重要特征。

二、选择样本框

样本框是指对可以选择作为样本的总体单位列出名册或排序编号，以确定总体的抽样范围和结构，又称抽样框、抽样结构。设计出了抽样框后，调查人员便可采用抽签的方式或按照随机数表来抽选必要的单位数。若没有抽样框，则不能计算样本单位的概率，也就无法进行概率选样。

例如，以学校班级为抽样单元，则该学校80个班级的名册就是抽样框。抽样框可以是具体的名册、电话号码簿等；也可以是抽象的，如消费者抽样等。只要是符合调查条件的，就有被抽取的可能。

在理想情况下，会有一个完整和准确的抽样框。但在大多数情况下，这种理想状态是不存在的，即调查人员无法获得完整的抽样框，只能用其他抽样框代替。在这种情况下，调查人员只能从几个抽样框中选择一个最好的。例如，对于一家准备开展一项消费者需求调查活动的公司，假定其准备采用随机抽样方法确定访问对象后实施“入户访问”，那么抽样框可以是一份详细的地图，也可以是由户籍管理部门或住宅小区物业管理部门提供的“住户门牌号码表”，调查人员最后就根据“最准确”“最可行”“最便利”的原则，确定此次抽样的抽样框。在没有现成名单的情况下，调查人员也可以自己编制。

在实践中，抽样框可以是有一定顺序的名单，如由户籍管理部门或住宅小区物业管理部门提供的户籍资料或“住户门牌号码表”；也可以是以一定的逻辑关系形成的顺序表，如在调查某城市公交公司多条线路在某一时段的载客率时，可以将它的全部线路以及相邻站点之间的路段排列起来，对抽中路段内的车辆进行调查，这就是将空间以逻辑关系排列成抽样框。

三、确定抽样数目

抽样数目是指抽样单位数，在随机抽样时，必须确定必要的样本数。样本数过多，会浪费人力、物力、财力和时间；抽样数过少，会影响调查结果的精确度，造成较大误差。所以，调查人员要确定能够反映总体特征的样本单位数。

（一）影响抽样数目的因素

1.总体中各单位之间标志值的变异程度

变异程度越大，需要抽选的样本数目越多；反之，需要抽选的样本数目越少。

2.允许误差的大小

允许误差又称极限误差或最大可能误差，是指抽样误差的允许范围。允许误差以符号Δ表示。其计算公式为：

$\Delta=t\mu$

式中：t代表概率度，是指扩大或缩小抽样误差范围的倍数；μ代表抽样误差，允许误差Δ等于t倍的抽样误差μ。允许误差大，抽样数目可以少一些；允许误差小，抽样数目可以多一些。

允许误差的大小要根据调查的要求和条件来确定。一般来说，调查准确度要求高、调查力量强、调查费用充足，允许误差应小一些；反之，允许误差可取大一些。

3.不同的抽样方法也会影响抽样数目的多少

一般来说，随机抽样比非随机抽样的样本数目小一些，不重复抽样比重复抽样的样本单位数少一些。

（二）抽样数目的计算公式

1.平均数指标重复抽样数目的计算公式

$$n=\frac{t^2\sigma^2}{\Delta_{\bar{x}}{}^2}$$

式中：n为样本单位数；σ^2为总体方差；t^2为概率度平方；$\Delta_{\bar{x}}{}^2$为平均数允许误差平方。

2.平均数指标不重复抽样数目的计算公式

$$n=\frac{t^2\sigma^2N}{\Delta_{\bar{x}}^2N+t^2\sigma^2}$$

式中：N为总体单位数。

3.成数指标重复抽样数目的计算公式

$$n=\frac{t^2p(1-p)}{\Delta_p^2}$$

式中：t为概率度；p为成数；Δ_p为成数允许误差；n为抽样数目。

4.成数指标不重复抽样数目的计算公式

$$n=\frac{t^2Np(1-p)}{\Delta_p^2N+t^2p(1-p)}$$

t值小，允许误差范围就小，把握程度就大；反之亦然。因为在抽样调查时，每100次抽样中有95.45次的正负误差不会超过2，其余4.55次则会超过2，所以当概率度t值为2时，把握程度（即可信度）为95.45%。它们之间的相互关系可参照表5-2。

表5-2　**概率表**

概率面积F(t)	概率度t	误差值μ
1.00	0.6827	1.00
1.50	0.8664	1.50
1.96	0.95	1.96
2.00	0.9545	2.00
3.00	0.9973	3.00

四、确定样本容量

在参数区间估计的讨论中，估计值 $\hat{\theta}$ 和总体的参数 θ 之间存在着一定的差异，这种差异是由样本的随机性产生的。在样本容量不变的情况下，若要提高估计的可靠性，置信区间就会扩大，这时估计的精确度就降低了；若要在不降低可靠性的前提下，提高估计的精确度，就只有扩大样本容量了。当然，增大样本容量要受到人力、物力和时间等条件的限制，所以在满足一定精确度的条件下，要尽可能恰当地确定样本容量。

（一）影响样本容量的因素

1.总体的变异程度（总体方差 σ^2）

在其他条件相同的情况下，有较大方差的总体，样本的容量应该大一些，反之则应该小一些。例如，在正态总体均值的估计中，抽样平均误差为 $\sigma/\sqrt{n}$，它反映了样本均值相对于总体均值的离散程度。所以，当总体方差较大时，样本的容量也相应增大，这样才会使 $\sigma/\sqrt{n}$ 较小，以保证估计的精确度。

2.允许误差的大小

允许误差是指允许的抽样误差，记为 $\left|\hat{\theta}-\theta\right|=\Delta\theta$。例如，样本均值与总体均值之间的允许误差可以表示为 $\left|\bar{x}-\mu\right|=\Delta_{\bar{x}}$，允许误差以绝对值的形式表现了抽样误差的可能范围，所以又称为误差。

允许误差说明了估计的精确度，所以在其他条件不变的情况下，如果要求估计的精确度高，允许误差就小，样本容量就要大一些；如果要求估计的精确度不高，允许误差就可以大些，样本容量就可以小一些。

3.概率保证度 $1-\alpha$ 的大小

概率保证度说明了估计的可靠程度。所以，在其他条件不变的情况下，如果要求较高的可靠性，就要增大样本容量；反之，可以相应减少样本容量。

4.抽样方法不同

在相同的条件下，重复抽样的抽样平均误差比不重复抽样的抽样平均误差大，所需要的样本容量也不同。重复抽样需要更大的样本容量，而不重复抽样的样本容量则可小一些。

此外，必要的抽样数目还会受到抽样组织方式的影响，这也是因为不同的抽样组织方式有不同的抽样平均误差。

（二）样本容量的确定

1.估计总体均值的样本容量

在总体均值的区间估计里，置信区间是由下式确定的：

$$\bar{x} \mp \mu_{\alpha/2}\frac{\sigma}{\sqrt{n}}$$

从图5-2中可以看到，从估计量 $\bar{x}$ 的取值到点 $\mu_{\alpha/2}\frac{\sigma}{\sqrt{n}}$ 的距离实际上为置信区间

长度的1/2。这段距离表示在一定置信水平1-α下，用样本均值估计总体均值时所允许的最大绝对误差，即允许误差。显然，若以x的取值为原点，则允许误差可以表示为：

$$\Delta_{\bar{x}} = \mu_{\alpha/2}\frac{\sigma}{\sqrt{n}}$$

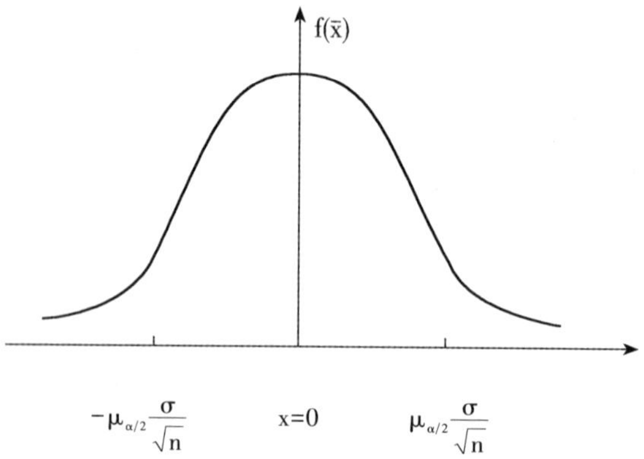

图5-2　允许误差示意图

公式反映了允许误差$\Delta_{\bar{x}}$、可靠性系数$\mu_{\alpha/2}$、总体标准差σ与样本容量n之间的相互制约关系。只要这四个因素中的任意三个因素确定了，另一个因素也就确定了。

在重复抽样条件下，把允许误差$\Delta_{\bar{x}}$的计算公式$\Delta_{\bar{x}} = \mu_{\alpha/2}\frac{\sigma}{\sqrt{n}}$进行变形整理，得到样本容量的计算公式如下：

$$n = \frac{\mu_{\alpha/2}^2\sigma^2}{\Delta_{\bar{x}}^2}$$

在不重复抽样的条件下，抽样允许误差为$\Delta_{\bar{x}} = \left|\bar{X} - \mu\right| = \mu_{\alpha/2}\sqrt{\frac{\sigma^2}{n}(1 - \frac{n}{N})}$，因此变形后得到不重复抽样条件下的样本容量公式为：

$$n = \frac{\mu_{\alpha/2}^2\sigma^2 N}{\Delta_{\bar{x}}^2 N + \mu_{\alpha/2}^2\sigma^2}$$

【例5-2】某食品厂要检验本月生产的10 000袋某产品的重量，根据以往的资料，这种产品每袋重量的标准差为25克。如果要求在95.45%的置信度下，平均每袋重量的误差不超过5克，应抽查多少袋产品？

解：由题意可知N=10 000，σ=25克，$\Delta_{\bar{x}}$=5克，根据置信度1-α=95.45%，有$\mu_{\alpha/2} = 2$。

在重复抽样条件下：

$$n = \frac{\mu_{\alpha/2}^2\sigma^2}{\Delta_{\bar{x}}^2} = \frac{2^2 \times 25^2}{5^2} = 100(袋)$$

在不重复抽样条件下：

$$n=\frac{\mu_{\alpha/2}^2\sigma^2 N}{\Delta_{\bar{x}}^2 N+\mu_{\alpha/2}^2\sigma^2}=\frac{2^2\times 25^2\times 10\,000}{5^2\times 10\,000+2^2\times 25^2}=99(\text{袋})$$

由计算结果可知，在其他条件相同的情况下，重复抽样所需要的样本容量大于不重复抽样所需要的样本容量。

在计算样本容量时，必须知道总体的方差，而在实际抽样调查前，往往总体的方差是未知的。因此在实际操作时，可以用过去的资料。若过去曾有若干个方差，应该选择最大的，以保证抽样估计的精确度；也可以进行一次小规模的调查，用调查所得的样本方差来替代总体的方差。

2.估计总体成数时的样本容量

估计总体成数时，样本容量的确定方法与估计总体均值时是一样的，设$\Delta_p=|P-p|$为允许误差，在1-α的置信度下及重复抽样条件下有：

$$\Delta_p=|P-p|=\mu_{\alpha/2}\sqrt{\frac{P(1-P)}{n}}$$

在估计成数时，计算样本容量需要总体的成数，但是总体的成数通常是未知的。在实际抽样调查时，调研人员可先进行小规模的试调查求得样本的成数来代替总体的成数，也可用历史资料，如果有若干个成数可供选择，则应选择最靠近50%的成数，使样本成数的方差最大，以保证估计的精确度。

【例5-3】为了检查某企业生产的10 000个显像管的合格率，需要确定样本的容量。根据以往经验，合格率为90%、91.7%。如果要求估计的允许误差不超过0.0275，置信水平为95.45%，应该取多少个显像管？

解：根据资料，我们应该选择P=0.9计算样本容量，根据置信水平0.9545，有$\mu_{\alpha/2}=2$，$\Delta_p=|P-p|=0.0275$。

在重复抽样条件下，样本容量为：

$$n=\frac{\mu_{\alpha/2}^2 P(1-P)}{\Delta_p^2}=\frac{2^2\times 0.9\times(1-0.9)}{0.0275^2}=476.03\approx 477(\text{个})$$

在不重复抽样条件下，样本容量为：

$$n=\frac{\mu_{\alpha/2}^2 P(1-P)N}{\Delta_p^2 N+\mu_{\alpha/2}^2 P(1-P)}=\frac{2^2\times 0.9\times(1-0.9)\times 10\,000}{0.0275^2\times 10\,000+2^2\times 0.9\times(1-0.9)}=454.40\approx 455(\text{个})$$

从计算的结果可以看出，重复抽样应该抽477个显像管检验，而不重复抽样应该抽455个显像管。可见，在相同的条件下，重复抽样需要的样本容量更大。

同步案例5-2　全国与北京的人口比较调查资料

简单随机抽样估计P，置信度为95%，允许误差为5%，P=0.5，样本量表见表

5-3。

表 5-3 **样本量表**

总体规模(N)	所需样本量(n)
50	44
100	80
500	222
1 000	286
5 000	370
10 000	385
100 000	398
1 000 000	400
10 000 000	400

问题：所需样本量与总体规模有关吗？

分析提示：在精确度要求相同的条件下，在北京市进行一项调查和在全国进行一项调查，样本量的差别并不大。总体规模越大，进行抽样调查的效率越高。若要分类、分区、分层估计，则另当别论。

五、抽样计划与实施

（一）抽样计划的概念

制订计划时，调查人员应通盘考虑调查的人力、财力、物力及时间等因素，尽可能把调查对象定义在各方面因素许可的范围内。因此，抽样计划是指调查人员从总消费群体中抽取一小部分样本进行研究，然后得出关于总体结论的过程。抽样计划应根据适当的统计方法制订，抽样过程中应注意需要控制的因素，以确保检测和校准结果的有效性。抽样计划中选取的样本是指从总体中挑选出的能代表总体的一部分。选取的样本应具有代表性，以便调查者能准确估量总体的特征。

（二）设计样本的步骤

①确定调查对象，调查对象应具有代表性。

②确定样本量，大样本要比小样本可靠。随着样本量的加大，成本也会增加。因此，只要选取能保证抽样计划信度的样本量即可。

③确定抽样选取方式，即采用概率样本还是非概率样本。

任务三　抽样方法详述

一、随机抽样

随机抽样的方法包括简单随机抽样、分层抽样、系统抽样和整群抽样。

（一）简单随机抽样

简单随机抽样是抽样技术中最简单也是最完全的随机抽样，这种方法一般适用于调查总体中各个体之间差异程度较小的情况，或者调查对象不明，难以分组、分类的情况。

如果市场调查的范围较大，总体内部各个体之间的差异程度较大，则要同其他概率抽样技术结合使用。

前面已经提到，随机抽样就是总体中的每一个单位在抽选时都有同等的被抽中机会。

在随机抽样技术条件下，抽样概率的计算公式为：

抽样概率=样本单位数（n）/总体单位数（N）

1.简单随机抽样的方法

简单随机抽样的方法有抽签法和随机数表法。

（1）抽签法

用抽签法抽取样本时，需先将调查总体的每个个体编上号码，然后将号码写在卡片上搅拌均匀，任意从中抽选，抽到一个号码，就对上一个个体，直到抽足预设的样本数目为止。这种方法适用于调查总体中个体数目较少的情况。

（2）随机数表法

随机数表又称乱数表，是指含有一系列组别的随机数字的表格。用随机数表法抽取样本时，首先将总体中的全部个体分别标上1～n个号码，然后利用随机数表随机抽取所需样本。一般利用特制的摇码设备在0～9的阿拉伯数字中，按照每组数字位数的要求自动摇出随机随机数字，也可利用Excel软件的rand（　　）函数产生随机数字。所以在客观上，随机数表内任何数码出现的机会都是相等的。

查乱数表时，首先把乱数表中一行或一列的数字作为开始数，然后从上而下或从左至右，或者按一定间隔顺序取数，凡编号范围内的数字号码都是被抽取的样本。如果不是重复抽样，碰到重复数字应舍掉，直到抽足预设样本数为止。

例如，现在要从80户居民中抽取10户进行收入调查，首先将80户居民从1到80进行编号，然后假设从随机数表（见表5-4）中的第1行第6列开始自左向右、自上而下取样，那么取得的样本号依次为：72、13、45、20、67、42、15、57、80、04，由于90大于80，20出现重复，故90和第二个20应舍弃不用。

表5-4 随机数表

随机数							
28	46	53	35	74	72	13	45
20	67	42	15	20	57	80	90
04	36	28	19	26	64	37	15
55	01	26	64	98	56	71	49
72	58	43	57	89	64	27	54

【例5-4】假设某开发区有3 000家高新技术企业，税务部门要随机抽取100家企业进行财务审计，试说明利用随机数表抽取样本的方法和结果。

解：首先将3 000家高新技术企业编号，从0001～3 000。由于企业的最大编号是四位数（3 000），所以在随机数表中也应取四位数，可以将任意一个数作为起点，得到的四位随机数依次为：6 327、1 599、8 671、7 445、1 102、1 514、1 807、1 458、6 839、3 108……第1个数6 327，大于企业的最大编号3 000，应舍弃；第2个数1 599，在企业编号0001～3 000的范围内，于是编号为1 599的企业是第1个被选入的样本；接着第3个、第4个数分别是8 671、7 445，都超过3 000，全部被舍弃；编号为1 102、1 514、1 807、1 458的企业被选入样本……这一过程继续下去，直到取得所需要的由100家企业组成的样本为止。

2.简单随机抽样的优点

简单随机抽样方法简单，能够保证每个总体单位在抽选时都有相等的被抽中机会。在对相对较小的总体进行调查的时候，这一抽样技术非常有效。

3.简单随机抽样的局限性

①该方法需要以一个完整的总体单位表为依据，但是在现实中，编制这样一个完整的总体单位表往往是非常困难的，在很多情况下不可能做得到。

②该方法要求事先对所有研究对象进行编码，当研究对象较多时，这一工作非常复杂，也不易做到。

③与其他随机抽样技术相比，该方法的精确度往往较低，标准差较大。

④该方法抽出的样本是否能代表目标总体仍值得商榷，当样本较小时尤其如此。

在实际工作中，我们也可以通过电话随机拨号功能、从电脑档案中挑选访问对象等方式来完成简单随机抽样。

（二）分层抽样

分层抽样是一种概率抽样，是指先将总体的单位按照某种特征分为相互排斥和尽举的子集，然后从每个组或子集中独立选择一个简单随机样本的方法。

全部元素所分入的子集称为层或分总体，同时，这个划分必须相互排斥且是尽举的。这意味着每个总体的元素必须分配给并且只能分配给一个层，在分配过程中，不能忽略任何一个总体元素。

选择分层抽样的原因有两个：一是分层抽样能产生更精确的样本统计量，或者说，相对于简单随机抽样，其抽样误差更小；二是分层抽样允许对感兴趣的特定集合的特征进行调查。这样，通过分层抽样，我们可以保证拥有不同特征的集团都具有充分的代表，这对于在具有小子集的总体中抽样是极其重要的。例如，假设一家钻石戒指的制造商想进行一项针对不同收入阶层的产品销售研究。除非采取特别措施，收入最高的阶层——仅占总人口数的3%——极有可能根本不会被代表，然而对于戒指的制造商来说，这个阶层可能是一个极其重要的顾客群。在市场营销中，感兴趣的总体的一个小子集经常能够解释大部分感兴趣的行为。因此，分层抽样是保证感兴趣的每个子集都得到充分代表的一种方法。

分层抽样在市场调查中被较多采用，是一种优良的随机调查组织形式。例如，调查人口可先按年龄、收入、职业、位置等标志将其划分为不同的阶层，然后按照要求在各个阶层中进行随机抽样。分层抽样实质上是科学分组和抽样原理的结合。

1.分层抽样的方法

分层抽样的方法一般有等比例分层抽样与非等比例分层抽样两种。

等比例分层抽样是指按各层（或各种类型）中的个体数量占总体数量的比例分配各层的样本数量，见图5-3。用公式表示为：

$$\frac{n_i}{n}=\frac{N_i}{N}$$

或

$$n_i=\frac{N_i}{N}n$$

式中：n为样本量；N为总体单位数；i为各组（层）单位数。

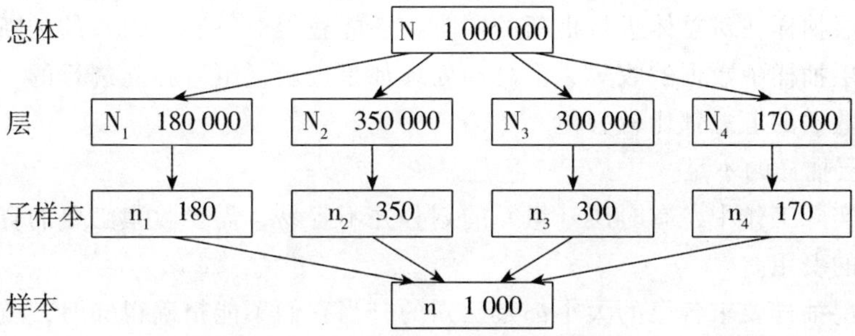

图5-3 等比例分层抽样示意图

【例5-5】某地共有居民（N）10 000户，按收入高低进行分类，其中，高收入居民（N_1）为2 000户，中等收入居民（N_2）为6 000户，低收入居民（N_3）为2 000户。从中抽选50户进行购买力调查，求各类型应抽取的样本个数。

解：高收入样本数目 $n_1=\frac{N_1}{N}n=2\ 000\div10\ 000\times50=10$（户）

中等收入样本数目 $n_2=\frac{N_2}{N}n=6\ 000\div10\ 000\times50=30$（户）

低收入样本数目 $n_3=\frac{N_3}{N}n=2\ 000\div10\ 000\times50=10$（户）

这种方法简单易行、分配合理、计算方便，适用于种类之间差异不大的分类抽样调查。如果各类之间差异过大，则不宜采用这种方法，而应采用非等比例分层抽样方法。

2.分层抽样的应用程序

①找出突出的与所研究的行为相关的人口统计特征和分类特征。例如，在研究某种产品的消费行为时，按照常理，男性和女性有不同的偏好。为了能将性别作为有意义的分层标志，调查人员一定能够拿出资料来证明男性和女性的消费水平明显不同。采用这种方式就可以识别出各种不同的显著特征。

②按照所选定的特征把总体各单位分成两个或两个以上相互独立的完全的层（组）。例如，按性别分为男性、女性两组；按收入分为高收入、中等收入、低收入

三组。至于分层（组）使用何种标志，我们一般根据常识来判断。例如，某企业要进行一次新产品的销售调查，要预测销售额，通常会按经济收入对调查人群进行分组，因为经济收入高的人群购买新产品的可能性比较大。

③在每个层（组）中进行简单随机抽样。分层（组）后，在一层（组）中保证每个总体单位都有被选的机会，在每个层（组）中独立进行简单随机抽样。

④各层（组）中抽出的子样本共同构成了调查样本。

3.分层抽样的优点

①分层抽样比简单随机抽样和系统抽样等方法更为精确，能够通过对较少抽样单位的调查，得到比较准确的推断结果，特别是当总体较大、内部结构复杂时，分层抽样常能取得令人满意的效果。

②分层抽样在对总体进行推断的同时，还能获得对每层（组）的推断。

③分层抽样中数据的收集、汇总和处理都是按层（组）独立进行的，因此调查的组织及数据的汇总都比较方便。

4.分层抽样的不足

①在实际工作中，有时层（组）的划分并不容易，需要收集必要的资料，从而耗费额外的费用。

②分层抽样要求各层的大小都是已知的，当它们不能精确得知时，就需要通过其他手段进行估计，这不仅增加了抽样设计的复杂性，而且会带来新的误差。

（三）系统抽样

系统抽样也称等距随机抽样，是指先将调查总体的不同个体按一定标志排列起来，然后按照一定顺序和一定间隔来抽取样本个体的方法。系统抽样经常作为简单随机抽样的替代方法使用。

设总体中有N个单元，按一定的顺序（随机的或按某种规律排列）编号为1、2、3……N，样本容量为n，先抽取一个或一组随机数字作为起始单元的编号，然后按一定的规则抽取其他单元，直到抽足n个单元为止。

1.系统抽样的方法

具体的系统抽样方法有直线等距抽样、循环等距抽样和对称等距抽样三种。

【例5-6】假设某开发区有3 000家高新技术企业，税务部门对其进行财务审计，采用等距抽样方法，抽样比为5%，试说明抽样方法和结果。

解：根据题意，N=3 000，抽样比为5%，于是样本容量为：

$n=3\ 000\times5\%=150$

抽样间隔为：

$$k=\frac{N}{n}=\frac{3\ 000}{150}=20$$

将3 000家高新技术企业按某个标志（如技工贸总收入）排序，在1～20之间随机取一个数，如取8，于是税务部门就可按照企业的排列顺序抽取第8家、第28

家、第48家……第2 988家企业进行财务审计。

【例5-7】某企业对产品的口味进行测试，需要运用等距抽样的方法从某校营销专业90名学生中抽选9名学生进行测试（见图5-4）。

1	2	3	4	5	6	7	8	9	10	11	12	13	14	15
16	17	18	19	20	21	22	23	24	25	26	27	28	29	30
31	32	33	34	35	36	37	38	39	40	41	42	43	44	45
46	47	48	49	50	51	52	53	54	55	56	57	58	59	60
61	62	63	64	65	66	67	68	69	70	71	72	73	74	75
76	77	78	79	80	81	82	83	84	85	86	87	88	89	90

↓

6　16　26　36　46　56　66　76　86

图5-4　等距抽样示意图

2.系统抽样的应用程序

①按一定的标志排列总体中的个体顺序。排列所依据的标志有两种：一种是按与调查项目无关的标志排列。例如，在进行住户调查时，可以选择住户所在街区的门牌号码排列。另一种是按与调查项目有关的标志排列。例如，在进行住户调查时，可按住户平均月收入排列，再进行抽选。总之，必须获得一份总体单位表，这一点与简单随机抽样是一样的。

②确定一个抽样间隔，并在此间隔的基础上选择样本单位，计算公式为：

抽样间隔=总体单位数（N）/样本单位数（n）

③确定起始抽号数，即抽样起点。可以采用简单随机抽样方法，从第一段距离中抽取一个个体，为简化工作并防止出现某种系统偏差，也可以从第一段距离的1/2外抽取第一个个体。

④按抽样间隔继续抽取余下的个体，直至抽够为止。

例如，某地区有零售店150户，采用系统抽样法抽选15户进行调查，可以将总体进行编号排列，即1～150号。

抽样间隔=N/n=150/15=10（户）

在第一个10户中用简单随机抽样方式抽取第一个样本个体，假设抽到的是9号，那么其后依次抽出的就是19号、29号、39号……149号。

3.系统抽样的优点

①简便易行，容易确定样本单元。其他概率抽样方法在抽取样本之前需要对总体进行单元编号，然后才能利用随机表等方法抽取样本。当总体单元很多时，编号与抽选都比较麻烦。而系统抽样所需要的只是总体单元的顺序排列，只要随机确定一个（或少数几个）起始单元，整个样本就自然确定，在某些场合下甚至可以不需要抽样框。

②能够保留原始记录，便于监督和检查。系统抽样不仅实施简单，容易为不熟悉抽样的非专业人员所掌握，而且因其较易保留抽样过程的原始记录，便于监督和检查，因此在一些大规模抽样调查中，如在多阶段抽样的最后一阶段或二阶段抽样中，经常采用系统抽样代替简单随机抽样。普查工作也可以配合使用系统抽样，美国、日本、印度等国都曾对普查资料进行系统抽样，然后再进行深入调查。

③样本单元在总体中分布比较均匀，有利于提高估计的精确度。如果调查人员对总的结构有一定的了解，就可以利用已有信息对总体单元进行排列，即按有关标志对总体单元排序，这样可以有效提高估计的精确度。

4.系统抽样的缺点

①如果单元的排列存在周期性的变化，而抽样者对此缺乏了解或缺乏处理的经验，那么抽取出的样本的代表性就很差。

②系统抽样的方差估计较为复杂。一般系统抽样没有设计无偏估计量，并且在很多实际应用中所采用的系统抽样都不是严格的概率抽样，这就给系统抽样的方差估计带来了很大的困难。

同步案例5-3 分层抽样的应用举例

随机抽样的方法主要有简单随机抽样、系统抽样和分层抽样三种。随机抽样已逐渐成为考查的重点和热点，因此理解三种抽样方法的有关概念和异同点显得尤为重要。

某初级中学有学生270人，其中一年级108人，二、三年级各81人，现在要利用抽样方法抽取10人参加某项调查，考虑选用简单随机抽样、分层抽样和系统抽样三种方案。使用简单随机抽样和分层抽样时，将学生按一、二、三年级依次统一编号为1、2、3……270；使用系统抽样时，将学生统一随机编号为1、2、3……270，并将整个编号依次分为10段。如果所抽号码有下列四种情况：

①7、34、61、88、115、142、169、196、223、250

②5、9、100、107、111、121、180、195、200、265

③11、38、65、92、119、146、173、200、227、254

④30、57、84、111、138、165、192、219、246、270

关于上述样本的下列结论中，正确的是（　　）。

A.②、③都不能为系统抽样B.②、④都不能为分层抽样

C.①、④都可能为系统抽样D.①、③都可能为分层抽样

解析：系统抽样的方法确定了抽到的样本的个体编号间隔是相同的；分层抽样的方法则按比例确定每层抽取个体的个数，故选D。

评注：本小题主要考查简单随机抽样、系统抽样、分层抽样的概念及操作。

资料来源　陈耀辉．分层抽样的应用三例［EB/OL］．［2009-07-11］．http：//60.28.209.218/UserLog/UserLogComment.aspx？UserlogID=236892.

问题：简单随机抽样、系统抽样、分层抽样三种抽样方法有什么异同？

分析提示：三种随机抽样方法的比较见表5-5。

表5-5　**三种随机抽样方法的比较**

类别	共同点	各自特点	相互联系	适用范围
简单随机抽样	抽样过程中每个个体被抽到的机会(概率)相等	从总体中逐个抽取		总体中的个体数较少
系统抽样		将总体分成几个部分，按事先确定的规则在各自部分抽取	在起始部分抽样时采用简单随机抽样	总体中的个体数较多
分层抽样		将总体分成几层，分层进行抽取	各层抽样时采用简单随机抽样或系统抽样	总体由差异明显的几部分组成

（四）整群抽样

1.整群抽样的方法

整群抽样是指将总体按某种方式划分为若干群，然后以群为抽取对象，随机抽取一部分群，对每个被抽中的群中所包含的单元进行调查。例如，欲对某校学生进行抽样调查，可以采用两种不同的抽样方法：一种方法是根据学生名录随机抽取学生，然后对被选中的学生进行调查；另一种方法不是直接抽选学生，而是随机抽取若干个学生宿舍（或班级），然后对住在该宿舍的所有学生进行调查。后一种方法就是整群抽样。由此可知，在整群抽样中，抽样单元与接受调查的基本单元是不同的。由若干个基本单元组成的集合称为群，调查时以群为抽样单元抽取样本，然后对样本中所包含的所有基本单元进行调查。

从方法上看，整群抽样是由一阶抽样向多阶抽样过渡的桥梁。在第一阶段的抽样中，如果抽出群单元后就对其中所有单元进行调查，是单阶整群抽样；如果抽出群单元后，在次级单元中进一步抽取子样本，是两阶段抽样；如果进一步在两阶段抽样的子样本中按更低一级的单元再抽子样本，是三阶段抽样；以此类推。如果最后一个阶段所抽出的单元是组成总体的基本单元，一般称为多阶段抽样；如果最后一个阶段所抽出的单元是群，则可称为多阶整群抽样。

2.整群抽样的特点

①抽样框编制得以简化。在实践中，有时构造抽样框是不可能的，因为没有相应的资料；有时虽然可以构造抽样框，但工作量极大。比较而言，构造群的抽样框则要容易、方便一些。所以，当由于缺少基本单位的名单而难以直接从总体中抽取所要调查的基本单位，但以由基本单位组成的群体（即组合单位）作为抽样单位却有现成的名单时，整群抽样就显得方便实用。

②实施调查便利，节省费用。总体基本单元分布过于分散，会给调查带来不便，并使调查费用增大，而整群抽样的调查单元分布相对集中，能节省大量时间和费用。如果群是以行政单位划分的，那么调查时得到行政单位的配合，更有助于调查的实施，可以得到较高质量的原始数据。

③在通常情况下抽样误差较大。因为抽取的样本单元比较集中，一个群内各单元之间的差异比较小，而不同群之间的差别比较大，这样每个单元所提供的信息价值就很有限，所以整群抽样的误差常常大于简单随机抽样的误差。但是由于整群抽样省时、省力，每个单元的平均调查费用较少，因此可以通过适当增大样本量的方法弥补抽样误差较大的缺陷。

④对于某些特殊结构的总体，采用整群抽样反而有较高的精确度。这种特殊结构的总体是指总体中各个群的结构相似，如一般家庭成员中都有男性、女性，如果估计男女性别比例，以家庭作为群，采用整群抽样，那么估计的精确度要比直接抽取个人进行估计的精确度高。

⑤采用整群抽样是抽样调查本身的需要。有些抽样调查，只有采用整群抽样才能说明问题。例如，要想估计普查后的抽样复查的差错率，可行的方法是对一定地理区域的抽样复查后的人口群体进行全面调查。类似的人口出生率、流动率等调查都需要采用整群抽样方法。

3.整群抽样与分层抽样的比较

虽然整群抽样和分层抽样都要将总体分为相互独立的、完整的子集，但是它们两者之间有着根本的区别：第一，分层抽样的样本是从每个子集中抽取的，而整群抽样只是对部分子集进行抽取，即要么整群被抽取，要么整群不被抽取；第二，分层抽样按照调查所关心的总体特征进行分层（组），而整群抽样往往按照总体单位自然形成的分组特征进行分群；第三，整群抽样的误差取决于群间差异，而不受群内单位之间差异的影响，这就要求由总体基本单位所形成的各个群尽量有相同或相近的群内结构，也就是说，要尽量把总体方差转化为群内方差、小群间方差，这与分层抽样的“层内差异尽量小，层间差异尽量大”的要求形成了鲜明对比。

4.不同随机抽样方法抽样误差的比较

整群抽样的误差≥简单随机抽样的误差≥系统抽样的误差≥分层抽样的误差。

同步案例5-4　对电视广告看法的调查

要调查一个小城镇的居民对电视广告的看法，考虑到不同收入的居民对电视广告的看法不同，设计一个抽样方案。已知中、低收入的居民共有1 000户，高收入的居民有20户，所有居民按照排列的顺序均有名录可以利用。现要求在中、低收入的居民这一层抽取100户，在高收入的居民这一层抽取6户，在各层内的各户有同样的概率被抽中。

资料来源　根据相关资料自编整理。

问题：何种抽样方法最适合调查小城镇居民对电视广告的看法？

分析提示：本例中调查小城镇居民对电视广告的看法，首先要考虑到不同收入的居民对电视广告的看法不同，这就需要保证拥有不同特征的总体都具有充分的代表。

二、非随机抽样

在非随机抽样条件下，总体中的每个单位不具有被平等抽取的机会。根据主观标准的确定和判断力不同，以及采用的具体方法、操作技巧等不同，非随机抽样可分为任意抽样、判断抽样、配额抽样和滚雪球抽样。

（一）任意抽样

任意抽样又称偶遇抽样，是根据调查者方便与否来抽取样本的一种抽样方法。组成样本的元素以“偶然”的方式进入——它们碰巧出现在收集研究所需信息的地方。任意抽样的例子在我们日常生活中随处可见。比如，当地的无线电台要求听众打进电话表达他们对某个有争议的问题的观点，表达出的意见被认为是普遍的态度。

对于任意抽样，其问题是调查人员无法知道选入的元素是否是目标总体的代表。例如，一家电视台在几年以前，每天对当地社区感兴趣的一个主题进行一次民意测验。这个民意测验名为“麦迪逊的脉冲”，以下述方式进行：每天18点钟播出新闻时，电视台将提出某个有争议的问题，人们对这个问题以“是”或“不是”来回答，赞成者拨一个电话号码，反对者拨另一个电话号码。每一个电话号码被拨打的次数会被自动记录。赞成者和反对者的百分比将在22点钟播出新闻时报告。每天晚上都有500～1 000人打电话表达他们的意见，电视台解说员似是而非地说这些结果反映了社区中真实的意见。在一次18点钟播出的新闻中，电视台解说员提出了下述问题：“你是否认为麦迪逊社区中允许喝酒的年龄应降低到18岁？”（当时的法定年龄是21岁）结果那一晚几乎有4 000人打入电话，并且78%的人选择降低年龄要求。很明显，在一个有18万人的社区中4 000人的看法“一定具有代表性”是错误的。可以想象，总体中的一部分人比其他人对这个问题更有兴趣，有些赞成者甚至会多次拨打赞成的号码，这个样本绝对没有代表性。

而且，增大样本容量也不能使它具有代表性，样本的代表性必须由抽样程序来保证。如果参与者是出于自愿或方便的原因而选择该样本元素，则该抽样计划不能保证样本的代表性。所以，描述性或因果性研究不推荐使用任意抽样。任意抽样可以用于重点是要产生构思和洞察的探测性设计，然而即使从这一方面来说，判断抽样似乎更好。

任意抽样是从便利的角度来考虑获取样本的。样本的选取主要由调查人员来决定。调查对象的选取常常是因为他们恰好在恰当的时间、恰当的地点出现。以下几种都是任意抽样的例子：当调查总体各单位之间差异不大时，在没有认定调查对象身份的商场进行拦截式访问；利用客户的名单（通过名片、往来信件等方式获得）进行调查；访问大街上的行人；将学生、社会组织的成员或工厂机关的职工作为调查对象；报纸、杂志上填好、寄回的调查。

任意抽样简便易行，能及时取得所需的信息资料，是所有抽样技术中花费最小的（包括经费和时间），一般用于非正式的探索性调查。尽管有这些优点，任意抽样还是有严重的缺陷的，许多可能的选择偏差都会存在，包括被调查者的自我选择。因此，任意抽样的样本不能代表任何定义的总体。

（二）判断抽样

判断抽样又称目的抽样，是凭借调查人员的主观意愿、经验和知识，从总体中选择具有典型代表性的样本作为调查对象的一种抽样方法。应用这种抽样方法的前提是，调查人员必须对总体的有关特征有相当深入的了解。

样本元素应精心挑选，以服务于研究目的。判断抽样的一个典型例子是每四年举行一次的美国总统选举，这时可对摇摆不定的社区进行深度分析。这些社区被认为是有代表性的，因为在以前的选举中，当地的获胜者就是下一届总统。这样，通过监视这些关键社区，选举分析者能够提供对于最终获胜者的最初预测。虽然近年来选举分析变得越来越复杂，但代表性社区的判断样本仍然在使用。

如上面所提到的，判断抽样的关键特征是有目的地选择总体元素。在一些情况下，样本元素得到选择不是因为它们有代表性，而是因为它们能向市场研究人员提供所需的信息。判断抽样在探测性设计中得到普遍运用，在寻求构思和进行观察时，研究人员的兴趣不在于对意见进行全面抽样，而在于对那些能提供有关研究问题的某种观点的人进行抽样。

只要研究人员还处于寻求构思和观察这种市场研究的早期阶段，并且研究人员已经认识到判断抽样的局限性，判断抽样就可以是富有成效的。然而，当判断抽样应用于描述性或因果性研究时，它的弱点很容易被遗忘。美国的消费者价格指数（CPI）对于这一点提供了一个经典例子。CPI仅限于使用判断抽样，并且在某种程度上是处于政治压力下选择的56个城市。事实上，这些城市只能代表它们自己，尽管大多数人相信这个指数反映了美国所有地区的价格。即使在这些城市内，零售点的选择也是判断性的，所以样本偏倚的大小也是未知的。

运用判断抽样选取样本单位一般有两种方法：一种方法是选择最能代表普遍情

况的调查对象，常以“平均型”或“多数型”为标准。“平均型”是在调查总体中具有代表性的平均水平的单位，“多数型”是在调查总体中占多数的单位。调查人员应尽量避免选择“极端型”，当然也不能一概而论，在有些情况下也可以选择“极端型”，其目的是研究造成异常的原因。另一种方法是利用调查总体的全面统计资料，按照一定的标准，主观选取样本。判断抽样在样本量小及样本不易分门别类挑选时具有较大的优越性，但由于其精确度依赖于调查人员对调查对象的了解程度、判断水平和对结果的解释情况，因此判断抽样结果的客观性常受到人们的怀疑。

（三）配额抽样

配额抽样是非随机抽样中最流行的一种。配额抽样类似随机抽样中的分层抽样，它也是首先将总体中的所有单位按一定的标志分为若干类（组），然后在每个类（组）中用任意抽样或判断抽样的方法选取样本单位。所不同的是，配额抽样不遵循分层抽样中的随机性原则，而是主观确定分配比例。采用配额抽样时，首先要对总体中的所有单位按其属性、特征分为若干类型，这些属性、特征称为“控制特征”，如被调查者的姓名、年龄、收入、职业、文化程度等；然后，按照各个控制特征分配样本数额。配额抽样简单易行，可以保证总体的各个类别都能包括在所抽取的样本之中，故与其他几种非随机抽样方法相比，其样本具有较高的代表性。

1.配额抽样的分类

按照配额的要求不同，配额抽样可分为独立控制配额抽样和交叉控制配额抽样两种。

（1）独立控制配额抽样

独立控制配额抽样是指根据调查总体的不同特性，对具有某个特性的调查样本分别规定单独分配数额，而不规定必须同时具有两种或两种以上特性的样本数额。因此，调查人员有比较大的自由去选择总体中的样本。这种方法的优点是简单易行，调查人员的选择余地较大；缺点是调查人员可能图一时方便，选择样本过于偏向某一组别，从而影响了样本的代表性。

（2）交叉控制配额抽样

交叉控制配额抽样是指对调查对象的各个特性的样本数额进行交叉分配，并对每一个控制特性所需分配的样本数都做具体规定，调查人员必须按规定在总体中抽取调查单位。由于调查面较广，因此这种方法克服了独立控制配额抽样的缺点，提高了样本的代表性。

假设研究人员的兴趣在于从本科生群体中抽取一个能反映年级和性别构成的样本。进一步设想共有10 000名本科生，其中，大一学生3 200人，大二学生2 600人，大三学生2 200人，大四学生2 000人；其中，7 000人是男生，3 000人是女生。研究人员通过给每一名调查人员一个配额来达到这些要求，这个配额规定了调查人员必须从下列人员中发现和收集数据：

6名大一学生——5名男生和1名女生；
6名大二学生——4名男生和2名女生；
4名大三学生——3名男生和1名女生；
4名大四学生——2名男生和2名女生。

需要注意的是，具体使用哪些样本元素在研究计划中并无规定，调查人员可自行决定。调查人员将决定受到访问的具体学生的选择，唯一的要求是遵循已建立的配额，如访问5名大一男生、1名大一女生等。此外，调查人员的配额准确反映了学生总体中的性别构成，调查人员面对的受访者中70%（20人中的14人）是男生，30%（20人中的6人）是女生。

下面，我们通过计算概率的大小来检验一下一个曾在几本教科书中出现的例子，看看其存在的主要问题。这个例子是对消费者进行调查，采用配额抽样确定样本，设有性别、收入、年龄三个控制特征。按性别分，男性占45%，女性占55%；按收入分，高收入阶层、中等收入阶层和低收入阶层所占比例分别为10%、20%和70%；按年龄分，青年、壮年、中年和老年人所占比例分别为20%、30%、35%和15%。共抽取20个样本，样本数额分配见表5-6。

表5-6　**年龄、性别、收入的交叉控制表**　单位：人

收入层次	高收入阶层		中等收入阶层		低收入阶层		合计
性别	男	女	男	女	男	女	
青年	1	0	0	1	1	1	4
壮年	0	1	0	1	3	1	6
中年	0	0	1	1	2	3	7
老年	0	0	0	0	1	2	3
小计	1	1	1	3	7	7	
合计	2		4		14		20

表5-6是通过心算、经过反复平衡后完成的。从表面上看，无论是性别、年龄还是收入层次，三个控制特性似乎都很好兼顾到了。但是，在样本数额分配上却存在着很大的偏差，与概率大小相背离的偏差。例如，按收入层次分，高收入层有2个样本，应优先分给概率大和较大的壮年女性和中年女性各1个样本，但是该例中却将1个样本分给了概率值极低的青年男性。又如，按性别分，男性样本9人，样本配额应根据概率大小按顺序分配，分配顺序依次是：低收入壮年、低收入中年、低收入青年、低收入老年、中等收入壮年、中等收入中年、中等收入青年、中等收入老年、高收入壮年、高收入中年、高收入青年和高收入老年。但是在该例中，中等收入壮年、中等收入青年和中等收入老年等概率值较大者均未分得样本，而概率值非常小的高收入青年却分得样本。总之，该例中样本数额的分配没有按照概率大

小来进行，因而会严重影响样本的代表性，进而影响抽样调查的结果。

在该例中，另一个明显的问题是样本总额的规定。如何确定20个样本就是必要的、最低限度的样本数目？根据是什么？正如我们在表5-6中看到的那样，体现交叉控制特征的许多格是空的，没有样本，这说明许多控制特征形同虚设，同时也说明20个样本不足以代表总体。那么，多少个样本才能较好地代表总体，同时又使调查可行呢？以往的教科书都没有提供答案。

鉴于配额抽样的重要性和实施中存在的诸多问题，下面我们将对配额抽样重新进行设计并探讨样本配额的计算模型。

2.配额计算模型

配额抽样中上述问题的解决有赖于崭新的配额计算模型的建立。建立配额计算模型应该按如下步骤进行：

第一步，选定控制特征。调查目的、主题和总体中各单位的差异情况是选定控制特征的主要依据。例如，某市商业部门调查零售商店的效益状况，就可选定行业类别、所有制性质和商店规模为三个控制特征。又如，某城市进行商业网点销售状况调查，可确定商业网点所处地域、商业网点性质和规模为其控制特征。

第二步，确定调查总体中各控制特征的比例，列出独立控制分层比例表。分层比例的确定主要依据现有的人口统计资料来进行。例如，针对第一步中的第二个例子，建立独立控制分层比例（见表5-7）。

表5-7　**独立控制分层比例表**

地域	比例	规模	比例	性质	比例
中心区	42.5%	大型	5%	批发	10%
中间区	42.5%	中型	50%	零售	90%
边缘区	15%	小型	45%		
合　计	100%	合　计	100%	合　计	100%

第三步，设计交叉控制的配额计算模型。设样本总数为X，区域分层比例为A_i，规模分层比例为B_j，性质分层比例为C_k，则可以建立配额计算模型如下：

$$\mathrm{Min}\{A_i \cdot B_j \cdot C_k \cdot X\}=1$$

从独立控制分层比例表中不难看出，处在城市边缘区的企业、大型企业、批发企业分别是地域、规模和性质三个控制特征分层比例表中占比最小的，其乘积当然也最小。

将上述各最小比例代入配额计算模型中：

$$15\% \times 5\% \times 10\% \times X=1$$

得到：

$$X=1\ 333$$

样本总数确定后，由三个特性联合控制的各种类型的样本配额也可以计算出来，从而完成了交叉控制样本配额的计算。

第四步，根据调查时间、费用和方便性的要求，修正和调整样本总数与配额。上一步骤的计算结果可能存在两个问题：一是各类样本的配额并不总是整数，但是所抽取的样本只能以一个完整的企业为单位，而不可能是1.33个或2.44个企业，所以在计算结束后，要对各类样本的非整数值进行调整和处理。处理原则不是简单地四舍五入，而应考虑各控制特征的重要性、样本的代表性以及调查的可能性等因素。二是根据配额计算模型计算出来的样本总数可能太大。上例中该城市各类商业网点共计2 000个，我们根据计算模型确定的样本总数为1 333个，这个样本数量显然比较大了。配额计算模型是确定必要的、最低限度的样本数量的一个理论模型，该模型计算出的必要的、最低限度的样本数量是以交叉控制表中没有空格并且最小配额是1为前提的。因为这个计算模型追求样本的完整性和代表性，所以计算所得样本总数必然较大。当样本总数大到没有足够时间和金钱去开展这项调查时，样本设计者必须根据时间和金钱的要求按一定步骤将样本总数和配额缩小，直到满足调查需要为止。对上例而言，1 333个样本可能太大，那么退一步，在代表性方面做出一点牺牲，放弃从处于城市边缘区的大型批发企业中选取1个样本的考虑，找出三个特征分层比例乘积次小的一类样本，重新计算样本总数。三个控制特征分层比例乘积次小的一类样本是处于城市中心区和中间区的大型批发企业，将其比例代入公式，即：

$$42.5\% \times 5\% \times 10\% \times X=1$$

得到：

$$X=470$$

如果设计者觉得这个样本总数仍然很大，则可以按照上述原则找出三个特征分层比例乘积第三小的一类样本，重新计算样本总数。

第五步，按照修正后的样本总数和交叉控制配额抽取样本，实施调查。

配额抽样对于样本元素的选择仍然依赖于个人的主观判断，而不是客观程序。即使配额样本在每一个控制特征上都准确反映了总体，还是存在一个配额样本是否能真正具有代表性的问题。

（四）滚雪球抽样

滚雪球抽样是以“滚雪球”的方式抽取样本，即通过少量样本单位获取更多样本单位的信息。运用这种方法的前提是总体样本单位之间具有一定的联系，是在不甚了解总体的情况下对总体或部分单位的情况进行把握。

滚雪球抽样的基本步骤为：首先，找出少数样本单位；其次，通过这些样本单位了解更多的样本单位；再次，通过更多的样本单位了解更多、更多的样本单位；以此类推，如同滚雪球，使调查结果越来越接近总体。

滚雪球抽样的优点是便于有针对性地找到被调查人员，而不至于“大海捞针”。其局限性是样本单位之间必须有一定的联系并且愿意保持和提供这种联系，否则就会影响这种调查方法的效果。

项目小结

1．抽样调查是指按照一定的程序，从调查总体中抽选出一部分单位作为样本，对样本进行分析或观察，并根据样本统计量估计总体情况的一种调查活动，也称为抽查。抽样调查应用科学的方法，在总体中抽取有代表性的调查对象进行调查，既克服了普查组织困难、费用高、时间长的缺点，也克服了重点调查、典型调查等传统调查方法主观随意性、样本代表性不强等弱点，是一种比较科学和客观的调查方法。

2．抽样方法主要有两种，即随机抽样和非随机抽样。其中，随机抽样包括简单随机抽样（抽签法和随机数表法）、分层抽样、系统抽样、整群抽样；非随机抽样包括任意抽样、判断抽样、配额抽样（独立控制配额抽样和交叉控制配额抽样）、滚雪球抽样。

3．抽样调查是以样本代表总体，以样本综合指标代替总体综合指标，在利用总体的部分资料推算总体时，不论样本选取多么公正、设计多么完善，样本都只是一部分单位而不是所有单位，产生误差是无法避免的。

主要概念

抽样调查　样本框　抽样误差　随机抽样　非随机抽样　简单随机抽样　分层抽样　系统抽样　整群抽样　任意抽样　判断抽样　配额抽样　滚雪球抽样

基本训练

（一）填空题

1．（　　）简称样本，是从全及总体中（　　）抽取出来，代表全及总体部分单位的集合体。

2．系统抽样也称（　　）抽样，是指先将调查总体的各个体按一定标志（　　）起来，然后按照（　　）抽取样本个体的方法，它经常作为简单随机抽样的替代方法使用。

3．按照配额的要求不同，配额抽样可分为（　　）和（　　）两种。

4．抽样误差既是一种（　　），也是一种（　　）。

5．滚雪球抽样是以“（　　）”的方式抽取样本，即通过（　　）样本单位以获取更多样本单位的信息。运用这种方法的前提是总体样本单位之间具有（　　）。

（二）选择题

1．抽样调查的特征包括（　　）。

A．易推广　　　　B．质量高

C.可信度好

D.时间较长

2.事先将总体各单位按某一标志排列，然后依固定顺序和间隔来抽选调查单位的抽样方式叫（　　）。

A.分层抽样

B.简单随机抽样

C.整群抽样

D.系统抽样

3.抽样误差是指（　　）。

A.计算过程中产生的误差

B.随机性的代表性误差

C.调查中产生的系统性误差

D.调查中产生的登记性误差

4.通常所说的大样本是指样本容量（　　）。

A.小于10

B.不大于10

C.小于30

D.不大于30

5.“街头拦人法”属于（ ）方法。

A.简单随机抽样

B.非随机抽样

C.任意抽样

D.判断抽样

（三）简答题

1.什么是抽样误差？它有哪些特点？

2.试比较四种随机抽样方法的优缺点。

3.影响抽样误差大小的因素有哪些？

4.简述设计样本的步骤。

5.阐述非随机抽样的优缺点。

（四）案例分析

“海归”就业情况调查

近年来，回国发展的海归人数激增，但海归们的就业情况如何？薪资待遇怎样呢？在武汉举行的一场国际留学展上，由教育部认定的留学服务专业机构——启德教育集团，以全国7 000余名各行各业的海归为样本，推出了《海归就业力调查报告》。

一、民企成为吸纳海归的主力军

调查显示，身居要职且拿高薪的海归并不多，起薪一般为3 000元，薪金在3 000~10 000元的占71%。其中，58%的受访者是普通员工；月薪上万元的占15%，一般担任的是主管、经理职务；仅有6%左右的受访者是企业主、合伙人或公司CEO等高管。

外资及合资企业是海归们的首选，国有大中型企业以及公务员职务对他们也有很大吸引力。民营企业正成为吸纳海归人才的主力军，多达46%的海归在民企找到了职业发展的平台。

另有部分海归选择自主创业，大多数成功创业者集中在高科技领域，占70%以上，这说明海归在高科技领域里创业独具优势。

二、近六成海归学的是经济、管理专业

调查显示，59%的海归留学时选择的专业是经济、管理类，这一直是中国学生热衷的专业。启德教育专家詹晶明指出，有些专业容易受经济形势的影响，选择时不要盲从。比如一度银行业发展态势良好，国内曾掀起过学金融热，但现在这类海归人才很多，局部地区出现了僧多粥少的情况，就业前景明显看淡。

詹晶明也指出，不少留学生选择了一些在国内看来较新的专业，但是由于国内行业与国外专业教育之间存在暂时脱节的现象，他们回国后可能一时找不到对口的工作。本次调查就显示，在所学专业与工作岗位匹配度的选择上，15%的海归表示完全不相关。

三、"大海归"占据职场金字塔顶端

调查中，超过半数的海归有在海外1～3年的工作经验，或是在出国前曾有3～5年的工作经历，这部分人被称为"大海归"；另有近一半海归没有相关工作经验，学成即归国，甚至在国内也未工作过，这部分人被称为"小海归"。"大海归"或者是在国外留学多年，同时具有国外工作经验，往往具有很强的专业能力和良好的知识结构；或者是一些职场人士选择在国内工作一段时间后出国充电，攻读硕士以上学位。这类海归在就业市场上极具竞争力，占据了职场金字塔的顶端，不仅是国内急需的人才，也是国外企业争夺的对象。调查结果印证，月薪在10 000～30 000元甚至在30 000元以上的受访人群，确实是实至名归的"大海归"。

"小海归"虽然在语言及跨文化背景的知识结构上有一定优势，但是由于缺乏工作经验，因此在就业市场上的竞争力与国内应届毕业生类似。在本次调查中，43%的受访者的薪金为3 000～5 000元，属于"小海归"之列，但是对"小海归"而言，不能只看目前的薪金表现，因为他们的工作经验正在慢慢积累之中，只要在职场中找准位置，他们将具有很强的后发优势。

四、80后海归职场适应能力有待提高

调查发现，"大海归"目标明确、准备充分，一般回国就能获得理想的发展，"小海归"却要应对国内就业压力的考验，在职场中还将面临层层关卡，如人际关系适应、企业文化适应、工作满意度等。在此次调查中，66%的受访者认为留学经历对职业发展很有帮助，但是也有29%的海归感到，他们与具有海外留学经历的同事更容易沟通，平时在人际关系和沟通交流方面有所欠缺。而在对企业文化和氛围的适应方面，只有34%的海归表示完全认同本企业的文化。

在本次调查中，受访者大部分是80后。专家表示，这也代表了新一代海归的特点——有想法、有主见，但是在面对社会时，独立处理复杂问题的能力还有待提高。不过，80后海归拥有良好的外语应用能力，有着国际化视野和国际人脉，拥有和不同文化背景人士沟通的能力和更强的创新精神，由于留学经历开阔了视野、储备了知识能量，他们对于自己的职业发展一般都能高瞻远瞩、胸怀大志。

资料来源　高家龙.《海归就业力调查报告》出炉 近一半选择民营企业[EB/OL].[2011-

10-17]. http://news.cnhubei.com/ctdsb/ctdsbsgk/ctdsb16/201110/t1857047.shtml.

问题：

1. 本案例的目标总体是什么？抽样框是什么？

2. 在确定目标总体和抽样框的过程中存在哪些问题？

单元实训

【实训情境设计】

在项目二的“单元实训”中，我们已经完成了对“脑白金”广告宣传方式的调查方案设计，请同学们结合该案例，设计一个抽样调查方案。

【实训任务要求】

1. 以小组为单位进行实训。将学生分成若干小组，每组5~7人，小组成员分工合作。

2. 抽样调查方案的内容包括调查背景资料、抽样调查的目的、抽样方法的确定、样本容量的确定、抽样调查的程序、误差产生的原因预测、弥补误差的方法等。

3. 各项目小组向全班汇报实训结果，教师进行点评。

4. 每位同学都要完成课程实训总结、撰写实训报告，在此基础上综合评出个人的成绩。

【实训提示】

1. 这项实训活动应在校内进行。

2. 事先将全班学生分成几个小组，并确定小组长。

3. 设计的调查方案要完整，不能有遗漏。

【实训效果评价】

小组成员共同评出组员个人实训态度成绩，教师和各小组组长共同评出组员个人实训表现成绩（见表5-8），教师评出小组实训报告成绩（见表5-9），并在此基础上给出个人最终成绩。

表5-8 **组员个人实训过程评价表**

小组成员姓名	态度（满分为100分）	表现（满分为100分）	
		操作（50%）	技能（50%）

注：各项考评满分分别为100分，60分以下为不及格，60~69分为及格，70~79分为中等，80~89分为良好，90分以上为优秀。

表 5-9　　　　　　　　　　　　　　**小组实训报告评价表**

评价内容	分值(分)	评分(分)
抽样调查方案体现的调查目的与要求	20	
抽样调查方案的可操作性	30	
抽样调查方案的科学性与完整性	10	
抽样调查方案的质量与效果	40	
总分	100	

注：考评满分为100分，60分以下为不及格，60～69分为及格，70～79分为中等，80～89分为良好，90分及以上为优秀。

个人最终成绩=个人实训态度成绩×20%+个人实训表现成绩×50%+小组实训报告成绩×30%

项目六　市场调查数据的整理与分析

学习目标

通过本项目的学习，达到以下目标：

理论目标：了解市场调查数据整理的意义；熟悉市场调查数据整理的步骤和方法；掌握市场调查数据分析的方法。

实训目标：能熟练应用市场调查数据整理的方法；能熟练应用市场调查数据分析的方法。

引例

半数中国人已经接入互联网

2016年1月22日，中国互联网络信息中心（CNNIC）在北京发布了《第37次中国互联网络发展状况统计报告》（以下简称《报告》）。

《报告》显示，截至2015年12月底，中国网民规模达6.88亿，全年共计新增网民3 951万人，增长率为6.1%；中国互联网普及率为50.3%，较2014年年底提升了2.4个百分点；中国手机网民规模达6.20亿，较2014年年底增加6 303万人，网民中使用手机上网人群占比由2014年的85.8%提升至90.1%。

《报告》分析，半数中国人已经接入互联网，网民规模增速有所提升，网民个人上网设备进一步向手机端集中。

资料来源　中国互联网络信息中心. 中国互联网络发展状况统计报告［EB/OL］.［2016-01-22］. http://www.cnnic.net.cn/hlwfzyj/hlwxzbg/201601/P020160122469130059846.pdf.

问题：从市场调查数据资料中，我们可以发现哪些问题？

分析提示：市场调查离不开必要的数据资料，在市场调查中所获得的直接和间接的信息资料需要用一定的程序、科学的方法去整理，从而找到有用的、所需的资料。

任务一　市场调查数据的整理

市场调查数据的整理是调查结果分析的基础。通常情况下，调查所得的原始资料难以被直接利用，必须经过整理，才能保证资料的真实、准确和完整。

一、市场调查数据整理的意义及原则

市场调查数据整理是指运用科学方法，对调查所得的各种原始资料进行审核、检验、分类、汇总等初步加工，使之系统化和条理化，并以集中、简明的方式反映调查对象总体的情况。

（一）市场调查数据整理的意义

1.它是提高调查数据质量和使用价值的必要步骤

运用各种方法从各个渠道调查得来的资料，往往是分散的、零乱的，会大大降低调查资料的质量和使用价值。除了在调查阶段组织调查人员就地自检、互检和抽查之外，还必须在研究开始时进行一次全面检查和整理，以区分资料的真假和粗劣，消除资料中的假、错、缺等现象，保证资料的真实、准确和完整。市场调查数据的整理有利于提高调查数据的质量，是对市场调查工作质量的全面检查和进一步深化。

2.它是对市场调查数据进行科学分析的基础

研究阶段的任务在于获得正确的结论，而正确的结论来源于科学的统计分析和思维加工，科学的统计分析和思维加工又有赖于调查资料的真实、准确、完整和统一。因此，在开展研究工作之前，一定要认真鉴别、整理调查数据，坚决修正或淘汰一切不合格的资料，这有利于进一步的分析和研究。市场调查数据的整理也是分析工作的开始。

3.它是积累、保存资料的客观需要

通过市场调查得到的数据耗费了大量的财力和物力，每次市场调查后都应认真整理调查的原始资料，以便于长期保存和研究。实践证明，一份真实、完整的原始资料往往具有长久的研究价值，并且随着时间的推移，其价值会越来越大。用文字或表格形式保存起来的历史数据，对研究市场具有重要意义。

总之，如果说调查阶段是认识的感性阶段，研究阶段是认识的理性阶段的话，那么，整理数据则是从调查阶段过渡到研究阶段、由感性认识上升到理性认识的一个必经的中间环节。

（二）市场调查数据整理的原则

1.真实性

整理后的数据必须是确实发生过的客观事实，不能弄虚作假、主观杜撰。如果整理出来的数据不真实，就比没有调查数据还危险。因此，真实性是整理数据最根本的要求。

2.准确性

整理后的数据要准确，不能含混不清、笼统矛盾，否则就不可能得出科学的结论。

3.完整性

整理反映某一现象的资料，应尽可能全面、完整，避免以偏概全。

4.统一性

整理后的数据对各个调查指标要有统一的解释，对调查指标的各项数值，其计算方法、计量单位也要统一。

5.简明性

整理后的数据要尽可能简单、明确，并使它系统化、条理化，以集中的方式反映调查对象总体的情况。

6.新颖性

在整理数据时，要尽可能从新的角度来审视数据、组合数据，从而为创造性研究打下基础。

总之，整理后的数据应力求真实、准确、完整、统一和简明，并尽可能做到新颖。只有在这样的调查数据的基础上，才能得出科学的调查结论。

二、市场调查数据整理的步骤

通过市场调查收集到的数据，一般可分为文字资料和数字资料，此外还可能有一些实物资料和视听资料。这要求应有相应素质的人，在相应的条件下，对数据进行整理。这里的数据整理主要是指对文字资料和数字资料的整理。一般整理工作可分以下几个步骤：

（一）设计和编制数据的汇总方案

汇总方案主要包括三方面的内容：

①一套综合表，包括一系列分类（或分组）所构成的分类（或分组）体系。

②填表说明，包括汇总的范围、程序、分类（或分组）方法、指标解释和计算方法。

③分类（或分组）目标。

设计和编制数据的汇总方案是市场调查数据整理工作顺利进行的保证。

（二）对数据进行审核

数据的审核既包括对原始资料的审核，也包括对次级资料，如历史资料或其他已经加工过的资料的审核。审核是整理的一个重要步骤，是分析工作顺利进行的前提。

（三）对数据进行科学分类（或分组）

对数据的分类（或分组）包括确定分类（或分组）的标志、分类（或分组）的具体方法、分布数列的编制等。

（四）对分类（或分组）后的数据进行汇编或汇总

汇编或汇总包括一系列的编辑和运算过程。

（五）对数据整理结果的显示

数据的整理结果一般以汇编资料或统计表的形式显示。

三、调查数据整理的方法

（一）文字资料的整理

市场调查中的文字资料是指定性资料，一般包括文献调查资料，观察、访谈记录，总结、汇报材料，问卷答案等。整理文字资料的一般程序是审核、分类和汇编。

1.文字资料的审核

所谓审核，就是对调查到的原始资料进行审查和核实。文字资料的审核应主要检查核实资料的可靠性和合格性。

（1）文字资料的可靠性审核

文字资料的可靠性审核是指通过细究和考察以判明调查所得的文件、观察和访问记录等文字资料本身的真伪，也称可信度审核、真实性审查。文字资料的可靠性审核一般采用两种方法：一是外观审核，即从作者、编者、出版者、版本、印刷技术、纸张等外在情况来判断资料的真伪；二是内涵审核，即从文献的内容、写作词汇、概念、技巧和风格等内在情况来判断资料的真伪。

文字资料的可靠性审核一般可采用三种方法：

①根据以往的实践经验来判断文字资料的可靠性。如果发现文字资料中有明显违反实践经验的内容，就应重新进行调查或核实。

②根据文字资料的内在逻辑来检查资料的可靠性。如果发现有违背事物发展规律的内容，就应剔除或进行补充调查。

③从文字资料的来源进行判断，如根据提供资料者与事件的利害关系、个人倾向与动机来分析资料夸大或缩小的成分。一般来讲，当事人反映的情况比局外人反映的情况可靠性大一些，有文字记录在案的资料比人们口传的资料可靠性大一些，政治经济稳定时期的资料比不稳定时期的资料可靠性大一些。

（2）文字资料的合格性审核

文字资料的合格性审核主要是检查核实文字资料是否符合原设计的要求，能否反映调查的目的。如果存在对调查指标理解错误、计算公式不正确、计量单位不统一，或者回答不完整、不符合要求，甚至答非所问等情况，都应将其列入不合格的调查资料。对于不真实或不合格的文字资料，一般应进行补充调查，使之成为真实的、合格的调查资料；在无法进行补充调查时，应坚决剔除、弃之不用，以免影响整个调查资料的真实性和科学性。

2.文字资料的分类

文字资料的分类是指根据资料的性质、内容或特征，把相异的资料挑出来，把相同或相近的资料归为一类的过程。分类是否正确，取决于分类标准是否选择得当和科学。分类标准的选择必须以科学理论为指导，以客观事实为依据，这样才能对调查有指导意义。

调查资料的分类方法包括前分类法和后分类法。前分类法就是在设计调查提纲、调查表格或调查问卷时，按事物的不同性质分门别类地设计调查项目，然后按分类指标收集资料，这样调查到的原始资料已经是分类资料了。后分类法是先将资料收集起来，然后根据资料的性质、内容和特征分门别类，重新整理。连续性调查一般使用前分类法，而对于一些文献资料、访谈调查、问卷调查中的开放性问题，则因无法事先知道其分类标准，所以只能采用后分类法。

无论是采用前分类法还是后分类法，调查人员都必须掌握以下两条基本原则，即互斥性原则和完备性原则。所谓互斥性原则，是指同一条资料只能归于一类，而不能既属于这一类别，又属于那一类别，即不能在不同类别中重复出现。所谓完备性原则，是指每一条资料都要有所归属，分类的结果必须把全部资料包括进去，没有遗漏。分类的结果如果违背了这两条原则，就不能算是科学的分类。

3.文字资料的汇编

文字资料的汇编是指按调查目的和要求，对分类后的资料进行汇总和编辑，使之成为能反映调查对象客观情况的系统的、完整的、简明的材料。

对分类资料进行汇编，首先应根据调查目的和要求以及调查对象的客观情况，确定合理的逻辑结构，使汇编后的资料既能反映调查对象的真实情况，又能说明调查目的。其次，应对分类资料进行初加工，如给各种资料加上标题、符号，编上序号等。文字资料汇编后应达到以下两条标准：

①完整和系统，即所有可用的资料经汇编后应层次分明，有条有理，能系统反映被调查对象的全貌。

②简明和集中，即尽可能地使汇编资料的文字简单明了、清晰集中。

（二）数字资料的整理

市场调查中的数字资料是指定量资料，一般包括各种调查取得的数字资料、各种报表资料以及历史文献中的数字资料。这些资料是调查研究中定量分析的依据。整理数字资料的一般程序包括：整理方案的设计，数字资料的审核、分组、汇总，制作统计表或统计图等。

1.整理方案的设计

整理方案就是根据市场调查的目的和分析的要求对原始资料进行汇总的计划和安排，也称汇总方案。整理方案的设计应包括整个汇总工作的全部组织及计划安排，如汇总工作的组织领导，各有关部门的配合、协调及责任分配，汇总资料的具体时间安排、组织形式和方法，需汇总的指标和分组，汇总资料的报送程序及发送的方式。

2.数字资料的审核

数字资料的审核是指对市场调查得到的数字资料进行审查、核实和订正。数字资料的审核包括汇总前和汇总后两个环节。汇总前的审核是在正式进行汇总之前对数字资料进行的审查、核实，其内容主要有三个方面：一是数字资料的完整性审核，无遗漏的单位、表格、指标和相关内容。二是数字资料的真实性和准确性审核。在确认可靠性的基础上，要求数字资料符合事实，既无遗漏，又无重复，且数字准确。三是数字资料的及时性审核。市场调查具有很强的时效性，数字资料应及时反映当时的客观事实。汇总后的审核是在正式汇总后对数字资料进行的审查、核实，其主要内容是检查汇总工作的质量。

3.数字资料的分组

数字资料的分组是指根据研究分析任务的需要，把调查总体的数量特征按照一定的标志区分为若干个组成部分的方法。分组同时具有两个方面的含义：对调查总体来讲是“分”，即将总体分成具有不同性质的若干个部分；对调查的个别单位来讲是“合”，即将性质相似的个体结合在一起，成为一个部分。从分析的角度来看，分组可以说是对调查总体内部进行的一种定性分类，它是整理的关键环节，是认识深化的必要前提。

分组的实质在于可以把一个较大范围的同质总体分为若干个较小范围的同质小总体。所以分组的根本作用在于将市场现象总体按照调查分析的要求区分为性质相异的若干部分，以便进一步分析研究。分组具体有以下三个方面的作用：

①区分事物的质。

②观察总体的构成，以便在此基础上分析总体的结构和比例。

③观察有联系的市场调查现象在数量上的依存关系，以便在此基础上分析量的变动规律性。

（1）分组标志及其选择

①分组标志是说明总体地位特征的名称，分为品质标志和数量标志。品质标志表示事物的特征，是不能用数值直接表示的，如人的性别、民族等。数量标志表示事物的特征，是可以用数值直接表示的，如人的年龄、收入等。分组标志就是分组的依据或标准。分组标志一经选定，各种性质界限和数量界限也就确定了。

②分组标志选择的原则。分组标志选择的原则是既要考虑分组的实用性、现实性，也要考虑分组的科学性。具体原则如下：一是必须选择那些能反映社会经济现象本质和内在联系的标志为分组标志；二是必须根据市场调查研究的目的和任务来选择分组标志，不能随意主观确定；三是分组标志的选择应具有现实意义，以保证其现实性。

（2）分组的方法

①按品质标志分组，即选择反映事物性质、差异的品质标志为分组标志，并在品质标志的变异范围内划定各组的界限，把总体划分为性质不同的若干个组。

②按数量标志分组，即选择反映事物数量差异的数量标志为分组标志，并在数

量标志的变异范围内划定各组的界限，把总体划分为性质不同的若干个组。

（3）分组的体系

①简单分组和平行分组体系。对总体品质或数量特征仅按一个分组标志进行分组，就是简单分组；对同一个总体选择两个以上标志分别进行简单分组，就是平行分组体系。其特点是每种分组只能按一种因素进行，各种分组标志互不包含，是平行的。

②复合分组和复合分组体系。对总体品质或数量特征同时按两种或两种以上分组标志进行层叠分组，就是复合分组；复合分组形成复合分组体系。其特点是各种分组同时进行，所以在选择分组标志时，应根据研究的需要确定分组标志的主次顺序，不宜层叠太多。

（4）次数分布

次数分布是在分组的基础上，将总体的数字资料进行分组整理，形成总体中各单位数在各组间的分布。次数分布数列可以分为属性分布数列和变量分布数列。

影响变量分布数列的要素有：

①全距（或叫极差），即资料中最大值与最小值的差。

②组限，即各组两端的限值，起点值为上限，终点值为下限。

③组距，即各组上下限之间的距离，组距相等为等距数列，组距不相等为异距数列。

④组中值，即上下限之间的中间值。

⑤组数，即变量数列分组的个数。

编制次数分布时应注意的几个问题：

①组数和组距如何确定。当全距确定时，组距大则组数少，组距小则组数多。如果分组过多，组距必小，则不易观察数列分布的规律；如果分组过少，组距必大，会使组中值缺乏代表性。编制次数分布时应以中间组为中心，两边呈对称分布，各组的组中值应对本组有良好的代表性。组距一般可以请专家确定或以经验法确定。组数一般为10～15组。

②组距是否应相等。为了便于分析研究，原则上次数分布中各组的组距应相等，即尽量编制等距数列。

③组限如何表示。组限的表示应该根据变量的性质而定。如果是间断数列，且数值变动范围较小，则可以令每个变量值为一组，叫单项式分组；如果是连续数列，且数值变动范围较大，则可以将变量值划分为几个区间，每个区间为一组，称为组距式分组。

对于连续数列而言，组限的表示方法很多，常用的表示方法见表6-1。

表6-1　**某地区人口身高组限表示方法对照表**　单位：厘米

第一种写法	第二种写法	第三种写法	第四种写法	第五种写法
大于156小于158	156～158	156～157.9	156～	156<X<158
大于158小于160	158～160	158～159.9	158～	158<X<160
大于160小于162	160～162	160～161.9	160～	160<X<162

第一种写法最明确，但缺点是需要用文字辅助表示，不符合统计表的习惯。

第二种写法中，各组组限整齐而衔接，按照约定俗成的习惯，如果某数值恰好等于某一组上限的数值，则该数值应划到下一组去，这称为“上组限不在内”。

第三种写法采用了组限不重复的写法，即上一组与下一组的组限不重复。这种写法不容易使人产生误解，但不整齐。

第四种写法是各组只写出下限而不写出上限，这种方法虽然简单但易产生误解。

第五种写法是把第一种写法中的文字改为符号。

次数分布的类型及特征如下：

①钟形分布。特征是两头小、中间大。

②U形分布。特征是两头大、中间小。

③J形分布。特征是次数随变量值的增加而增加。

④反J形分布。特征是次数随变量值的增加而减少。

4.数字资料的汇总

（1）手工汇总

这是一种使用计算器或算盘进行汇总的方法，适用于资料比较少的情况。具体方法有划记法和卡片法。划记法是指在汇总表上用划记符号（通常为“正”字）进行分组计数的方法。卡片法是指把每个总体单位需要汇总的项目和数值摘录在事先准备好的卡片上，然后根据卡片进行分组和汇总计算的方法。

（2）电子计算机汇总

电子计算机汇总包括编制程序、编码、数据录入、编辑和制表打印五个步骤。其内容包括对原始资料的加工、储存、分组、逻辑检查、统计表和统计图显示结果。

5.制作统计表或统计图

汇总的数字资料，一般都要通过表格或图形表现出来，此时就要制作统计表或统计图。

（1）统计表

统计表是系统地表述数字资料的表，它具有系统、完整、简明、集中的特点，而且便于计算、查找和对比研究。从广义上讲，统计表包括统计调查中的调查表、汇总表、整理表、分析表以及公布统计资料所用的表等。从狭义上讲，统计表仅仅指记载汇总结果和公布统计资料的表。这里所讲的统计表，是从狭义的角度而言的。

从形式上看，统计表的结构一般由标题、标目（横标目、纵标目）、数字、表注等要素构成。标题，就是统计表的名称，位于表的顶端，用于简要说明表中统计资料的内容。标目分为横标目和纵标目。横标目通常写在表的左边，用以说明总体各组或各单位标志；纵标目通常放在表的右上方，用以说明总体各组或各单位指标。数字，是统计表的主体，一般用绝对数、相对数或平均数等反映，用于说明总体各组或各单位有关指标的数量特征。表注，是对统计表有关内容所做的说明。

从内容上看，统计表的结构包括主词和宾词两个部分。主词，就是统计表所要说明的总体或者总体的各个组、各个单位的名称，通常排在表的左方。宾词，就是统计表用来说明主词的各个指标，通常排在表的右侧（见图6-1）。

标题

全国城镇居民家庭平均每人全年现金消费支出

主词　　宾词

项目	单位	2011年	2012年	2013年
现金消费支出	元	15 160.89	16 674.32	18 022.64
食品	元	5 506.33	6 040.85	6 311.92
衣着	元	1 674.70	1 823.39	1 902.02
居住	元	1 405.01	1 484.26	1 745.15
家庭设备及用品	元	1 023.17	1 116.06	1 215.07
交通通信	元	2 149.69	2 455.47	2 736.88
文教娱乐	元	1 851.74	2 033.50	2 293.99
医疗保健	元	968.98	1 063.68	1 118.26
其他	元	581.26	657.10	699.36

横标目　纵标目　数字

注：表中的数据误差由四舍五入引起，可忽略不计。

资料来源　根据2012—2014年《中国统计年鉴》整理。

图6-1　统计表的结构

统计表按照主词的结构，可分为简单表、分组表和复合表三种。我们可参考《中国统计年鉴》来熟悉各种表的结构。

制作统计表应注意以下问题：

①总标题的文字应简短概括，能确切说明表的内容、统计的时间和地区。

②纵、横标目的概念要明确，排列要有一定的逻辑顺序，一般按先局部后全体的原则排列，但若局部的项目较多，也可先列合计、后列各局部项目的名称。如果栏目较多，就应该给栏目编号，并说明其相互关系。跨页时，标目应照原表列出。

③表的上下两端画粗线，纵栏目之间、横栏目与数字之间画细线，表的左右两端一般应为开口式。

④表的数字要填写整齐，对准位数。下行与上行数字相同时，不应用“同上”或“〃”表示，而应用实际数字填写。

⑤标注应简明扼要。数字行里不能混杂文字，凡需说明的问题，一律写入表注。

（2）统计图

统计图是表现数字资料的另一种重要形式，它具有形象生动、直观、概括、活泼醒目等特点，它可使读者一目了然，具有较大的吸引力和说服力。

统计图按其表现形式的不同，可分为几何图、象形图和统计地图三种类型。

①几何图，就是利用点、线、面来表示统计资料的图形。它包括条形图、平面图、曲线图等。

第一，条形图，常用的有单式条形图（见图6-2）、复式条形图（见图6-3）、断条式条形图（见图6-4）和条形结构图（见图6-5）等。

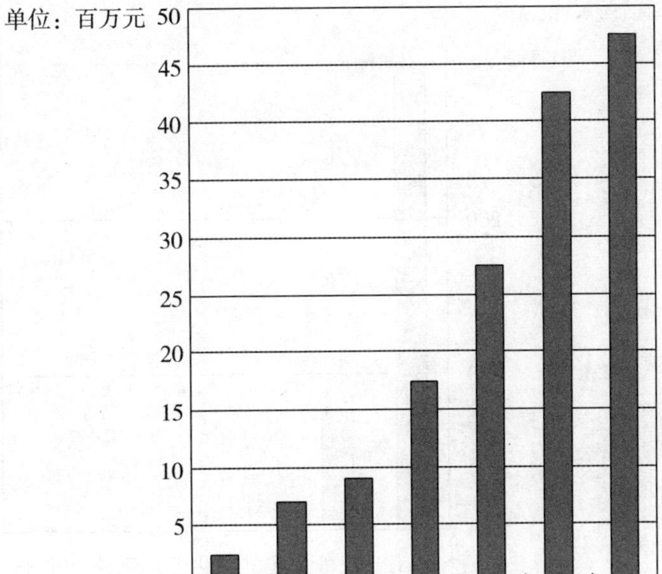

图6-2　某县财政收入增长图

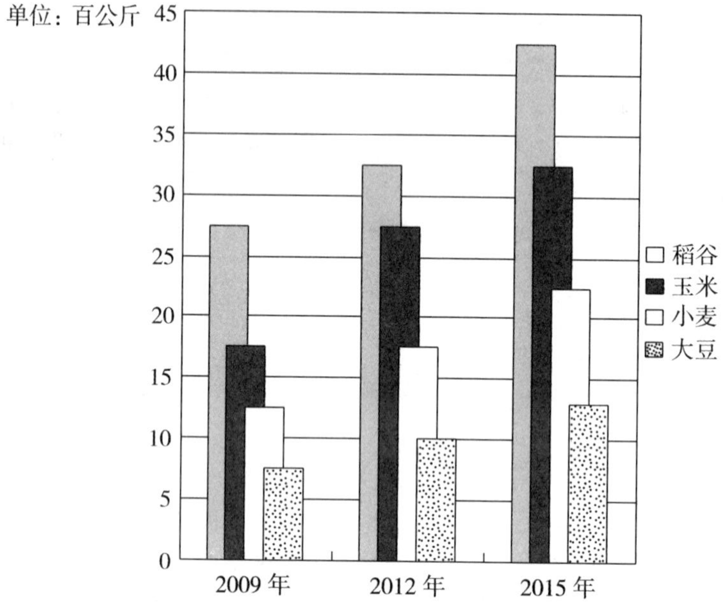

图 6-3　某村主要农产品每公顷产量增长图

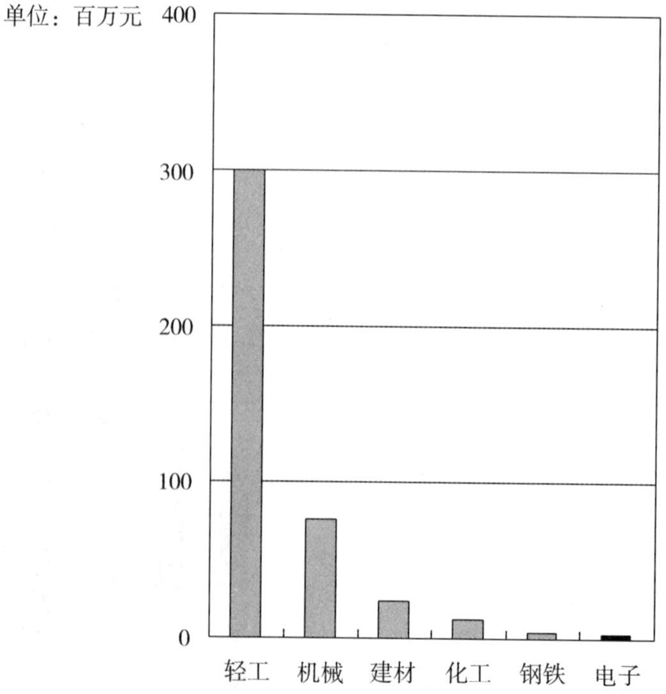

图 6-4　2015 年某市主要工业部门产值图

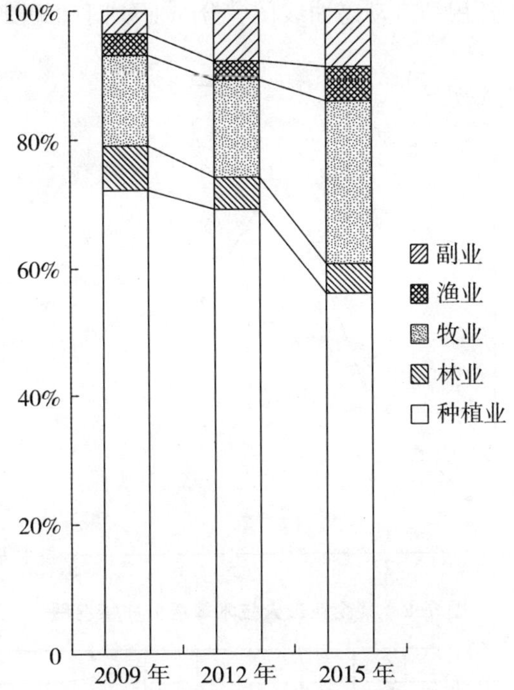

图6-5　某省农业总产值结构图

第二，平面图，常用的有方形图和圆形图两大类。方形图即正方形图（见图6-6）；圆形图可分为单圆结构图（见图6-7）和多圆结构图等。

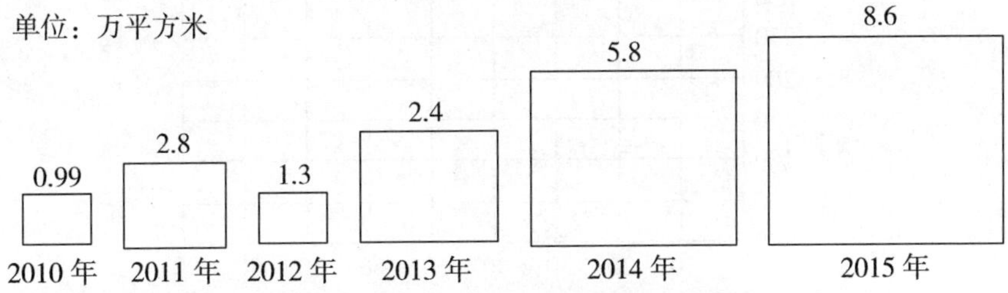

图6-6　某市居民人均住宅面积增长图

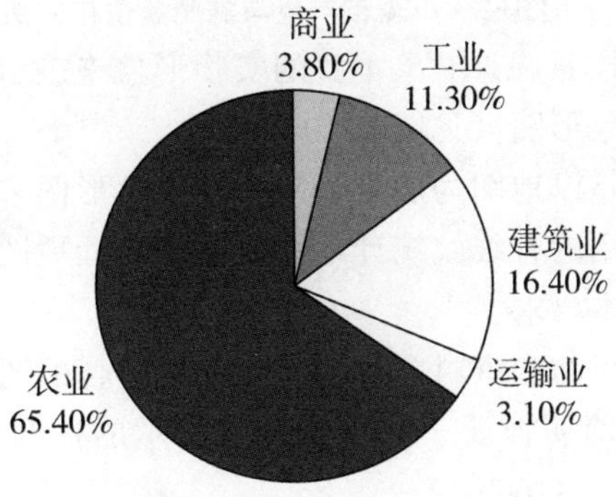

图6-7　某乡2015年农村社会总产值结构图

第三，曲线图，常用的有动态曲线图、分布曲线图（见图6-8）和依存关系曲线图（见图6-9）等。

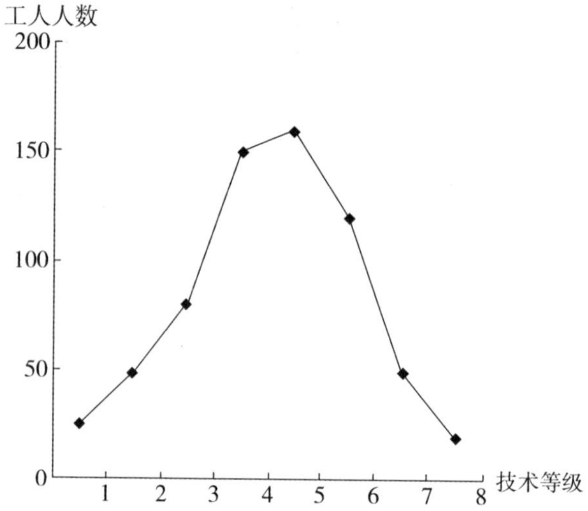

图6-8　某企业工人技术等级分布情况图

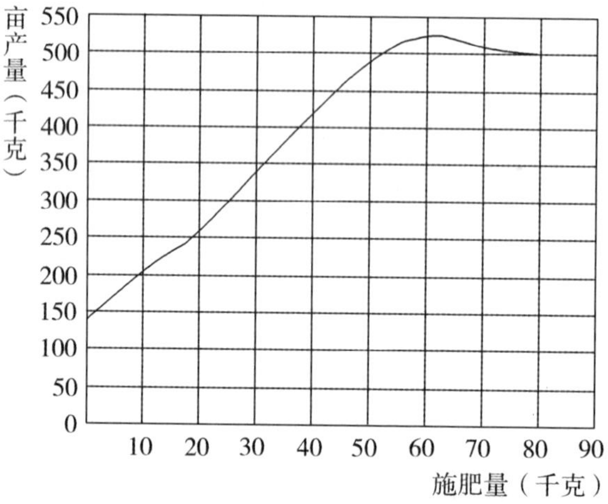

图6-9　小麦亩产量与施肥量依存关系图

②象形图，就是按照调查对象本身的实物形象来表示统计资料的图形。常用的有长度象形图和单位象形图（见图6-10）两种。

③统计地图，就是以地图为底景，用线纹或象形图来表现统计资料在地域上的分布情况的图形。常用的有线纹统计地图和象形统计地图。

绘制统计图的基本要求：

①要根据绘图的目的和资料本身的特性选取适合的图形。

②图示的内容要简明扼要、突出重点；图示的标题、数字单位以及文字说明等，都应简明清晰、一目了然。

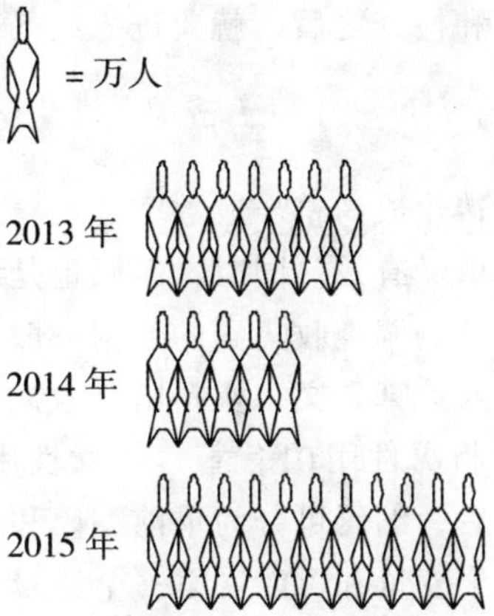

图 6-10　某省高级职业学校在校学生增长图

③图形的设计要科学、准确，必须依据准确的资料进行加工和计算，做到图示清晰、数据准确、表现真实。

④绘制的图形要美观、大方、生动、鲜明，具有吸引力和说服力。

任务二　市场调查数据的分析

一、常用统计分析软件整理分析数据的步骤

常用统计分析软件包括计算机软件包或自编程序，如 SPSS、LOTUS、SAS、STATA 等。市场调查数据的整理分析包括对资料的登记和检查、编码、数据录入、拟订统计分析计划、统计运算、数据检查等步骤，见图 6-11。

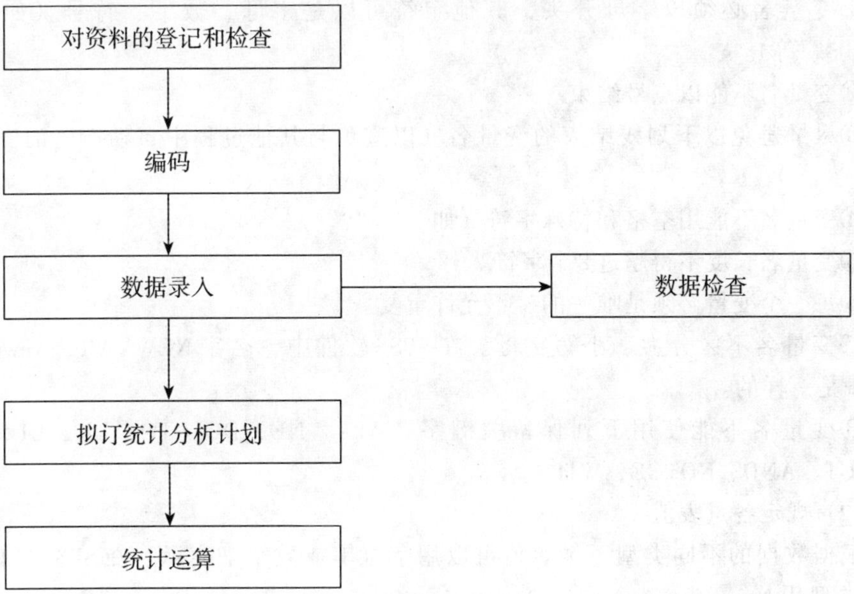

图 6-11　市场调查数据整理分析的步骤

对调查数据进行登记和检查之后，就要进入编码阶段。

（一）编码

1.编码的概念和分类

编码是指把原始数据转化成为符号或数字的资料简化过程。将编码后的数据输入计算机进行统计，既简单又有效。同时，编码也是统计计算和解释结果的基础。

我们已经知道，通过市场调查收集到的数据一般可分为文字资料和数字资料两类。数字资料可以直接录入计算，文字资料则要根据分组情况进行编码，即将文字转化成数字。例如，一般将男性用01代替，将女性用02代替。依据编码过程是发生在调查实施之前还是之后，编码可分为事前编码和事后编码。事前编码是指在编写问卷题目时就给予每一个变量和可能答案一个符号或数字代码；事后编码是指研究者在调查已经实施、问题已经回答之后，给予每一个变量和可能答案一个符号或数字代码。通常，封闭性问卷的调查研究可采用事前编码，而开放性问卷由于事先不知道有多少种可能的答案，因此常常采用事后编码。

2.编码的内容

（1）定义变量

一份调查问卷通常包含若干个问题（或称为变量）。为了方便统计处理，在数据输入计算机之前，必须先给每一个问题或变量规定一个名称。在定义变量名称时，可以直接用英文单词、英文的第一个字母或前几个字母来命名，如性别用“Sex”、年龄用“Age”、文化程度用“Edu”等来定义。同时，还要考虑所用统计软件的一些规定，如利用SPSS软件定义的有效变量名就有以下规则：

①变量名必须以字母开头，其他字符可以是字母、数字、符号（如“@”“—”“$”等）。

②变量名不能以点号结束。

③尽量避免以下划线结束的变量名（以避免与其他过程中自动产生的变量相混淆）。

④变量名不能用空格和特殊字符（如“!”“?”）。

⑤变量名长度不得超过8个字符。

⑥每一个变量必须是唯一的，不允许重复。

⑦变量名不区分大、小写字母。在SPSS软件中，名字NEWVAR、Newvar或newvar是一样的。

⑧变量名不能使用下列保留关键字：ALL、NE、DQ、TO、LK、LT、BY、OR、GT、AND、NOTGE、WITH。

（2）规定各量表值

根据数据的不同类型，量表值可以用字符串或数字来表示。在SPSS软件中，变量类型用Numeric、Comma、Dot、Scientific notion、Data、Dollar、Custom、Currency、String等来表示。此外，用数字表示问题的各种答案比较方便。举例如下：

“您的性别是什么？”

答案：男性（　　）女性（　　）。

对此，一般把“男性”定义为“1”；把“女性”定义为“2”。

“你在选购空调时考虑的主要因素是什么？”

答案：价格便宜（　）外形美观（　）维修方便（　　）名牌（　　）经久耐用（　　）噪音小（　　）制冷强（　　）其他（　　）（请按重要程度进行排序）。

像这样的量度，可以直接按备选答案的顺序分别规定为1、2、3……8。也就是说，将“价格便宜”规定为“1”，将“外形美观”规定为“2”，将“维修方便”规定为“3”，将“名牌”规定为“4”，将“经久耐用”规定为“5”，将“噪音小”规定为“6”，将“制冷强”规定为“7”，将“其他”规定为“8”。

（3）编写编码对照表

当所有变量和量表值都规定清楚之后，编码人员要编写一本编码对照表，用于说明各英文字母、数码的意思。因为在市场调查研究中，通常有大量变量和数据资料，这些资料一旦输入电脑，只有编码人员知道各变量名称及数码的意义。如果不制作一本编码对照表，则很有可能会将它们所代表的含义忘记，查阅起来就会不方便。编码对照表一般具有以下三个功能：

①录入人员可根据编码对照表的说明来录入数据。

②研究人员或电脑程序员可根据编码对照表编写统计分析程序。

③研究者在阅读统计分析结果时，如果不清楚各种代码的意义，可以从编码对照表中查阅。

问卷编码对照表可参照表6-2来制定。从表6-2中可以看出，编码对照表一般包括七项内容：变量序号、变量含义、相应问卷题号、变量名称、是否跳答、数据宽度、数据说明等。另外，在各种统计分析软件中，一般可以用变量标志（即标签）简单地标明变量特征，这也可以作为编码查阅的参考。

表6-2　**问卷编码对照表**

变量序号	变量含义	相应问卷题号	变量名称	是否跳答	数据宽度	数据说明
1						
2						
3						
⋮						

3.编码过程中需要注意的事项

（1）合理性

①编码要充分反映调查项目之间的内在逻辑关系。例如，统计分析时需要分析

不同调查地区的差别，那么在编码时，就要将不同的地区用不同的变量定义。同时，应尽量使地理位置接近的地区的码值接近。例如，东北三省的码值应该接近，以反映三省地理位置接近这一事实。又如，在年龄分组编码时，相邻年龄组的码值应该接近（见表6-3）。

表6-3　**年龄分组表**

组别	18～27岁	28～37岁	38～47岁	48～57岁	58岁及以上
编码	1	2	3	4	5

②能用自然数尽量不用小数；能用正数尽量不用负数；能用绝对值小的整数尽量不用绝对值大的整数；可用一位代码表示清楚的绝对不用两位代码。

③不同码值不能表示相同内容，不同类型的调查项目其码值也应不同，否则会引起混乱，发错信号。

（2）经济性

许多市场调查的调查项目可借用现成的编码，如在全国性调查中，各省、市、自治区的常见编码就有邮政编码、长途电话区码、国际地区编码等可以借用，以节省精力与时间。

（3）开放性问题的编码

对于开放性问题的编码，编码人员首先要将回答者的答案浏览一遍，列出所有可能答案，然后定义这些答案的变量名称和量表值，最后对每一个回答者的答案进行分类。例如，“您为什么在今后两年内不想购置燃气式热水器？”这个提问属于开放性问题，每个回答者回答的内容可能都不相同。可能的答案有：它的体积较大，在我的厨房里无法安装；我可在工作单位洗澡，没必要买；它的外观不太好看；它的颜色不太好看且比较贵；我听说使用它不安全，常常会发生事故；购买后的安装和维修都很困难，还是不买了；国产热水器使用不方便；我对它不太了解。

可以想象，若询问100个人，可能会得到100种答案！如果不对这些答案进行归类处理，就难以进行分析。所以，编码人员可以将一些意思相近的答案归到某一类中去，从中分析顾客不买的主要原因。

还需要注意的是，如果样本量很大，编码人员可以从全部资料中随机抽取20%，以确定答案类别。同时，答案类别不宜过多，如果答案类别过多，会使研究对象在该项目上的本质特征被掩盖，而且一些类别上的回答者比率小于5%，对分析没有太大的意义。

（二）数据录入

目前，大多数市场调查的数据都是键盘录入，即由电脑员通过计算机终端直接把原始数据录入统计分析软件的数据库中。以SPSS软件为例，数据录入包括以下几个步骤：

1.录入变量

SPSS软件的数据格式见表6-2，横行表示样本录入顺序，序号为1、2、3……由计算机自动生成。纵列表示变量，变量的名称由使用者自己规定，一旦录入数据，计算机就可自动生成Var0001、Var0002、Var0003……在录入变量时，可根据SPSS软件的提示，分别定义数据的类型、数据的宽度及小数点后数字的位数等。

2.录入数据

录入变量后，应将问卷资料一份一份地录入到相应的表栏中。问卷的编号与计算机自动生成的序号应相同，以便于今后的审核、查找。如果输入的数据跟设定的数据宽度或类型不符合，计算机就会出现提示符号“×”，这时录入人员就要及时加以纠正。

3.对数据质量进行审核

在进行数据分析之前，还要检查数据录入的准确性，以免今后返工，浪费人力、物力和财力。数据录入可能出现的错误有：

①录入的选项在回答项目中根本就找不到，如人口性别的编码只有01和02，即男性编码是01、女性编码是02，其他值都无效。

②回答内容不真实。检查错误的方法有两种：一种是对数据进行二次录入，然后将两次录入的结果加以比较，对不同的原始问卷资料进行核对。但这种方法比较费时、费力。另一种方法是逻辑查错，即先对一些变量进行频次、频率的分析，然后根据分析结果来判断是否存在错误。这种方法只能查出不符合逻辑的错误，无法判断符合逻辑的错误，而且该方法只能对某些变量进行检查，难以对所有变量进行检查。

4.缺省数据处理

缺省数据是指由于被调查者未进行回答或访问员没有记录造成的未知变量值。不应将缺省值与无效数据等同起来。一般有以下几种情况会产生缺省值：

①回答者不知道问题的答案。

②回答者拒绝回答有关问题。

③回答者答非所问。

④访问员漏问此题，因此回答者没有回答。

针对有缺省的数据资料，如果简单将此样本剔除，那么样本数就会越来越少，最后可能会导致样本估计的精确度降低，统计检验的说服力差。如果回答者与不回答者有明显特征差异，那么得到的结果产生的偏差会很大。总体来说，在分析的变量很多的情况下，如果简单地将缺省值剔除，会使其样本的代表性不显著、误差过大，由此造成的结果是很严重的。

常用的处理缺省数据的方法是填充法，理由如下：

①能保留所收集的缺省问卷的其他信息资料。

②避免了非随机性引起的偏差。

填充法的具体形式包括均值法等。均值法即用样本中对某回答项目的相关数据计算平均值，用得到的数据填充缺省值的方法。

（三）拟订统计分析计划

首先要熟悉各种统计分析方法，了解运用各种统计分析方法的要求，然后才能进行具体操作。下面我们对常用的统计分析方法进行简单介绍：

1.频次、频率分析

频次、频率分析用于统计一个变量的不同值出现的次数和百分数。比如，男性和女性在所选样本中所占的比率；对于某种观点，不同性别的被调查者持同意观点的比率等。

2.交叉频率分析

交叉频率分析，或称交叉表分析，用于统计两个以下变量交叉分组的频率及百分数。例如，在人口统计学特征上，可以按职业和受教育程度来分析被调查者收入水平的高低等。

3.描述性统计分析

描述性统计分析主要用于计算变量的平均值、标准差等，如计算被调查者收入的平均水平。

4.平均数差异Z检验或T检验

这是根据样本平均值、标准差和样本比率来判断总体平均值大小的方法。

5.方差分析

方差分析又称变异数分析，包括一元方差分析、多元方差分析等。

6.相关分析

相关分析主要用于分析两个变量之间的线性关系。

7.回归分析

回归分析中较常用的是线性回归分析，其他形式的回归都可以通过变换转化成线性回归来进行分析。

8.主成分分析和因子分析

这两种统计分析都是用少数几个因子去描述多个相关变量的方法。主成分分析的目的是生成几个新的变量。因子分析的目的是在获得因子的同时，进一步提示各因子与观测变量的关系。

9.聚类分析

聚类分析的目的是根据某些特征，将事物或人分成几个较为同质的类别。

10.X^2检验

X^2检验是非参数检验的方法之一，用于检验变量的实际观测值与期望值是否存在差异等。

在统计分析的过程中，为了准确、客观地描述资料的特征，采用和选择适当的统计分析方法十分重要。在选择统计分析方法时，要考虑两个因素，即调查问题的性质和数据资料的性质。

在调查问题的性质上，市场调查的问题一般可分为两大类，即描述性问题和关系性问题。对于描述性问题，研究人员一般想了解所调查问题的现状，如某产品知名度的大小、被调查者对某种产品价格的看法、不同受教育程度的被调查者对某产品的偏好差异等。描述性问题一般用描述性统计分析方法进行分析。关系性问题主要探讨两个变量之间有无关系及其相关的程度。

在数据资料的性质上，市场调查的数据一般可以分为数量标志和品质标志，前面我们已经介绍过。

调查数据如何进行统计分析，研究人员在设计调查方案时一般已心中有数。拟订统计分析计划实际上就是列出一张统计分析清单，说明对什么变量采用什么统计方法、要得到什么统计量。

（四）统计运算

统计运算就是根据统计分析的要求，对计算机下指令，让计算机输出结果。在进行统计运算时，首先要对有关变量进行数据转换，生成中间变量。

（五）数据检查

数据检查就是对统计运算的结果进行检查核对。

二、统计分析

所谓统计分析，就是运用统计学原理对调查总体进行定量研究、判断和推断，以揭示事物内部的数量关系及其变化规律的一种逻辑思维方法。统计分析可分为描述性分析和推论性分析两大类。描述性分析是对已经初步整理的数据进行分析，并用统计量对这些数据进行描述的一种方法，它主要包括相对指标分析、集中量数和离中量数分析、因素分析、动态分析等几种方法。推论性分析是在随机抽样调查的基础上，根据样本资料或其他资料对总体进行推断的一种方法，它主要包括相关分析和回归分析两种方法。相关分析和回归分析是统计分析的两大基本支柱。本节主要介绍描述性分析的几种方法。

（一）相对指标分析

1.相对指标的含义与特点

相对指标是应用对比的方法，表明事物之间数量关系的综合指标。

相对指标的特点是：在总量上将现象之间的差异抽象掉，不受总体规模大小、时间长短的影响。科学地运用相对指标进行分析，可以客观地反映现象之间的本质联系及发展的规律性。

相对指标的表现形式有两种：一是无名数；二是有名数。无名数多以系数、倍数、成数、百分数或千分数表示。

2.相对指标的种类及计算方法

相对指标一般可分为计划完成率、结构相对指标、比较相对指标、比率相对指标、动态相对指标和强度相对指标等几种类型。

（1）计划完成率

计划完成率是一定时期的实际完成数与计划任务数之比，其基本计算公式为：

$$计划完成率=\frac{实际完成数}{计划任务数}\times 100\%$$

【例 6-1】某工业企业第一季度计划完成产值250万元，实际完成产值300万元，试计算计划完成率。

$$计划完成率=\frac{300}{250}\times 100\%=120\%$$

若计划指标是以最高限额规定的，如单位成本，则计划完成率越小越好。若计划指标是以最低限额规定的，如产品产量，则计划完成率越高越好。若计划指标是百分数，一般在基数100%的基础上相减或相加后再进行对比。

如单位成本计划降低5%，实际降低6%，则计划完成率为98.9%（（100%-6%）÷（100%-5%）），因为这是一个逆指标，所以实际降低率超计划任务的1.1%。再如，计划产值超过10%，实际产值超15%，则计划完成率为104.5%（（100%+15%）÷（100%+10%）），因为这是一个正指标，所以实际完成率超过计划任务的4.5%。

（2）结构相对指标

结构是指事物内部诸要素所固有的相对稳定的组织方式或联系方式。结构相对指标分析是利用分组法，将总体区分为不同性质的各部分，以部分数值与总体数值对比求得比重或比率，用以反映总体内部的组成状况的方法。结构相对指标的基本计算公式为：

$$结构相对指标=\frac{总体部分数值}{总体全部数值}\times 100\%$$

对于结构相对指标分析，统计学课程会有详细介绍，这里只介绍一种方法：频数与成数分析。

频数是分布在各组的个体单位数，在变量值中代表某种特征的数值出现的次数。

例如，某学习班有学生50人，其中男生30人，女生20人。如果用随机变量“0”表示男生，“1”表示女生，则有30个“0”，20个“1”，频数分别为：

$n_{男}=30$，$n_{女}=20$

再如，一个学习小组有学生10名，考试成绩依次为56分、60分、72分、60分、85分、80分、85分、85分、97分、99分，则频数分别为：

$n_{56}=1$，$n_{60}=2$，$n_{72}=1$，$n_{80}=1$，$n_{85}=3$，$n_{97}=1$，$n_{99}=1$

成数是以10%为单位的相对数，它是各组次数与总次数之比，也是具有某种特征的频数在变量值总数中所占的比率或比重，因此又称频率。

仍以上述资料为例，全班共50人，依性别各占成数分别是：

$$男生成数（比重）=\frac{30}{50}\times 100\%=60\%（即六成）$$

$$女生成数（比重）=\frac{20}{50}\times100\%=40\%（即四成）$$

10个学生的考试成绩，依分数各占成数分别是：

$$n_{56}+n_{72}+n_{80}+n_{97}+n_{99}=\frac{5}{10}\times100\%=50\%（即五成）$$

$$n_{60}=\frac{2}{10}\times100\%=20\%（即两成）$$

$$n_{85}=\frac{3}{10}\times100\%=30\%（即三成）$$

（3）比较相对指标

比较相对指标是同一时期同类现象在不同空间上对比的结果，其计算公式为：

$$比较相对指标=\frac{某空间的某类指标数值}{另一空间的同类指标数值}\times100\%$$

利用这一指标可以进行横向比较，说明两地区经济实力的对比关系，可以揭示各地区或各单位生产的不平衡性。

（二）集中量数和离中量数分析

集中趋势和离中趋势是反映总体各单位分布状况的两种重要特征。因此，集中量数和离中量数分析，是描述性统计分析中的基本方法。

1.集中量数和离中量数的概念

集中量数，又称平均数，是表明同类社会经济现象在一定时间、地点条件下所达到的一般水平。任何总体中各单位的标志值都是存在着差异的，但各单位的标志值又是以平均数为中心上下波动的，所以，平均数反映了总体分布的集中趋势，它是总体各单位分布的重要特征值。集中量数具有同质性、抽象性、代表性和集中性。从频数来说，集中量数是频数分布位置的中心。

离中量数又称离散程度，是反映总体标志值分布特征的另一个重要综合指标。平均数反映的是同质总体的一般水平，说明分配数列中变量的集中趋势，而离中量数反映的是总体各单位标志值的差异性，说明变量的离中趋势。离中量数在统计分析中的意义表现在以下几个方面：

①可以观察标志值分布的离散程度。

②可以反映标志值分布的对称程度。

③与平均数结合运用，可以全面认识统计数列的分布性质。

2.集中量数的分析方法

集中量数的分析是围绕平均数的计算来进行的，下面介绍一种常用的平均数计算方法——算术平均数法。算术平均数是以总体各单位标志值之和除以总体单位数而得到的。算术平均数的计算公式为：

$$算术平均数=\frac{总体各单位标志值之和}{总体单位数}$$

根据资料的不同，算术平均数又可分简单算术平均数和加权算术平均数。

简单算术平均数是在资料未分组的情况下直接将各单位数值相加，然后除以总体单位数，将其结果作为预测数。例如，某企业1—5月每月实销数为2万元、2.6万元、2.4万元、2.2万元、2.8万元，则6月份预测数为2.4万元，计算方法为：

$$6月份预测数=\frac{2+2.6+2.4+2.2+2.8}{5}=2.4（万元）$$

【例6-2】某车间共有125人，日生产零件资料见表6-4，试计算工作日平均产量。

表6-4 日生产零件资料统计表

项目 \ 月份	1月	2月	3月	4月	5月
日产量(件/人)	5	6	7	8	9
工人人数(人)	10	28	35	31	21

根据资料列表6-5计算。

表6-5 日生产零件资料汇总表

日产量(件/人)(x_i)	工人人数(人)(f_i)	日总产量(件)($x_i \cdot f_i$)
5	10	50
6	28	168
7	35	245
8	31	248
9	21	189
合计	125	900

则工作日平均产量为：

$$工作日平均产量=\frac{900}{125}=7.2（件）$$

（三）因素分析

因素分析就是从数量方面研究总体现象在变动中各个因素的作用、影响方向和程度的方法。统计分析中往往采用抽象的方法，固定一些因素，而分别计算另一些因素的影响方向和程度。各个因素对总体变动的影响既可以用相对数表示，也可以用绝对数表示，这些相对数与相对数之间、绝对数与绝对数之间保持着内在联系，形成了有机的指标体系。因素分析法包括指数因素分析、差额因素分析、并列因素分析等几种方法。

1.指数因素分析

指数因素分析是因素分析的一种重要方法。所谓指数，是表示社会经济现象数量对比关系的一种相对数。它有广义和狭义之分，广义的指数是指同类现象不同数值对比的相对数，狭义的指数是指许多不能直接相加的要素组成的复杂现象总体数量综合变动的相对数。

进行指数因素分析，首先必须解决同度量因素问题。同度量因素就是将不能直接相加的指标值过渡为能加总的指标值的因素。例如，市场上繁多的不同计量单位的商品不能直接相加对比，但如果分别用商品数量乘以其对应的价格得到金额就可以相加和对比了。因此，商品价格就是各类商品的同度量因素。

2.差额因素分析

差额因素分析是指利用因素变动的绝对数差额来分析对总量变动影响的方向和程度的方法。例如，职工工资总额指数=工人人数指数×固定构成指数×结构影响指数。

3.并列因素分析

总体现象的变动还可以用并列因素分析法进行分析。例如，汽车营运单位的成本受原材料、燃料、工资、修理费、管理费等多种因素的影响。

（四）动态分析

动态分析是研究社会现象在一定时期内的发展水平、速度及比例的变化情况，从而认识其发展变化规律的一种方法。

动态分析常用的指标有增长量、平均增长量、发展水平和平均发展水平等。

1.增长量

增长量是指某种现象在一定时期内增长的绝对量，它是报告期水平与基期水平之差。

用公式表示为：

增长量=报告期水平-基期水平

由于采用的对比期不同，因此增长量可分为逐期增长量和累计增长量。逐期增长量是报告期水平与前一时期水平之差。累计增长量是报告期水平与某一固定时期水平之差。累计增长量等于相应的各个逐期增长量之和。

2.平均增长量

平均增长量是指某种现象在一定时期内平均每期增长的数量。平均增长量的计算方法是用各个逐期增长量之和除以逐期增长量的个数，或者用累计增长量除以时间数列项数与1的差。

用公式表示为：

$$\text{平均增长量} = \frac{\text{各个逐期增长量之和}}{\text{逐期增长量的个数}}$$

或 $$\text{平均增长量} = \frac{\text{累计增长量}}{\text{时间数列项数} - 1}$$

3.发展水平

发展水平是指动态数列中每个指标的数值。发展水平可以是总量指标，也可以是平均指标或相对指标。

发展水平按它在动态数列中所处的位置不同，可分为最初水平、中间水平和最末水平。最初水平即第一个指标值；最末水平即最末位的指标值；中间水平即处在最初水平和最末水平之间的指标值。

4.平均发展水平

平均发展水平是将不同时期的发展水平加以平均而得的平均数，统计学上也称为序时平均数或动态平均数。

平均发展水平的计算公式为：

$$平均发展水平=\frac{标志总量}{时间项数}$$

根据动态数列的不同情况，计算平均发展水平应采用不同的计算方法。

例如，对于绝对数动态数列，平均发展水平的计算有以下两种情况：一是根据时期数列计算。二是根据时点数列计算：如果是连续时点数列，则采用简单算术平均法，方法同时期数列；如果是间断时点数列，则采用加权算术平均法。

【例 6-3】某企业6月上旬职工出勤抽查情况见表6-6，试计算该企业6月上旬的平均出勤人数。

表 6-6　　某企业6月上旬职工出勤抽查情况表

时间	6月1日	6月4日	6月6日	6月8日	6月9日
人数	250	262	258	258	261

解：根据以上资料进行计算。

$$该企业6月上旬的平均出勤人数=\frac{250\times3+262\times2+258\times2+258\times1+261\times2}{3+2+2+1+2}=257（人）$$

如果数据是间隔相等的每期末或期初水平，则采用首尾折半的方法计算。

【例 6-4】某学校4—7月学生考勤情况见表6-7，试计算该时期平均出勤学生数。

表 6-7　　学生考勤情况统计表

时间	4月初	5月初	6月初	7月初
学生人数	1 362	1 397	1 404	1 418

解：根据以上资料进行计算。

$$该时期平均出勤学生数=\frac{\frac{1\,362}{2}+1\,397+1\,404+\frac{1\,418}{2}}{4-1}=1\,397（人）$$

三、定性分析与定量分析

人们一般把定性调查的调查结果称为“软”数据，把从定量调查中获得的数据称为“硬”数据，两者之间形成了鲜明的对比。但事实上，“硬”数据并不必然比非数字的“软”数据有价值，它们之间理想的关系应是互补的。

（一）定性分析

定性分析，亦称“非数量分析法”，是指依靠预测人员的丰富实践经验以及主观的判断和分析能力，推断出事物的性质和发展趋势的分析方法。定性分析是预测分析的一种基本方法，主要适用于一些没有或不具备完整的历史资料和数据的事项。

对调查数据进行定性分析的常用方法有：

1.汇集法

汇集法即把许多原始数据按一定目的汇集在一起，集中反映某一事物的概况和问题的方法。采用此法时，相关数据的量要多一点，反映的面要宽一点。

2.归纳法

归纳法是将反映某一主题的数据集中在一起，进行系统的综合归纳，准确、全面地说明该主题的方法。采用归纳法时，需要对各种原始数据进行正确的分析、综合，不能使加工后的数据背离原来的意思。

3.纵深法

纵深法是按事物的发展方向，即按时间顺序或逻辑次序，对有关的数据进行综合深入研究的方法。纵深法有利于把对有关问题的认识层层深入，搞清其来龙去脉。

4.连横法

连横法是把彼此相关的若干个不同方面，或不同时期的数据，有机地横向联结起来，做出比较分析和相关分析的方法。它能更有效地显示主题的特征，也有利于反映事物之间的相互联系和变化。

5.推理法

推理法是在占有并详细分析研究大量数据的前提下，依据事物的内在联系和发展规律，进行科学的判断，得出某种结论，形成新的数据的方法。

（二）定量分析

定量分析是指对社会现象的数量特征、数量关系与数量变化进行分析的方法。在企业管理上，定量分析是以企业财务报表为主要数据来源，按照某种数理方式进行加工整理，从而得出结果。定量分析是投资分析师使用数学模块对企业可量化的数据进行的分析，通过分析对企业经营给予评价并做出投资判断。定量分析的功能在于揭示和描述社会现象的相互作用和发展趋势。

对调查数据进行简单定量分析的常用方法有：

1.对比法

对比法是把某些定量数据同其他相关数据进行对比的方法。对比可以是纵比，即把不同历史时期、不同时间同一事物的数据相比较；也可以是横比，即把某数据同其他相关事物的数据相比较，如全面同局部比、先进与落后比、同行之间比、好与差比等。有比较才能有鉴别。

2.化小法

化小法亦称浓缩法，是指将某些数值很大、人们不易理解的数据按比例缩小为数值较小、人们容易理解的数据的方法。

3.转换法

转换法即把人们比较生疏、不易理解的数据转换成人们所熟悉的数据的方法。

4.替代法

替代法是指表示某一数据时，不是直接将其表示出来，而是用人们熟悉的数量概念或数量关系来代替的方法。

5.图表法

图表法即把某些数据制成图表，直观、鲜明、有效地展示给人们的方法。

更复杂的定量分析方法包括各种统计方法和现成的软件包。

四、资料统计的误差与偏差

我们在进行数据整理与分析时，应注意调查过程本身可能发生的错误，调查过程中所使用的假设或前提条件不符合实际，是经常犯的毛病。一些调查人员限于本专业的知识、能力或作风，往往愿意根据自己的想法做出假设、提出前提条件或者乐于做出理想化的设想。但事实结果往往与他们的假设大相径庭，所设的前提条件也与事实情况有较大的偏差。可以肯定，在这种情况下得出的结论很难令人信服。

应该说，对于各个具体的市场调查人员而言，不同的人所犯的毛病肯定会不同。研究人员应以此为参考，从实际出发，正确分析、认识调查数据。

调查人员在整理、分析、加工数据时，一定要把那些失真、过时、失效的信息剔除掉。通常，造成数据失真、过时、失效的原因主要有以下四种：

1.信源不实

信源不实即信息提供者的原因造成的信息失真。有时是信息提供者提供的信息不真实、不完全真实或不准确、不完整；有时则是信息提供者故意造成的。故意制造失真信息的表现主要有以下几种形式：

①拼凑。信息所反映的内容是真实的，但是内容各元素之间并没有本质的联系，或采取了不负责任的态度，随便拼凑而成。

②夸张。信息所反映的内容与真实情况不符合，或夸大事实，或缩小事实，或把偶然说成经常、把个别说成普遍。

③虚构。信息的内容没有事实做依据或依据不足，是信息提供者出于某种需要伪造而成的。

④添加。信息内容并不是完全虚构的，而是信息提供者出于某种需要主观加上去的“合理想象”。

⑤捕风捉影。信息的表述似乎事出有因，细细分析却觉得并无可能，大多是以捕风捉影来代替事实。

2.弃取不当

弃取不当即信息采集者的主观因素造成的信息失真。

3.容错失真

容错失真也是信息采集者的主观因素造成的信息失真，如“基本属实”就表明还可能有某些方面不清楚。

4.方法误差

方法误差是信息采集者在采集过程中由于使用的采集方法存在偏差而造成的信息失真，如抽样的偏差、计量的偏差、调查问卷的设计不当、数据记载失误、对信息内容分类和定义不当、统计信息的时间界定不一致等。

同步案例6-1　住址

有一个人第一次去巴黎。到巴黎后，他叫了一辆出租车来到了一家旅馆，在旅馆找好房间、换上衣服，他就逛大街去了。路上他拐进一家电报局，给妻子发了一份电报，告诉妻子自己在巴黎的地址。这一天，他去了许多地方，参观了几家展览馆，逛了商场，晚上又去了戏院，看完演出后，他决定回旅馆休息，这时他却忘记了那家旅馆叫什么、在哪里了。于是他又来到电报局，给妻子发出第二封电报：速电告我在巴黎的住址！

资料来源　佚名. 旅馆酒店故事——住址［EB/OL］.［2016-06-03］. http://www.52uyn.com/tools/lycsd.php?tid=200.

问题：你从这个故事中得到了哪些启示？

分析提示：人在工作、生活中应养成好的习惯，及时将新的信息资料进行归纳整理，以便于应用，这也是成功人士的基本素质。

项目小结

1. 市场调查数据整理是指运用科学方法，对调查所得的各种原始资料进行审核、检验、分类、汇总等初步加工，使之系统化和条理化，并以集中、简明的方式反映调查对象总体的情况。

2. 通过市场调查收集到的数据，一般可分为文字资料和数字资料，此外还可能有一些实物资料和视听资料。

3. 市场调查数据的整理分析包括对资料的登记和检查、编码、数据录入、拟订统计分析计划、统计运算、数据检查等步骤。

主要概念

市场调查数据整理　编码　统计分析

基本训练

（一）填空题

1. 市场调查数据整理主要是指对文字资料和（　　）的整理。

2. 人们一般把定性调查的调查结果称为“软”数据，而把从定量调查中获得的数据称为（　　）数据。

3. 统计分析可分为描述性分析和（　　）两大类。

4. 集中量数的分析是围绕（　　）的计算来进行的。

5.（　　）即把许多原始数据按一定目的汇集在一起，以集中反映某一事物的概况和问题的方法，它是定性分析常用的方法之一。

（二）选择题

1. 市场调查中的（　　），一般包括各种调查取得的数字资料、各种报表资料以及历史文献中的数字资料。

A. 定性资料　　B. 定量资料

C. 文献资料　　D. 文字资料

2. 在选择统计方法时，要考虑的因素有（　　）。

A. 调查问题的性质和数字资料的性质

B. 合理性

C. 经济性

D. 开放性

3. 整理文字资料的第一个程序是（　　）。

A. 分类　　B. 汇编

C. 审核　　D. 汇总

4.（　　）又称平均数，它是表明同类社会经济现象在一定时间、地点条件下所达到的一般水平。

A. 离中量数　　B. 集中量数

C. 综合数　　D. 相对数

5. 整理后的数据必须达到一定标准才能使用，这些标准有（　　）。

A. 合格　　B. 真实

C. 可靠　　D. 准确

（三）简答题

1. 制作统计表应注意哪些问题？

2. 对调查数据进行定性分析的常用方法有哪些？

3. 对调查数据进行简单定量分析的常用方法有哪些？

4. 文字资料的可靠性审核一般采用哪三种方法？

5. 绘制统计图的基本要求有哪些？

（四）案例分析

销售预测

一位年轻的部门销售经理受总裁委托对公司的十几种产品做销售预测，结果他做得很糟糕。由于对资料的整理分析不够，他预计会售出275件产品，实际上售出359件产品，高出估计约30%。而且这多售出的几十件产品付出了很高的代价。因为在实际运作中，按原订计划生产的数量不能满足订货方的实际需求，这就导致了交货延误。这种意料之外的生产压力会造成大部分部件库存脱货，以及高价订购补充库存。后来经过调查，该部门销售经理虽然经过某种形式的调查，但他在整理分析资料时并没有做到：

（1）努力掌握竞争者的计划情况；

（2）核对该行业的发展趋势；

（3）研究整个经济的发展趋势；

（4）考虑当前销售阶段和预测销售阶段的不同；

（5）对相关指数的趋势和预测进行咨询；

（6）考虑季节性格局和调整。

可见，要对市场销售做出精确的预测，必须做到多角度、全方位地调查研究与资料整理分析，而非简单的估计。销售预测在现代企业管理中具有非常重要的地位，这也是最起码的管理技能。

资料来源 高兴，周战峰. 管理能人88天特训［M］. 哈尔滨：黑龙江人民出版社，2001.

问题：通过这个例子你得到了哪些启示？

单元实训

【实训情境设计】

网购市场未来3年将迎来井喷式发展

2011年中国电子商务服务产业持续发展峰会上发布的数据显示，2010年中国网购服务市场规模为20亿元，预计2011年交易额达50亿元，同比增速达到了150%，未来3年将迎来井喷式发展。

面对中国电商市场的蓬勃发展，传统电商和中小卖家将面临更大的挑战。淘宝网商家事业部副总裁王文彬说，“随着中国电商市场的蓬勃发展，越来越多的信用卖家开始使用各类服务以帮助提升运营能力”。

3.7亿网购人群、5 131亿元交易规模、100%以上的年增长、1 400万个网络零售商、9 200家电子商务服务企业、140亿元网络融资……

峰会上发布的中国首份网购市场发展报告显示，在网购中，平均1个直接就业可以带动2.85个间接就业。以淘宝网为例，2011年10月，通过淘宝网实现直接就业的人数为200多万人，带动中国网购电商生态圈近千万的间接就业。业内人士评论，报告的出炉，意味着一个更完善的电子商务生态圈正在逐渐形成。

资料来源 邓宇. 网购市场未来3年将迎井喷式发展［J］. 共产党员，2011（23）.

结合网购市场发展报告的相关题材，通过实验室网络、图书馆将其数据收集完善，并对其进行整理、分析，验证“一个更完善的电子商务生态圈正在逐渐形成”。

【实训任务要求】

1. 以小组为单位进行实训。将学生分成若干小组，每组5~7人，小组成员分工合作。

2. 查找与实训情境有关的资料，了解市场调查资料整理的基本方法，要求针对调查获得的信息资料进行编码与录入。

3.各项目小组向全班汇报实训结果，教师进行点评。

4.每位同学都要完成课程实训总结、撰写实训报告，在此基础上综合评出个人的成绩。

【实训提示】

1.这项实训活动应在校内商务实训室进行。

2.事先将全班学生分成几个小组，并确定小组长。

3.以小组为单位，上交实训报告。

【实训效果评价】

小组成员共同评出组员个人实训态度成绩，教师和各小组组长共同评出组员个人实训表现成绩（见表6-8），教师评出小组实训报告成绩（见表6-9），并在此基础上给出个人最终成绩。

表6-8 **组员个人实训过程评价表**

小组成员姓名	态度（满分为100分）	表现（满分为100分）	
		操作（50%）	技能（50%）

注：各项考评满分分别为100分，60分以下为不及格，60～69分为及格，70～79分为中等，80～89分为良好，90分及以上为优秀。

表6-9 **小组实训报告评价表**

评价内容	分值（分）	评分（分）
调查方案体现的调查目的与要求	20	
数据进行编码与录入的可操作性	30	
数据整理的科学性与完整性	10	
数据整理的质量与效果	40	
总分	100	

注：考评满分为100分，60分以下为不及格，60～69分为及格，70～79分为中等，80～89分为良好，90分及以上为优秀。

个人最终成绩=个人实训态度成绩×20%+个人实训表现成绩×50%+小组实训报告成绩×30%

项目七　市场预测的基本方法

学习目标

通过本项目的学习，达到以下目标：

理论目标：了解市场预测的一般问题；熟悉各种预测方法的优缺点；了解定性预测的含义，掌握几种定性预测的方法和步骤；了解定量预测的含义，掌握几种定量预测的方法和步骤。

实训目标：培养学生进行市场预测的基本技能；培养学生的专业能力与职业核心能力。

引例

市场预测与企业的命运息息相关

摩托罗拉公司在20世纪70年代率先发明了手机，该公司的Razr手机几年前曾在市面上异常火爆，但近年来逐渐没落。2011年8月15日，谷歌宣布以125亿美元收购摩托罗拉移动。伴随着手机制造业的迅猛发展，手机制造商也在讲述着自己的兴衰成败。手机制造商依托互联网技术，频繁与消费者互动，以消费者的需求为导向，将更多的互联网“基因”引入手机。中国手机行业正经历着一场包括销售方式、盈利模式以及软、硬件融合的变革。可以断言，谁能成功预测并把握手机市场的未来，谁就将主宰未来！

资料来源　根据相关资料自编整理。

问题：从此案例中可以得到哪些启示？

分析提示：成功的市场预测能够帮助企业抓住机遇，使企业蓬勃发展；不能把握未来发展趋势的企业命运堪忧。

任务一　市场预测的一般问题

一、市场预测的含义与作用

（一）市场预测的含义

预测理论作为通用的方法论，既可以应用于研究自然现象，如气象预测，也可以应用于研究社会现象，如经济发展预测。市场预测是预测在营销领域的运用，市场预测是指在市场调查的基础上，根据市场的历史和现状，凭借经验并运用一定的预测理论和技术，对市场未来发展的趋势进行测算和判断的活动和过程。市场预测并不是毫无根据的胡乱估计：首先，它的依据是通过市场调查所获得的资料和信息，必须依据这一基础进行测算和判断；其次，这种判断要运用一定的预测理论或技术，即运用科学的方法。由此可以看出，市场预测具有科学性，这一性质保证了市场预测的结果具有相当的准确性，能够帮助企业决策者做出科学的决策。但是由于所获得的调查信息有限，并且无法保证信息的客观性，再加上预测者的主观原因，因此预测结果具有局限性，企业决策者进行决策时不能完全依赖预测结果。

（二）市场预测的作用

市场预测的作用主要体现在以下四个方面：

1.有利于企业做出正确的经营决策

经营决策是否正确，直接关系到一个企业的成败与兴衰，而正确的决策要以科学的市场预测为前提。市场预测能为企业经营决策提供必要的市场经济信息，为决策方案的制订提供科学依据。市场预测是企业正确决策的充分必要条件，因为市场预测是以市场历史、现实发展过程中的事实材料为基础，借助预测理论与方法，对市场活动未来发展趋势做出的预计。市场预测减少了对市场活动认识的不确定性，针对决策关心的主要市场问题（即市场变量），如市场需求、商品销售、价格、市场占有率、产品生命周期等的发展变动趋势与可能达到的水平做出定性和定量的估计，能够为制订解决问题的方案及方案论证、比较选择提供科学依据。市场预测得到的未来市场信息越准确、可靠，企业做出正确经营决策的把握就越大。

2.有利于企业主动适应市场变化，提高企业竞争力

市场是千变万化的，今天的市场不等于就是明天的市场。企业要提高竞争力，不仅要关心、研究现有的市场，还要关心、研究未来的市场，而市场预测就是对未来市场需求的估计和判断。因此，要使企业在竞争中得到发展，必须通过市场预测活动，随时了解市场上各种商品的供求变动状况及趋势，随时把握消费者的潜在需求，自觉指导企业正确选择或调整生产经营方向，开发新产品，采取正确的经营对策，及时打入并占领市场，不断扩大产品销售量，提高市场占有率。只有这样，企业才能更好地适应市场变化，提高竞争力。

3.有利于企业提高经营计划的科学性及经济效益

企业全部生产经营的核心是提高经济效益。企业的生产经营活动能否不断取得理想的经济效益与企业的经营计划是否科学有直接关系，而搞好经营的基础之一就是积极做好市场预测工作。企业应生产经营哪些产品？数量多少？开发什么新产品？投入多少资源？产品定价多少？如何销售？配备什么样的生产设备？采购什么样的原材料？……这些问题的解决都要依赖市场预测。错误的市场预测可能使生产

经营的产品不符合市场变化的需要而导致产品积压、企业经营亏损，也可能出现产品供不应求的情况，造成产品脱销，既影响社会需要，也不利于企业提高经济效益。

4.有利于企业协调各部门的工作

企业依据未来一段时间的市场预测，可以指导财务部门确定下一阶段经营上所需的资金；指导制造部门估计生产能力和产出水平；指导采购部门确定采购原材料的数量；指导人事部门确定所需员工的数量等。根据市场预测的结果，企业可以将各部门的工作协调统一起来。企业越重视营销工作，市场预测的这一作用就越重要。

同步案例7-1　市场分析与预测决定着企业的命运

美国有一家鞋厂，为了扩大销售范围，老板派了一名市场经理到非洲一个孤岛上进行市场调查。那名市场经理抵达后，发现当地人都没有穿鞋子的习惯。他马上打电话告诉老板说："这里的居民从不穿鞋，此地无市场。"

老板接到电话后，思索良久，便吩咐另一名市场经理去实地调查。这名市场经理见到当地人不穿鞋的时候，兴奋万分，马上打电话告诉老板说："此岛居民无鞋穿，市场潜力巨大，快寄10 000双鞋过来。"

鞋子寄到后，岛上有些人好奇、图新鲜，的确也卖出不少。但是，这名市场经理并没有满足，经过分析，他让老板再寄10 000顶帽子过来，并把帽子无偿送给当地人。要知道，一个人如果戴着帽子，却光着脚，那是很难看、很尴尬的。于是，那些得到帽子的人纷纷掏钱去买鞋子。最终，鞋厂赚得盆满钵满。

资料来源　根据相关资料自编整理。

问题：从此案例中你得到哪些启示？

分析提示：同样的市场调查，由于分析和预测不同，因此会产生不同的结论，导致企业做出不同的决策，进而决定了企业不同的命运。

二、市场预测的内容与类型

（一）市场预测的内容

市场预测的内容很广泛，包括影响市场营销的各方面因素。概括起来主要有以下内容：

1.市场需求预测

市场需求预测是市场预测的重要内容。所谓市场需求，是指消费者在一定时间、一定市场范围内对商品的需求量。这里的需求包括两层含义：一是消费者想要拥有和使用某种产品的愿望；二是消费者有能够实现购买愿望的货币支付能力。市场需求又包括市场需求潜量、市场销售潜量及市场最低需求量，见图7-1。

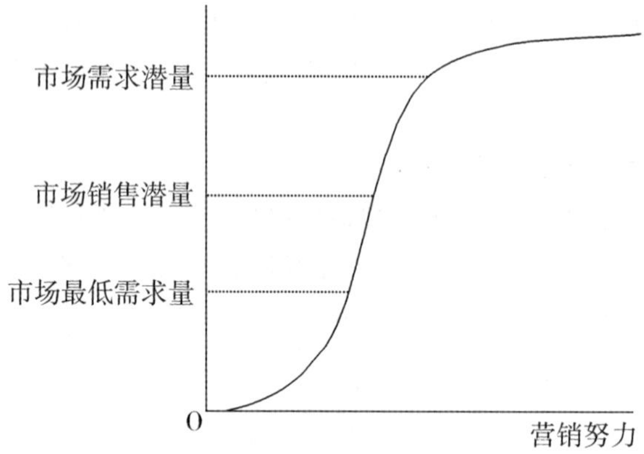

图7-1 市场需求的三种形式

（1）市场需求潜量

市场需求潜量是指在一定时期、一定市场环境下，消费者对某种产品的最大可能的需求量。市场需求潜量是企业编写营销战略和策略，以及生产经营计划的重要依据。

（2）市场销售潜量

市场销售潜量是指在一定时期、一定市场环境下，消费者所能购买的产品总量。它反映了当前产品可能的销售量，所以又称预测销售量。市场销售潜量是企业制订生产经营计划的主要依据。

（3）市场最低需求量

市场最低需求量又称市场需求最低点，是指不做任何销售努力，也会产生的市场需求量。它反映了产品可能的最低销售量。一般来说，在消费品中，生活必需品的市场最低需求量较高，销售努力的大小对其需求量变化的影响不大。

2.市场占有率预测

市场需求反映的是某种产品总的市场需求情况，而市场占有率能够反映企业产品在市场上占有的份额。所谓市场占有率，是指在一定时期、一定市场环境内，企业生产的某种商品的实际销售量与该市场内同类别商品的销售总量的比率。其计算公式为：

$$市场占有率=\frac{企业生产的某种商品的实际销售量}{该市场内同类别商品的销售总量}\times 100\%$$

市场占有率又分为绝对市场占有率和相对市场占有率。通常，市场占有率即为绝对市场占有率。相对市场占有率是指本企业某种商品的市场占有率与同行业中销售量最大的企业的市场占有率的比率，其计算公式为：

$$相对市场占有率=\frac{本企业某种商品的市场占有率}{同行业中销售量最大的企业的市场占有率}\times 100\%$$

相对市场占有率反映了本企业产品与同行业竞争对手产品的比较关系。

市场占有率高，意味着企业的产品受欢迎，竞争力强；反之，说明企业的产品不大受欢迎，缺乏竞争力。因此，市场占有率既是综合反映企业经营状况和管理水平的一项重要指标，也是市场预测的重要内容。

通过对市场需求潜量、市场销售潜量及市场占有率的预测，研究人员可进一步预测本企业商品在市场上的销售量。其计算公式为：

本企业商品销售量=市场预测销售量×市场占有率

3.企业资源预测

资源是企业生产经营的物质基础。企业所需资源主要包括人力、财力和物力等。人力是指企业发展所需的各类技术人才、管理人才及其他专门人才；财力是指企业发展所需的资金；物力是指企业生产所需原材料、能源、燃料、动力、设备、零配件等物质资料的供应及保证。通过对资源的预测，企业可以掌握人、财、物等资源的发展动态，有计划地合理开发、配置和使用资源，保证企业发展的需要。

4.技术发展预测

科学技术是推动企业进步与社会发展的强大动力。技术对企业发展的推动作用主要表现在两个方面：一是新技术的应用必然引起产品更新换代和新产品问世，以便满足消费者新的需求，有利于企业开拓新的市场；二是新技术的应用会推动设备改造与工艺革新，以便大幅度提高生产效率。所以，技术发展预测对企业发展具有重要意义。技术发展预测的主要内容是与本企业有关的新技术、新产品、新材料、新工艺、新设备等方面的动态及其发展趋势。通过技术发展预测，企业能够明确技术发展的方向，制定正确的技术发展方针，确定产品的发展方向。

（二）市场预测的类型

市场预测可以按照不同的标准进行分类，具体有以下几个方面：

1.按时间长短分类

按照市场预测时间的长短，可以分为短期市场预测、中期市场预测和长期市场预测。短期市场预测的时间一般在1年以内，如周、月或季度市场情况预测，这种预测一般为企业制订短期市场计划提供参考；中期市场预测的时间一般在1年以上5年以下，这种预测主要用于安排跨年度工作和修订长期计划；长期市场预测的时间一般在5年以上，如对产品未来需求情况的预测，这种预测主要用于指导新产品开发、制定企业发展战略等。

2.按空间范围分类

按市场预测空间范围的不同，可以分为宏观市场预测和微观市场预测。宏观市场预测是指把整个行业的情况作为研究对象，研究政治、经济、人口、文化、技术、法律等宏观环境的发展变化趋势对企业经营方向和经营过程的影响。微观市场预测是指从单个企业的角度出发，研究预测市场竞争者、产品销售量、市场占有率等情况。宏观市场预测要以微观市场预测为基础，微观市场预测要以宏观市场预测为指导，二者密切联系，在实际预测时，一定要注意兼顾。

3.按性质分类

按市场预测性质的不同，可以分为定性预测和定量预测。定性预测也叫经验判断预测，是指预测者凭借自己的经验、理论知识及分析能力，根据占有的资料，对未来市场的发展趋势做出估计和判断的一种预测方法。定性预测不需要很多数据资料，可以迅速做出判断。在影响市场的因素很多而数据很少或没有数据的情况下，可以采用这种方法。对比分析法、集合意见法、顾客意见法、专家意见法等都属于定性预测。定量预测是指根据收集和整理的市场历史和现实数据，运用数学方法对市场发展趋势进行预测的一种方法。定量预测需要依靠完整的数据资料来建立数学模型进行预测，因此相对而言操作起来比较复杂。时间序列预测、因果分析预测都属于定量预测。定性预测和定量预测各有利弊、各有所长，在实际预测时，应结合起来使用。

三、市场预测的原则与步骤

（一）市场预测的原则

市场预测的原则是市场预测活动的指导思想，它阐明了人们为什么能够对市场未来的发展变化做出估计和推测，而且这种预测有一定的科学性。

1.连续性原则

连续性原则是指市场现象和事物发展具有一定的延续性。未来的市场需求是过去和今天的市场需求的延续和发展，因此可以根据市场的过去和现在，预测市场的未来。市场预测中之所以贯穿了连续性原则，是因为一切社会经济现象都有它的过去、现在和未来。任何事物的发展都与其过去的行为有联系，过去的行为不仅会影响现在，还会影响未来。换言之，一切社会经济现象的存在和发展都具有连续性。

2.类推原则

类推原则是指在市场活动中，有许多现象、事物在发展规律上有类似之处，因此可以将已知事物的发展过程类推到预测对象上，从而对预测对象的未来做出预测。类推原则的根据是客观事物之间存在着某些类似性，这种类似性具体表现为不同事物在结构、模式、性质、发展趋势等方面相接近。因此，利用预测对象与其他事物在表现形式上有类似之处的特点，人们可以根据已知事物的某种类似的结构和发展模式，通过类推的方法对未知事物的发展前景做出预测。

3.相关性原则

相关性原则是指市场中许多事物、现象是彼此关联的，利用这种关联，可以进行市场预测。例如，婴儿食品的需求量和婴儿的数量有很强的关联性，若掌握了未来婴儿出生数，就可预测婴儿食品需求量，这就是市场预测的相关性原则。相关性原则体现了唯物辩证法因果联系的观点。唯物辩证法认为，客观世界的事物总是相互联系的，不存在孤立的事物。一个事物的变化总会引起另一个事物的变化，它们之间构成了因果关系，利用事物的因果关系，就可以进行市场预测。在市场预测方法中，回归分析就是对这一原则的应用。

（二）市场预测的步骤

市场预测是在市场调查的基础上，明确预测目标，收集资料，分析判断并运用预测方法，得出预测结论的复杂过程。这一过程具体包括以下步骤：

1.确定预测目标

确定预测目标是进行市场预测首先要解决的问题。也就是说，要完成一项市场预测，首先要明确预测的目的是什么、预测的对象是什么，只有预测目的与对象明确，才能有意识地去收集各种资料，才能采用恰当的预测方法进行预测。

确定预测目标就是要明确预测的目的与要求，具体包括确定预测对象、预测项目、预测的空间范围和时间要求。预测目标应尽量具体、详尽，不能含糊、抽象。预测目标既关系到整个预测活动的成败，又关系到预测中其他步骤的进行，如收集什么样的资料、采用什么样的预测方法，以及如何制订该项预测的具体工作计划和进度等。

确定了预测目标，整个市场预测工作就有了明确的方向和内容。例如，某地区为编制小轿车生产行业长远规划，开展了该地区2017年家庭小轿车需求预测。该项预测目标明确，预测对象是小轿车，预测项目涉及居民家庭小轿车的需求量预测、影响居民小轿车需求的各种因素（如收入水平）预测。该项预测属于长期市场预测。对企业而言，预测目标应根据企业生产经营管理的需要确定，并且服从企业经营决策的要求。要开展目标分析，也就是运用系统观点，逐步把握目标和外部环境之间的依存关系。

2.收集分析有关资料

科学的市场预测必须建立在掌握充分的市场资料的基础上。预测目标确定后，研究人员就要围绕预测目标，广泛收集各种历史和现实资料。市场预测所需资料有两类：一类是关于预测对象本身的历史和现实资料，如在上例中某地区家庭近年来购买小轿车的统计资料；另一类是影响预测对象发展过程的各种因素的历史和现实资料，如在上例中相关的收入状况资料、小轿车价格变动资料、城市道路发展变化资料等。

市场资料众多，在预测中应收集什么样的资料，完全由预测目标来决定。围绕市场预测目标收集市场资料，能够保证所收集资料的完整性、可靠性、准确性和适用性。收集历史资料和收集现实资料，在内容和方法上有所不同。历史资料包括企业已经建档和各级政府统计机构发布的各种经济与社会发展资料，包括宏观的、微观的各种历史统计资料，如人口状况、就业与人均收入的变化情况、社会购买力、货币流通量、商品生产与销售情况、企业经营的各种业务数据等。通过对历史资料的分析，研究人员可以认识与揭示预测对象的发展变化规律，进而预测未来。历史资料的收集主要通过文献调查法获得。现实资料是指当前正在发生的有关经济和社会活动的各种资料。现实资料主要通过实地调查获得，如对消费者的口头访问或问卷调查、观察调查等。通过对现实资料的分析，研究人员可以了解预测对象的现实状况。

3.进行分析判断

分析判断是指对收集的历史和现实资料进行综合分析，对市场未来的发展变化趋势做出判断，从而为选择预测方法、建立预测模型提供依据。

分析判断的内容是多方面的，主要有如下几点：

首先，要分析各种因素对未来市场需求的影响。一是分析国家方针、政策和经济形势对市场未来需求的影响，如房地产业的发展与建材需求密切相关；二是分析进出口贸易对市场未来需求的影响，如进出口商品的规模与结构对国内商品的需求量与需求结构有直接影响；三是分析居民的收入水平和消费结构变化对市场未来需求的影响，如居民的消费结构变化直接决定市场需求的结构；四是分析产品之间的替代关系和依存关系对市场未来需求的影响，如空调和电风扇两类产品是相互替代的关系，任何一类产品生产、销售的变化都会影响到另一类产品的生产、销售。

其次，要分析预测期内产、供、销关系及其变化。一是分析商品供需关系及其变化，即社会商品供应是否能满足市场需求，供需关系将发生何种变化；二是分析各种企业生产、销售的商品结构是否与消费者、用户的需求结构相适应；三是分析商品流通渠道能否适合商品销售和满足消费者购物的需要；四是分析各类产品的生产、供应是否与销售相脱节等。

最后，要分析消费心理、消费倾向等对市场未来需求的影响。这主要分析消费者的消费心理、消费倾向、消费行为、价值观念等变化对市场未来需求的影响，如随着我国进入小康社会，人们对健康日益重视，可以预测各种健身用品的需求量将越来越大。

4.选择预测方法，建立预测模型

根据预测目标，在对有关资料进行分析判断后，就要选择预测方法。预测方法的选择是否适当，将直接影响预测结果的可靠性。预测方法很多，主要有定性预测和定量预测两大类，每一种方法对不同的预测对象、目标的有效性是不同的。

预测方法的选择一般应从以下方面考虑：

第一，根据预测目标和要求选择预测方法。预测方法要服从于预测目标和要求。例如，如果预测项目是短期和近期的，一般选用集合意见法、移动平均法、指数平滑法等；如果预测项目是中长期的，一般采用趋势外推法、回归分析法、德尔菲法等。若预测目标用于企业战略性决策，一般采用适合中、长期预测的方法；若预测目标用于企业战术性决策，可采用适合短期预测的方法。

第二，根据预测对象本身的特点选择预测方法。不同的预测对象，具有不同的属性和内在变化特点，适用的预测方法也不同。例如，服装、儿童玩具、家用电器类商品一旦被社会所接受，其发展速度相当迅速，但更新淘汰速度也很快，因此这类商品不宜采用趋势外推法；空调、冷饮等季节性商品，一般采用季节指数法进行预测；香皂、毛巾等日用品，可采用移动平均法、指数平滑法等进行预测。此外，还应考虑预测的条件、基础。

预测方法的选择必须建立在切实可行的基础上。如今，各种新的预测方法层出不穷，但在实际中还是要受数据、经费、人力、设备等方面条件的制约。因此，研究人员在选择预测方法时，要考虑是否具备相应的各种条件。

预测模型与预测方法是紧密联系在一起的。预测方法确定了，预测模型也就确定了。建立预测模型，就是依据预测目标，应用预测方法建立数学模型。建立预测模型应注意以下问题：

①在满足预测目标和要求的前提下，尽可能使预测模型简单化。

②在应用预测模型时，要对模型进行必要的检验，以判断模型是否适用。

③当预测模型不够科学时，应及时进行修正。

5.得出预测结论

这是市场预测工作的最后一个阶段，具体包括两个环节：

（1）利用预测模型计算出预测值

这是利用具体的数学模型，输入有关数据，经过运算，求出预测值。

（2）评价预测值的合理性，确定预测结论

利用预测模型计算出来的预测值，只是初步预测的结果。但预测值和实际情况总会存在一定偏差，这就是预测误差。因此，在得出预测结论前，一般需要对预测误差做出估计，预测误差实质上是对预测模型精确度的直接评价，它决定了预测模型是否适用，是否需要做出修正。如果预测误差较小，符合预测要求，就可确定预测结论，即确定最终的预测值。

需要指出的是，为了保证预测值的准确性，在市场预测中，常常要同时采用不同的预测方法与预测模型，并对它们的预测结果进行比较分析，进而对预测值的可信度做出评价，以确定最符合实际的预测值。

任务二　定性预测

定性预测在工程实践中被广泛使用，特别适合于对预测对象的数据资料掌握不充分，或影响因素复杂难以用数字描述，或对主要影响因素难以进行数量分析等情况。

常用的定性预测方法包括：对比分析法、集合意见法、专家意见法、顾客意见法。

一、对比分析法

对比分析法是指将预测目标同与其相似的事物进行对比分析，以推断预测目标未来发展取向与可能水平的方法。这种方法实际上是运用类比原则，对预测目标进行推断的一种方法，其主要类型有由点类推面、由局部类推整体、由相近产品类推新产品或同类产品、由相似国外市场类推国内市场等。

对比分析法一般适用于预测潜在购买力和需求量、预测新产品长期的销售变化规律等，比较适合中长期的预测。

【例 7-1】A城市2011—2015年家用彩电的年平均购买率为5%，根据市场调查，B城市的情况与A城市类似，且B城市有300万家庭，用对比分析法预测B城市2016年家用彩电的销售量。

解：根据A城市的家庭彩电购买情况，根据类比原则，我们可以认为B城市的彩电购买也会出现类似的情况，因此2016年也将有5%的家庭购买彩电。

B城市2016年家用彩电的销售量为：

300×5%=15（万台）

二、集合意见法

集合意见法是指集合企业内部经营管理人员、业务人员等的意见，凭借他们的经验和判断共同讨论市场趋势，从而进行市场预测的方法。由于经营管理人员、业务人员等比较熟悉市场需求及其变化动向，他们的判断往往能反映市场的真实趋势，因此集合意见法是进行短期市场预测常用的方法。根据参与预测人员的不同，这种方法又可分为两种，即经理判断法和销售人员判断法。

（一）经理判断法

经理判断法是由企业的经理或厂长召集各业务部门的主管人员，共同讨论市场趋势，并得出预测结果的方法。

1.预测程序

第一步，经理或厂长召集主要业务部门，如市场部、销售部、财务部、采购部、计划部等的负责人，提出预测项目、预测目标、预测时间及预测的基本要求。

第二步，各部门负责人根据掌握的情况分别提出预测意见，也可以事先由负责人征求和汇总其下属人员的意见。

第三步，经理或厂长再次开会，对各种意见进行讨论，最后得出一个比较符合实际的预测结果。

2.经理判断法的优点

①征求意见的过程要自上而下、自下而上地进行，便于集思广益，同时也能调动各方面的积极性。

②由于进行预测的意见集合了企业内部各个部门的情况，因此预测结果更加符合实际情况，从而保证了预测结果的相对准确性。

③通过内部领导机制预测结果，能够提高预测效率。

3.经理判断法的缺点

①受预测者主观影响较大。

②受个人权威的影响，预测结果容易产生偏差。

③集体讨论时，容易受讨论氛围的影响，过于乐观或过于悲观都会对结果产生影响。

（二）销售人员判断法

销售人员判断法是指企业负责人召集销售人员讨论市场发展趋势、预测市场结果的方法。

1.预测程序

第一步，负责人将预测的内容和要求发给销售人员，销售人员按要求进行资料收集。

第二步，销售人员根据掌握的资料对自己负责的市场情况做出预测。

第三步，负责人对各地的市场情况进行汇总，得出企业的最终预测结果。

2.销售人员判断法的优点

①由于销售人员对自己负责的地区情况比较了解，同时具有一定的专业知识和销售经验，因此预测结果比较接近市场需求的实际情况。

②销售人员直接从事业务活动，本身承担预测结果的实施工作，使预测工作具有广泛的基础；同时，销售人员对预测工作更有责任心，对完成预测任务具有较高的积极性。

3.销售人员判断法的缺点

①由于销售人员预测结束后要负责完成相关任务，如果预测结果过高，就会增加他们的负担，因此销售人员的预测结果一般偏低。

②由于销售人员只负责自己所在区域的情况，对整个市场情况不了解，缺乏全局意识，因此销售人员的预测结果具有局限性。

三、专家意见法

专家意见法是指企业邀请内部或外部具有某一方面专业知识和丰富经验的专业人员（即专家），根据市场预测的目标和要求，综合专家意见进行市场预测的方法。由于专家在某一方面具有权威性、预测结果较准确，同时这种预测方法的组织较方便、预测时间短，因此专家意见法已成为重要的定性预测方法。

按照征求专家意见的方式不同，专家意见法又可以分为专家会议法、头脑风暴法和德尔菲法。

（一）专家会议法

专家会议法又称专家小组法，是指企业市场预测负责人邀请相关专家组成小组、召开会议，对预测问题进行讨论、提出预测结果，最后综合各专家意见形成最终预测结论的方法。

为了更好地发挥这种方法的作用，实际应用时应注意：第一，选择专家时要尽可能地保证覆盖面广泛，使得与预测相关的各个方面都有专家，以提供更多的信息。第二，要尽可能地准备更多的资料，以供各方面专家了解情况、把握全局。第三，由于专家来自各个方面，分析问题的角度不同，意见容易分散，而且专家的权威性容易使他们固执己见，因此应挑选能力较强的主持人，以便很好地引导讨论，创造和谐的会议氛围，让专家充分发表自己的见解，从而获得更准确的预测结果。

同步案例7-2 选取专家会议的参加者应遵循的原则

专家会议的参加者应按下述三个原则选取：

第一，如果参加者相互认识，要从同一职位（职称或级别）的人员中选取，领导人员不应参加，否则可能会给参加者造成某种压力。

第二，如果参加者互不认识，可从不同职位（职称或级别）的人员中选取。这时，不论参加者的职称或级别高低，都应同等对待。

第三，参加者的专业应力求与所论及的预测对象的问题一致。

此外，运用专家会议法，必须确定专家会议的最佳人数和会议进行的时间。专家小组的规模以10～15人为宜，会议时间一般以20～60分钟效果最佳。会议提出的设想由分析人员进行系统化处理，以便在后续阶段对提出的所有设想进行评估。

问题：专家会议法的优缺点有哪些？

分析提示：可以从专家会议法的特点上进行分析。

①优点：交换意见，互相启发，弥补不足。

专家会议法有助于专家们交换意见，通过互相启发，可以弥补个人意见的不足；通过内外信息的交流与反馈，能够产生"思维共振"，从而将产生的创造性思维活动集中于预测对象，在较短的时间内得到富有成效的创造性成果，为决策提供预测依据。

②缺点：受心理因素影响较大。

专家易屈服于权威或大多数人的意见，易受劝说性意见的影响，不愿意轻易改变自己已经发表过的意见等。

（二）头脑风暴法

头脑风暴法（brain storming）的发明者是现代创造学的创始人、美国学者阿历克斯·奥斯本。他于1938年首次提出头脑风暴法，brain storming原指精神病患者头脑中短时间出现的思维紊乱现象，奥斯本借用这个概念来比喻思维高度活跃，打破常规的思维方式而产生大量创造性设想的状况。头脑风暴法的特点是让与会者敞开思想，使各种设想在相互碰撞中激起创造性风暴。头脑风暴法是在创造性想法尽可能多的基础上对要预测的问题的现状及发展前景做出评价，进行分析判断，综合专家意见对预测对象得出预测结论的方法，这是一种集体开发创造性思维的方法。头脑风暴法在20世纪50年代得到应用，至70年代中期，头脑风暴法在各类预测方法中的比重已由6.2%上升到8.1%。

1.头脑风暴法的基本程序

头脑风暴法力图通过一定的讨论程序与规则来保证创造性讨论的有效性，因此，讨论程序是否适当决定了头脑风暴法能否有效实施。从程序上来说，组织头脑风暴法的关键在于以下几个环节：

（1）确定议题

一次有效的头脑风暴法从对议题的准确阐明开始。因此，必须在会前确定一个目标，使与会者明确通过这次会议需要解决什么问题，同时不要限制可能的解决方案的范围。一般而言，比较具体的议题能使与会者较快产生设想，主持人也较容易掌握；比较抽象和宏观的议题引发设想的时间较长，但设想的创造性也可能较强。

（2）会前准备

为了使头脑风暴畅谈会的效率较高、效果较好，主持人可在会前做一点准备工作，如收集一些资料预先给大家参考，以便与会者了解与议题有关的背景材料和外界动态。就参与者而言，在开会之前，对于要解决的问题一定要有所了解。会场可进行适当布置，座位排成圆环形的环境往往比教室式的环境更为有利。此外，在头脑风暴畅谈会正式开始前，主持人还可以出一些创造力测验题供大家思考，以便活跃气氛、激发创造性思维。

（3）确定人选

一般以8～12人为宜，也可略有增减（5～15人）。与会者人数太少，不利于交流信息、激发思维；人数太多则不容易掌握会议进程，并且每个人发言的机会相对减少，也会影响会场气氛。只有在特殊情况下，与会者的人数可不受上述限制。

（4）明确分工

要选定1名主持人，1～2名记录员（秘书）。主持人的作用是在头脑风暴畅谈会开始时重申讨论的议题和纪律，在会议进程中启发引导、掌握进程，如通报会议进展情况，归纳某些发言的核心内容，提出自己的设想，活跃会场气氛，或者让大家静下来认真思索片刻再组织下一个发言高潮等。记录员应将与会者的所有设想及时编号，简要记录，最好写在黑板等醒目处，让与会者能够看清；记录员也应随时提出自己的设想，切忌持旁观态度。

（5）规定纪律

根据头脑风暴法的原则，组织者可规定几条纪律，要求与会者遵守。例如，要集中注意力、积极投入，不消极旁观；不要私下议论，以免影响他人思考；发言要针对目标、开门见山，不要客套，也不必做过多的解释；与会者之间相互尊重、平等相待，切忌相互吹捧或贬低等。

（6）掌握时间

会议时间由主持人掌握，不宜在会前定死。时间太短，则与会者难以畅所欲言；太长则容易产生疲劳感，影响会议效果。经验表明，创造性较强的设想一般要在会议开始10～15分钟后逐渐产生。美国创造学家帕内斯指出，会议时间最好安排在30～45分钟。倘若需要更长时间，应把议题分解成几个小问题分别进行专题讨论。

2.头脑风暴法的原则

运用头脑风暴法应遵循以下原则：

（1）自由畅谈

参加者不应该受任何条条框框的限制，而应让思维自由驰骋，从不同角度、不同层次、不同方位，大胆地展开想象，尽可能地标新立异，提出具有独创性的想法。

（2）延迟评判

必须坚持当场不对任何设想做出评价的原则，既不能肯定某个设想，也不能否定某个设想，更不能对某个设想发表评论性的意见，如“这主意好极了！”“这种想法太离谱了！”之类的“捧杀句”或“扼杀句”，一切评价和判断都要延迟到会议结束以后才能进行。这样做一方面是为了防止评判约束与会者的积极思维，破坏自由畅谈的有利气氛；另一方面是为了集中精力先开发设想，避免把应该在后面阶段做的工作提前进行，影响创造性设想的大量产生。

（3）禁止批评

禁止批评是头脑风暴法应该遵循的一个重要原则。参加头脑风暴会议的每个人都不得对别人的设想提出批评意见，因为批评对创造性思维无疑会产生抑制作用。同时，发言人的自我批评也在禁止之列，有些人习惯用一些自谦之词，这些自我批评性质的说法同样会破坏会场气氛，影响自由畅想。

（4）追求数量

头脑风暴法的目标是获得尽可能多的设想，追求数量是它的首要任务。参加会议的每个人都要抓紧时间多思考、多提设想。至于设想的质量，可留到会后的设想处理阶段解决。从某种意义上来说，设想的质量和数量密切相关，产生的设想越多，其中的创造性设想就可能越多。

有活力的头脑风暴会议倾向于遵循一系列陡峭的“智能”曲线，开始时缓慢地积聚，然后非常快，接着又开始进入平缓期。头脑风暴会议的主持人应该懂得通过小心提及并培育一个正在出现的话题，让创意在陡峭的“智能”曲线阶段自由形成。

同步案例7-3　头脑风暴法解决了久悬未决的难题

有一年，美国北方格外严寒，大雪纷飞，电线上积满了冰雪，电线常被积雪压断，从而严重影响了通信。过去，许多人试图解决这一问题，但都未能如愿以偿。后来，电信公司经理尝试应用头脑风暴法解决这一难题，他召开了一个由不同专业的技术人员参加的头脑风暴座谈会。

会后，公司组织专家对设想进行分类论证。专家们认为，设计专用清雪机，采用电热或电磁振荡等方法清除电线上的积雪，在技术上虽然可行，但研制费用大、周期长，一时难以见效。“坐飞机扫雪”倒是一种大胆的新方案，如果可行，这将是一种既简单又高效的好办法。经过现场试验，人们发现用直升机扇雪真能奏效，一个久悬未决的难题终于在头脑风暴会议中得到了巧妙解决。

问题：头脑风暴法是如何解决这一久悬未决的难题的？

分析提示：头脑风暴法是选择专家参与创造性思维过程的一种智力激励方法。通过专家之间的信息交流，引起“思维共振”，产生组合效应，从而形成宏观的智能。

（三）德尔菲法

1.德尔菲法的含义

德尔菲法本质上是一种反馈匿名函询法。其做法是：在对所要预测的问题征得专家的意见之后，进行整理、归纳、统计，然后匿名反馈给各位专家，再次征求意见，再集中、再反馈，直至得到稳定的意见。

同步案例7-4 德尔菲法的由来

德尔菲是古希腊地名。相传太阳神阿波罗在德尔菲杀死了一条巨蟒，成了德尔菲的主人。人们在德尔菲建了一座阿波罗神殿，以预测未来。后来，人们就借用“德尔菲”作为这种方法的名字，预示着这种方法能够准确预测未来。

德尔菲法是在20世纪40年代由赫尔默（Helmer）和戈登（Gordon）首创的。1946年，美国兰德公司的赫尔默和戈登发表了《长远预测研究报告》，首次将德尔菲法用于技术预测中，这是当时美国为了预测其在“遭受原子弹轰炸后可能出现的结果”而发明的一种方法。之后，德尔菲法得到迅速普及，在技术预测和新产品市场需求预测等方面得到了较为普遍的应用。德尔菲法是专家会议法的改进和发展，它克服了专家会议法的不足，使被调查专家的知识和经验得到了充分发挥。

问题：德尔菲法和其他专家意见法有哪些区别？

分析提示：我们可以从德尔菲法的特点上区别其他预测方法。

（1）匿名性

匿名性是德尔菲法极其重要的特点，从事预测的专家彼此之间不知道有哪些人参加预测，他们是在完全匿名的情况下交流思想的。

（2）多次反馈

小组成员的交流是通过回答组织者的问题来实现的。采用德尔菲法时，一般要经过若干轮有控制的反馈才能完成预测。

（3）小组的统计回答

以往，一个小组的最典型的预测结果只反映多数人的观点，少数人的观点至多被概括性地提及一下，因此小组中的不同意见并没有被表达出来。统计回答却不是这样，它报告一个中位数和两个四分点，其中一半落在两个四分点之内，一半落在两个四分点之外，这样每种观点都被包括在统计中了。

德尔菲法不仅可以用于预测，如技术预测、军事预测、人口预测、经济预测、经营预测、教育预测和医疗保健预测等，还可用来进行评价、决策和规划等工作。有的学者认为，德尔菲法是最可靠的预测方法。《未来》杂志报道，从20世纪60年代末到70年代中期，专家会议法和德尔菲法（以德尔菲法为主）在各类预测方法中所占的比重由20.8%增加到23.2%。20世纪80年代以来，我国不少单位也采用德尔菲法进行预测、决策分析和编制规划工作。

2.德尔菲法的预测程序

德尔菲法的预测程序主要包括以下三步：预测准备、专家意见征询和预测结果处理。

（1）预测准备

由于德尔菲法参与的人员较多，过程相对复杂，因此在征询意见之前必须做好以下准备工作：

①成立预测小组，确定预测目标。根据预测任务，挑选相关方面的人员组成预测小组，并做好人员分工。小组人员负责收集、整理与预测工作有关的数据，并对其进行初步分析，从而确定预测目标。

②挑选专家。专家是市场预测的关键人物，关系到预测结果的准确与否，因此必须做好专家的挑选工作。挑选专家时应注意以下几点：首先，专家应具有广泛的代表性，保证与预测工作相关的各个领域、各个方面都有专家。其次，专家的数量要适当，一般为12～20人。人数太少，则缺少代表性，可提供的资料和意见有限；人数太多，则组织起来困难，数据处理也比较麻烦。最后，要保证入选的专家能积极参与预测工作，积极配合相关人员提供意见。

③设计征询意见表。由于专家之间不见面，意见的交流主要通过意见表进行，因此意见表的设计也非常重要，应做到紧扣预测主题，内容简明扼要，便于回答，对较复杂的问题要有必要的注释和文字说明。

（2）专家意见征询

预测准备阶段完成后，就要进入专家意见征询阶段。这一阶段要反复进行预测意见征询。

第一次征询：

①组织者发给专家第一轮调查表，表内的问题是开放式的，不提任何限制，只提出预测问题，请专家围绕预测主题提出预测事件。如果限制太多，会漏掉一些重要事件。

②组织者要对专家填好的调查表进行汇总整理，归并同类事件，排除次要事件，用准确的术语提出一个预测事件一览表，作为第二轮调查表发给专家。

第二次征询：

①专家对第二轮调查表所列的每个事件做出评价。例如，说明事件发生的时间、叙述事件或迟或早发生的理由。

②组织者收到第二轮专家意见后，对专家意见进行统计处理，整理出第三张调

查表。第三张调查表包括事件、事件发生的中位数和上下四分点，以及事件发生时间在四分点外侧的理由。

第三次征询：

①把第三轮调查表发下去，对上下四分点外的对立意见进行评价，并给出自己新的评价（尤其是在上下四分点外的专家，应重述自己的理由）。如果修正自己的观点，也请叙述为何改变，原来的理由错在哪里，或者说明哪里不完善。

②专家们的新评论和新理由返回到组织者手中后，组织者的工作与第二轮类似，即统计中位数和上下四分点，总结专家意见，重点是双方有争论的意见，形成第四轮调查表。

第四次征询：

①请专家对第四轮调查表再次评价和权衡，做出新的预测。是否需要做出新的论证与评价，取决于组织者的要求。

②当第四轮调查表返回后，组织者的任务与上一轮的任务相同，即统计中位数和上下四分点，归纳总结各种意见的理由以及争论点。

（3）预测结果处理

在预测结果处理阶段，首先要把最后一轮的专家意见进行统计、归纳和处理，得出代表专家意见的预测值和离散程度；然后对专家意见做出分析和评价，确定预测方案。该阶段最主要的工作是用一定的统计方法对专家的意见做出统计、归纳和处理。

3.专家意见的处理方法

（1）算术平均法

这是最简单的数据处理方法，即对预测结果进行算术平均，将算术平均的结果作为专家预测的最终结果。这种方法主要用于专家预测结果相差不大的情况。

（2）比重法

比重法是指以专家预测结果中出现次数最多的数值作为预测结果的一种数据处理方法。例如，在20名专家中，有13名专家预测未来某可乐的市场需求量是200万瓶，这一结果所占比重最大，根据比重法，200万瓶就是预测的最终结果。

（3）中位数和上下四分位数法

这一方法主要用于预测结果为时间或数量时的统计处理，用中位数代表专家预测意见的协调结果，用上下四分位数反映专家意见的离散程度。具体操作如下：

首先，将专家们提供的预测值按从小到大的顺序进行排列，得到下面的数据序列：

$X_1 \leq X_2 \leq X_3 \leq X_4 \leq \cdots \leq X_{n-1} \leq X_n$

其次，使用下面的公式计算中位数：

$$\bar{x}=\begin{cases}x_{k+1} & (k为奇数)\\ \dfrac{x_k+x_{k+1}}{2} & (k为偶数)\end{cases}$$

式中：$\bar{x}$ 为中位数；x_k 为第 k 个数据；x_{k+1} 为第 k+1 个数据；k 为正整数。

再次，计算上下四分位数，计算公式为：

$$x_{上四}=\begin{cases}x_{\frac{3k+3}{2}} & n=2k+1(k为奇数)\\ \dfrac{x_{\frac{3}{2}k+1}+x_{\frac{3}{2}k+2}}{2} & n=2k+1(k为偶数)\\ x_{\frac{3k+1}{2}} & n=2k(k为奇数)\\ \dfrac{x_{\frac{3}{2}k}+x_{\frac{3}{2}k+1}}{2} & n=2k(k为偶数)\end{cases}$$

$$x_{下四}=\begin{cases}x_{\frac{k+1}{2}} & n=2k+1(k为奇数)\\ \dfrac{x_{\frac{k}{2}}+x_{\frac{k}{2}+1}}{2} & n=2k+1(k为偶数)\\ x_{\frac{k+1}{2}} & n=2k(k为奇数)\\ \dfrac{x_{\frac{k}{2}}+x_{\frac{k}{2}+1}}{2} & n=2k(k为偶数)\end{cases}$$

各专家预测值中的最大值与最小值之差称为全距。全距表示调查结果的最大变动幅度，是各专家之间看法的分散程度的一种度量。

若用中位数和上下四分位数描述预测的结果，则中位数表示预测结果的期望值，下四分位数表示预测期望值区间的下限，上四分位数表示预测期望值区间的上限。

【例 7-2】某公司 2015 年开发了一种新产品，为了预测该产品在市场上的销售情况，公司聘请了 12 位专家，采用德尔菲法预测 2016 年的销售量。公司按照德尔菲法的要求和程序进行了组织。经过三轮征询后，专家的意见趋于一致，预测结果见表 7-1。

表 7-1　　**专家预测值**　　单位：万件

专家编号	第一次预测	第二次预测	第三次预测
1	14	10.5	10.6
2	16	11	10.2
3	4	10.5	9.8
4	18	14	11
5	17	13	11.2
6	12	10	10.4
7	14	11	11.6
8	6	11	10.7
9	4	9	10
10	7	10	10.8
11	10	9.5	9.6
12	8	9	10

试用中位数和上下四分位数法预测该产品2016年的销售量。

解：首先将所有第三次预测值按照由小到大的顺序排序并确定中位数值，其中n=12，k=6。

$$\bar{x}=\frac{x_k+x_{k+1}}{2}=\frac{x_6+x_7}{2}=(10.4+10.6)\div 2=10.5(\text{万件})$$

确定下四分点：

$x_{下四}$=（10+10）÷2=10（万件）

确定上四分点：

$x_{上四}$=（10.8+11）÷2=10.9（万件）

因此，可以预测该公司2016年该产品的销售量为10.5万件，有半数专家认为销售量在10万～10.9万件。

四、顾客意见法

顾客意见法即预测人员直接调查顾客的购买意向，在分析市场需求变化的趋势和竞争情况后，做出有关本企业产品需求的预测。顾客数量不太多或顾客与本企业有固定协作关系的企业（如制造生产资料类产品的企业）多采用这种方法。如果顾客量大，那么采用这种方法调查起来就很困难。该方法的优点是能够直接了解顾客的意见，使调查结果更加真实。缺点是调查数据会受各种因素的影响而发生改变，预测者要提前充分考虑；对潜在客户的调查预测比较困难。

任务三　定量预测

常用的定量预测方法包括：平均预测法、指数平滑法、季节指数法、回归分析法等。下面我们对几种方法进行简单介绍。

一、平均预测法

平均预测法是将一定观察期内预测目标的平均值作为下一期预测值的一种最简单的预测方法，它适用于观察变量不呈现明显倾向性变化的情况。常用的平均预测法有简单平均法和移动平均法。

（一）简单平均法

简单平均法是以一定观察期内预测变量的算术平均值作为下期预测值的预测方法。这种方法适用于趋势比较稳定的时间序列的短期预测。其计算公式为：

$$\bar{x}=\frac{1}{n}\sum_{t=1}^{n}x_t$$

式中：$\bar{x}$为简单平均数（即预测值）；n为数据的个数；x_t为各期实际发生数。

【例7-3】某超市1—6月份某商品的销售额分别为60万元、70万元、65万元、75万元、70万元、75万元，试用简单平均法预测7月份的销售额。

解：$\bar{x}$=（60+70+65+75+70+75）÷6≈69.2（万元）

简单平均法是将各期的统计数据同等看待，但实际上，近期的统计数据与远期的统计数据相比，含有更多的变化趋势信息。只有根据其包含趋势信息的多少给予相应的权数，才能更好地表现出时间数列的趋势。因此，在简单平均法的基础上，有时也采用加权平均法进行预测。加权平均法认为时间数列的各个数据对预测值有不同的影响程度，因此分别给各个数据以不同的权数，然后计算出加权平均数，并将其作为下期的预测值。加权平均数的计算公式为：

$$\bar{x}=\sum_{t=1}^{n}c_t x_t$$

式中：$\bar{x}$ 为加权平均数（即预测值）；c_t 为权数；x_t 为实际发生数；n为数据的个数。

仍采用【例7-3】的资料，假定1—6月份的权数分别为1、2、3、4、5、6，用加权平均法预测7月份的销售额为：

$$\bar{x}=(60\times1+70\times2+65\times3+75\times4+70\times5+75\times6)\div21=71.2\text{（万元）}$$

运用加权平均法的关键是确定适当的权数。一般来说，对近期统计数据应给较大的权数，对远期统计数据应给较小的权数，权数之间的级差一般根据经验来确定。

（二）移动平均法

移动平均法是一种简单平滑预测技术，是指将观察期的统计数据由远而近地按一定跨越期逐一求取平均值，然后将最后一个平均值确定为预测值的方法。当时间数列的数值受周期变动和随机波动的影响而起伏较大，不易显示出事件的发展趋势时，使用移动平均法可以消除这些因素的影响，显示出事物的发展方向与趋势（即趋势线）。

移动平均法预测的准确程度取决于移动跨越期的长短。移动跨越期越短，预测值对数据波动的反映越灵敏，越有利于反映实际数据的波动情况，但反映长期变动趋势的效果较差；移动跨越期越长，预测值反映实际数据波动的灵敏度会有所降低，但有利于避免偶然因素对预测结果的影响。因此，预测人员应选择合理的移动跨越期。若想反映长期变动趋势，则移动跨越期可以适当长些；若想灵敏地反映历史数据的变动趋势，则移动跨越期可以适当短一些。

移动平均法包括一次移动平均法及二次移动平均法等。

1.一次移动平均法

一次移动平均法是对时间数列按一定的观察期连续计算平均值，取最后一个平均值作为预测值的方法。平均值的计算，既可采用简单平均，又可采用加权平均。简单移动平均法就是直接以简单平均值数列中的最后一个数值作为预测值，其计算公式为：

$$F_{t+1}=[X_t+X_{t-1}+X_{t-2}+\cdots+X_{t-(n-1)}]\div n$$

式中：F_{t+1}是第t+1期的移动平均值（预测值），X_t是第t期的实际发生数；n为移动跨越期的期数。

仍采用【例7-3】的资料，假定移动跨越期分别为2月和3月，用简单移动平均法预测的3—7月份的销售额（移动平均值）见表7-2。

表7-2　**简单移动平均值的计算**　单位：万元

月 份	销售额	二期移动平均	三期移动平均
1	60	—	—
2	70	—	—
3	65	(70+60)÷2=65	—
4	75	(65+70)÷2=67.5	(65+70+60)÷3=65
5	70	(75+65)÷2=70	(75+65+70)÷3=70
6	75	(70+75)÷2=72.5	(70+75+65)÷3=70
7		(75+70)÷2=72.5	(75+70+75)÷3=73.33

2.二次移动平均法

二次移动平均法是以一次移动平均值作为时间数列，再计算一次移动平均值数列，在此基础上分析这两次平均值的滞后偏差，并利用其变化规律建立线性方程来进行预测的方法。这种方法适用于具有线性变动趋势的预测。

仍采用【例7-3】的资料，二次移动平均值的计算见表7-3。

表7-3　**二次移动平均值的计算**　单位：万元

月 份	销售额	二期移动平均	二次移动平均值
1	60	—	—
2	70	—	—
3	65	(70+60)÷2=65	—
4	75	(65+70)÷2=67.5	—
5	70	(75+65)÷2=70	(67.5+65)÷2=66.25
6	75	(70+75)÷2=72.5	(70+67.5)÷2=68.75
7		(75+70)÷2=72.5	

二次移动平均值一般不直接用于预测，而是用来求取线性预测模型的模型参数。线性预测模型为：

$$F_{t+T}=a_t+b_tT$$

式中：F_{t+T}是第t+T期的预测值；T是向未来预测的期数；a_t是模型参数，即线性方程式的截距，其计算公式为$a_t=2F_t-F_t^2$；b_t是模型参数，即线性方程式的斜率，其计算公式为$b_t=2(F_t-F_t^2)\div(n-1)$。

模型参数是以二次移动平均值为依据推导出来的。当时间数列呈明显的线性变动趋势时，一次移动平均值总是落后于实际值，二次移动平均值落后于一次移动平均值，从而形成滞后的偏差，并且两次偏差大体相同。因此有：

$$X_t-F_t=F_t-F_t^2$$

由于时间数列呈直线趋势，因此可取某期（t期）的实际数值作为直线方程的截距a_t，则：

$a_t = X_t = F_t + (F_t - F_t^2) = 2F_t - F_t^2$

b_t是时间数列的趋势变动值，由于时间数列呈直线趋势，因此b_t也就是直线方程的斜率，则：

$b_t=（X_t-X_{t-1}）÷［t-（t-1）］=X_t-X_{t-1}$

从b_t的计算公式可知：

$X_{t-1}=X_t-b_t$

$X_{t-2}=X_{t-1}-b_t=X_t-b_t-b_t=X_t-2b_t$

$X_{t-3}=X_t-3b_t$

$X_{t-（n-1）}=X_t-（n-1）b_t$

由于一次移动平均数F_t有：

$F_t=［X_{t-1}+X_{t-2}+\cdots+X_{t-（n-1）}］÷n$

$=\{（X_t-b_t）+（X_t-2b_t）+\cdots+［X_t-（n-1）b_t］\}÷n$

$=\{nX_t-［1+2+3+\cdots+（n-1）］b_t\}÷n$

$=X_t-（n-1）b_t÷2$

因此可得：

$b_t = 2(X_t - F_t) ÷ (n-1) = 2(F_t - F_t^2) ÷ (n-1)$

模型参数求出来以后，便可得到直线方程，利用直线方程即可计算未来某期的预测值。

假设【例7-3】的资料（表7-3）具有线性趋势，以最近期（6月份）的一次移动平均值和二次移动平均值作为计算a_t和b_t的依据，用直线预测模型来预测7、8、9三个月的销售额，则：

$a_t = 2F_t - F_t^2 = 2 \times 72.5 - 68.75 = 76.25$

$b_t = 2(F_t - F_t^2) ÷ (n-1) = 2 \times (72.5 - 68.75) ÷ (2-1) = 7.5$

建立预测模型：

$F_{t+T}=a_t+b_tT=76.25+7.5T$

因此得出：

$F_7=F_{6+1}=76.25+7.5\times1=83.75$（万元）

$F_8=F_{6+2}=76.25+7.5\times2=91.25$（万元）

$F_9=F_{6+3}=76.25+7.5\times3=98.75$（万元）

预测7、8、9月三个月的销售额分别为83.75万元、91.25万元和98.75万元。

二次移动平均法与其他平均法相比，既可计算未来某一期的预测值，也可计算未来若干期的预测值，因而有了很大的进步。但是，预测模型的参数是根据已有的数据来确定的，当数据趋势有逐渐改变的迹象时，这种方法就不宜推算未来较多期的预测值，而只能推算较少期的预测值。

二、指数平滑法

指数平滑法是一种特殊的加权移动平均法，是以本期的实际发生数和上期的预测值为基数，分别给予不同的权数，计算出指数平滑值，并以此确定预测结果的方法。指数平滑法按平滑次数的不同，可分为一次指数平滑法、二次指数平滑法和高次指数平滑法。一次指数平滑法适用于水平型时间数列；二次指数平滑法适用于线性趋势型时间数列；高次指数平滑法主要用于非线性时间数列的预测，但计算比较烦琐，因此实际运用较少。

一次指数平滑法是指以预测对象的上期实际发生数和上期预测值为资料，用平滑系数来确定二者的权数，计算其加权平均数（即平滑值），并根据平滑值确定本期预测值的方法。其计算公式为：

$$F_t=\alpha D_{t-1}+(1-\alpha)F_{t-1}$$

式中：F_t为第t期的平滑值（本期预测值）；D_{t-1}为第t-1期的实际发生数（上期实际数）；F_{t-1}为第t-1期的平滑值（上期预测值）；α为平滑系数。

一次指数平滑法预测模型的实际意义是，某期市场现象的预测值，等于以权数α调整的上期的实际发生数，加上以剩余权数（1-α）调整的上期的平滑值。

将上述公式中的上期预测值F_{t-1}不断展开可以发现，指数平滑法是加权移动平均法的改进和发展。其特点是：对离预测期最近的数据，赋予了最大的权数；对离预测期渐远的数据，赋予了由近及远的按等比级数递减的权数。等比级数的首项为α，公比为（1-α）。α是一个可以在0~1范围内进行调节的数值。α值小时，数据资料对预测值的影响由近及远缓慢减弱；α值大时，数据资料对预测值的影响由近及远迅速减弱。预测者通过调整α值的大小，可以调节近期数据或远期数据对预测值的影响程度。因此，指数平滑法的预测结果既没有忽视远期数据的影响，又能敏感地反映市场现象的变化情况，而且不要求有太多的数据资料，可节省计算量。

运用指数平滑法，需要事先估计出初始值。因为初始值是指最早的一个预测值，它不能从公式中求得，只能加以估计。比如，求第二期预测值的计算公式为：

$$F_2=\alpha D_1+(1-\alpha)F_1$$

要得到F_2的值，必须先求出F_1的值。有公式可知，F_1的值应该是：

$$F_1=\alpha D_0+(1-\alpha)F_0$$

可是在实际资料中，F_0是不存在的，运用指数平滑法也不能将其求出来，因此只能用其他方法加以估计。一般来说，初始值距离预测期越远，对预测值的影响越小；反之则越大。当时间数列的数据较多时，初始值F_0对预测值F_t的影响很小，因此可用最早的实际发生数D_1来代替；当时间数列的数据较少时，初始值需要另行估算。简便的估算方法是选取前面三个实际发生数的平均值作为初始值。

运用指数平滑法，还需要选定合适的平滑系数α。确定α值的方法是，先选用若干个α值进行测试，计算出不同α值的预测误差，经比较后选取误差较小的α值用于预测。但是，通过测试来确定α值的工作量较大，所以在实际工作中，也可以根据预测者的经验来确定α值。一般的经验是，对于趋势型时间数列，平滑系数应取相对较大的值；对于水平型时间数列，平滑系数应取相对较小的值；对于水平型和趋势型混合的时间数列，平滑系数应取适中的值。

【例 7-4】假定某公司某年 1—12 月的盈利见表 7-4 中的第二栏，取平滑系数分别为 0.3 和 0.6，计算该公司每月盈利的指数平滑值，并预测下月的盈利额。

表 7-4　　一次指数平滑法的计算　　单位：万元

月份	盈利 D_t	平滑值 $F_t(\alpha=0.3)$	平滑值 $F_t(\alpha=0.6)$
1	50	设 $F_1=D_1=50.00$	设 $F_1=D_1=50.00$
2	52	$F_2=0.3\times50+(1-0.3)\times50.00=50.00$	$F_2=0.6\times50+(1-0.6)\times50.00=50.00$
3	51	$F_3=0.3\times52+(1-0.3)\times50.00=50.60$	$F_3=0.6\times52+(1-0.6)\times50.00=51.20$
4	50	$F_4=0.3\times51+(1-0.3)\times50.60=50.72$	$F_4=0.6\times51+(1-0.6)\times51.20=51.08$
5	57	$F_5=0.3\times50+(1-0.3)\times50.72=50.50$	$F_5=0.6\times50+(1-0.6)\times51.08=50.43$
6	64	$F_6=0.3\times57+(1-0.3)\times50.50=52.45$	$F_6=0.6\times57+(1-0.6)\times50.43=54.37$
7	68	$F_7=0.3\times64+(1-0.3)\times52.45=55.92$	$F_7=0.6\times64+(1-0.6)\times54.37=60.15$
8	67	$F_8=0.3\times68+(1-0.3)\times55.92=59.54$	$F_8=0.6\times68+(1-0.6)\times60.15=64.86$
9	69	$F_9=0.3\times67+(1-0.3)\times59.54=61.78$	$F_9=0.6\times67+(1-0.6)\times64.86=66.14$
10	75	$F_{10}=0.3\times69+(1-0.3)\times61.78=63.95$	$F_{10}=0.6\times69+(1-0.6)\times66.14=67.86$
11	75	$F_{11}=0.3\times75+(1-0.3)\times63.95=67.27$	$F_{11}=0.6\times75+(1-0.6)\times67.86=72.14$
12	80	$F_{12}=0.3\times75+(1-0.3)\times67.27=69.59$	$F_{12}=0.6\times75+(1-0.6)\times72.14=73.86$
下月	预测	$F_{13}=0.3\times80+(1-0.3)\times69.59=72.71$	$F_{13}=0.6\times80+(1-0.6)\times73.86=77.54$

计算过程见表 7-4 中的第三栏和第四栏。

从表 7-4 中可以看出，一次指数平滑法只能预测时间数列后面一期的情况，而且当时间数列具有线性趋势时，平滑值仍有滞后偏差；平滑值及其滞后偏差都随着平滑系数 α 的取值不同而有所变化。因此，预测人员往往需要将平滑值进行必要的修正以后，才能确定预测值。如果时间数列具有明显的线性趋势，则适合采用二次指数平滑法。

三、季节指数法

有些产品的市场需求具有季节变化规律，如羽绒服、雨伞，对于这类产品市场需求的预测，需要考虑季节波动的因素，我们采用季节指数法进行预测。季节指数法是指根据预测目标各年按月（或季）编制的时间数列资料，以统计方法测定出反映季节变动规律的季节指数，并利用季节指数进行预测的方法。

所谓季节指数，是指某商品的平均销售水平受季节变化的影响程度。用公式表示为：

$$\text{某季度季节指数}=\frac{\text{该季度平均销售量}}{\text{每个季度平均销售量}}\times100\%$$

利用季节指数法进行预测的步骤是：

①收集以往各季实际数据；

②计算以往各季数据的平均值；

③计算各季同期数据的平均值；

④计算各季季节指数，以各季同期平均值除以总平均值；

⑤计算各季预测值，以实际数据最后一年的各季值乘以各季季节指数。

【例7–5】某羽绒服装厂为了预测2016年的市场需求状况，统计了2012—2015年各季市场需求的数据（见表7–5），请运用季节指数法预测2016年各季的市场需求。

表7–5　　服装厂2012—2015年各季市场需求量　　单位：万元

季度 年份	第一季度	第二季度	第三季度	第四季度
2012	260	140	320	420
2013	240	150	340	450
2014	250	140	380	480
2015	280	160	400	520

解：分别求出年需求平均值、每季度需求平均值，并计算季节指数，计算结果见表7–6。

表7–6　　服装厂2012—2015年各季市场需求量计算表　　单位：万元

季度 年份	第一季度	第二季度	第三季度	第四季度	年平均值
2012	260	140	320	420	285
2013	240	150	340	450	295
2014	250	140	380	480	312.5
2015	280	160	400	520	340
季度平均值	257.5	147.5	360	467.5	308.125
季节指数	83.6%	47.9%	116.8%	151.7%	

计算2016年各季度的预测值：

第一季度：280×83.6%=234.08（万元）

第二季度：160×47.9%=76.64（万元）

第三季度：400×116.8%=467.2（万元）

第四季度：520×151.7%=788.84（万元）

四、回归分析法

所谓回归分析，就是研究某一个因变量与其他自变量之间的数量变动关系，由回归分析求出的关系式叫作回归模型。回归分析法就是从各种经济现象之间的相互关系出发，通过对与预测对象有联系的现象变动趋势的分析，推算出预测对象未来状态的方法。回归分析法根据自变量的多少，可分为一元回归分析和多元回归分析；根据因变量与自变量是否线性相关，可分为线性回归分析和非线性回归分析。线性回归是指因变量与自变量的关系是直线型的，而非线性回归是指因变量与自变量的关系是非直线型的。这里以一元线性回归分析法为例，介绍回归分析法在市场营销预测中的应用。

一元线性回归分析法是研究一个自变量x与因变量y之间关系的方法，其数学模型为：

$$y=a+bx$$

式中：y为因变量；x为自变量；a、b为回归方程的系数。

回归方程的系数a是回归直线在y轴上的截距，是当自变量x为0时，因变量y的起始估计值。系数b是回归直线的斜率。a、b可利用已知的若干组数据（x_i，y_i），根据最小二乘法求出其估计值：

$$b=\frac{\sum_{i=1}^{n}x_iy_i-n\bar{x}\bar{y}}{\sum_{i=1}^{n}x_i^2-n\bar{x}^2}$$

$$a=\bar{y}-b\bar{x}$$

$$\bar{x}=\frac{1}{n}\sum_{t=1}^{n}x_t$$

$$\bar{y}=\frac{1}{n}\sum_{t=1}^{n}y_t$$

求出了a、b，就可建立回归直线方程：

$$\hat{y}_i=a+bx_i$$

【例7-6】某企业2006—2015年产品销售额与广告费统计资料见表7-7，试用回归分析法预测，如果2016年的广告费为12万元，则该企业的产品销售额是多少；同时估计当置信度为95%时，预测值的置信区间。

表7-7　**某企业2006—2015年产品销售额与广告费统计表**　单位：万元

年份	2006	2007	2008	2009	2010	2011	2012	2013	2014	2015
销售额	20	25	28	30	32	34	35	38	40	45
广告费	2	2.5	3	3.5	4.0	4.5	5	6	8	10

解：第一步，将数据进行整理，并计算相关数据列于表7-8中。

表7-8　**某企业2006—2015年产品销售额与广告费及相关数据计算表**　单位：万元

年份	销售额 (y_i)	广告费 (x_i)	x_iy_i	$\hat{x}_i^2$	$\hat{y}_i^2$	$(x_i-\bar{x})^2$	$\hat{y}_i$	$(y-\hat{y}_i)^2$
2006	20	2	40	4	400	8.1225	24.81	23.1361
2007	25	2.5	62.5	6.25	625	5.5225	26.195	1.428
2008	28	3	84	9	784	3.4225	27.58	0.1764
2009	30	3.5	105	12.25	900	1.8225	28.965	1.0712
2010	32	4.0	128	16	1 024	0.7225	30.35	2.7225
2011	34	4.5	153	20.25	1 156	0.1225	31.735	5.1302
2012	35	5.0	175	25	1 225	0.0225	33.12	3.5344
2013	38	6.0	228	36	1 444	1.3225	35.89	4.4521
2014	40	8.0	320	64	1 600	9.9225	41.43	2.0449
2015	45	10.0	450	100	2 025	26.5225	46.97	3.8809
	327	48.5	1745.5	292.75	11183	57.525		47.5767

第二步，判断两个变量之间的相关性，即检验两个变量之间线性关系的显著性。可采用绘图法和计算相关系数法两种方法。绘图法是将表7-8中10对数据（x_i，y_i）绘制成相关图形，以判断其相关性（图略）。由图可见，这些数据点的分布趋向于一条直线，可知销售额与广告费呈线性相关。为了判断两个变量之间的相关程度，还需要进一步计算相关系数，其计算公式为：

$$\gamma=\frac{\sum x_i y_i-n\bar{x}\bar{y}}{\sqrt{\sum x_i^2-n\bar{x}^2}\cdot\sqrt{\sum y_i^2-n\bar{y}^2}}$$

将表7-8中有关数据代入上式计算，得到：

$$\gamma=\frac{1\,745.5-10\times4.85\times32.7}{\sqrt{292.75-10\times4.85^2}\times\sqrt{11\,183-10\times32.7^2}}=0.95$$

计算出相关系数后，将其与相关系数表中的相关系数进行比较，若计算出的相关系数大于相关系数表中的相关系数，则说明两个变量之间显著相关，可用回归分析法进行预测；否则不能用此方法进行预测。

查相关系数表，当n=10−2=8，α=0.05时，γ=0.632。显然，所求γ=0.95大于0.62，说明销售额与广告费之间呈强相关关系，可应用回归分析法进行预测。在实际预测中，我们还可将计算出的相关系数与经验相关系数相比较，以判断变量之间的相关性。一般认为，相关系数小于0.3为不相关；大于0.3而小于0.5为弱相关，大于0.5而小于0.8为显著相关；大于0.8为强相关。通常，相关系数大于0.5即可用回归分析法进行预测。

第三步，建立回归预测模型。将表7-9中的有关数据代入a、b两个公式，计算a、b值：

$$b=\frac{\sum_{i=1}^{n}x_i y_i-n\bar{x}\bar{y}}{\sum_{i=1}^{n}x_i^2-n\bar{x}^2}=\frac{1745.5-10\times4.85\times32.7}{292.75-10\times4.85^2}=2.77$$

$$a=\bar{y}-b\bar{x}=32.7-2.77\times4.85=19.27$$

则建立预测模型为：

$$\hat{y}_i=19.27+2.77x_i$$

第四步，确定预测目标值。将预测期的自变量代入预测模型：

$$\hat{y}_i=19.27+2.77\times12=52.51(\text{万元})$$

也就是说，当2016年该企业的广告费为12万元时，由于计算出来的预测值只是因变量y的估计值，必然存在着误差，因此应进行预测值的置信区间的估计。

首先，计算预测值标准偏差的估计值，其计算公式为：

$$s(y)=\sqrt{\frac{\sum(y_i-\hat{y}_i)^2}{n-2}\times\sqrt{1+\frac{1}{n}+\frac{(x_0-\bar{x})^2}{\sum(x_i-\bar{x})^2}}}$$

式中：$\hat{y}_i$为各期销售额的预测值；n为数据期数；x_0为预测期给定的自变量数值。

将表7-9中的有关数据代入上式得：

$s(y)=3.439$（万元）

也就是说，当广告费为12万元时，销售额的预测值为52.51万元，而可能发生的标准偏差为3.439万元。

其次，用标准偏差来确定预测值的置信区间。预测值的置信区间的计算公式为：

$$(\hat{y}_0 - t_{(\alpha/2,n-2)} \cdot s(y),\ \hat{y}_0 + t_{(\alpha/2,n-2)} \cdot s(y))$$

式中：$t_{(\alpha/2,\ n-2)}$ 为t分布统计量的合理值；n−2为自由度；α为置信区间的信度。

查t分布表，当α=0.05，n−2=10−2=8时，$t_{(0.025,\ 8)}=2.306$。因此，预测值的置信区间为（44.6，60.4），即以95%的置信度预测，当2016年的广告费为12万元时，该企业的产品销售额预测值在44.6万元至60.4万元之间。预测值及其置信区间的估计对企业的经营决策具有重要的意义。

项目小结

1.市场预测是指在市场调查的基础上，根据市场的历史和现状，凭借经验并运用一定的预测理论和技术，对市场未来发展的趋势进行测算和判断的活动和过程。市场预测对企业的经营决策具有重要的作用。

2.市场预测按性质的不同，可以分为定性预测和定量预测。定性预测可以分为对比分析法、集合意见法、顾客意见法、专家意见法等。定量预测包括平均预测法、指数平滑法、季节指数法、回归分析法等。定性预测和定量预测各有利弊、各有所长，在实际预测时应结合起来使用。

3.德尔菲法是一种重要的专家意见法，也叫反馈匿名函询法。它区别于其他专家意见法的三个明显特点是：匿名性、多次反馈、小组的统计回答。

主要概念

市场预测　德尔菲法　头脑风暴法　指数平滑法　回归分析法

基本训练

（一）填空题

1.根据性质的不同，市场预测可以分为（　　）和（　　）。当预测人员对预测对象的数据掌握不充分时，往往采用（　　）。

2.德尔菲法区别于其他专家意见法的三个明显特点是（　　）、（　　）和（　　）。

3.在一次指数平滑法中，α为平滑系数。α值越小，数据对预测值的影响（　　）；α值越大，数据对预测值的影响（　　）。

4.（　　）的预测结果，既没有忽视远期数据的影响，又能敏感地反映市场现象的变化情况，而且不要求有太多的数据资料，可节省计算量。

5.对比分析法、集合意见法、顾客意见法、专家意见法等都属于（ ）；平均预测法、指数平滑法、季节指数法、回归分析法都属于（ ）。

（二）选择题

1.不需要做任何销售努力，也会产生的市场需求量叫（ ）。

A.实际市场需求量 B.市场需求潜量

C.市场销售潜量 D.市场最低需求量

2.从性质上判断，时间序列预测属于（ ）。

A.定性预测 B.定量预测

C.宏观预测 D.微观预测

3.根据事物在发展规律上的类似之处，将已知事物的发展过程类推到预测对象上，对预测对象的未来做出预测，是根据市场预测的（ ）。

A. 类推原则 B.相关性原则

C. 连续性原则 D.实事求是原则

4.德尔菲法属于（ ）。

A. 顾客意见法 B. 专家预测法

C. 集合意见法 D. 对比分析法

5.下列选项中，不属于指数平滑法的是（ ）。

A.一次指数平滑法 B.二次指数平滑法

C.多次指数平滑法 D.高次指数平滑法

（三）简答题

1.市场预测的原则是什么？

2.简述市场预测的步骤。

3.与其他方法相比，德尔菲法的显著特点是什么？

4.使用头脑风暴法进行预测应遵循什么原则？

5.平均预测法包含哪几种方法？

（四）案例分析

5种药材市场预测分析

柴胡、远志、干草、白芍、丹参是社会需求量很大、易于种植管理的常用中药材。其价格受种植面积、生产周期、社会需求量、国家政策的影响较大。目前，上述几种药材的价格有的处于低谷，如白芍；有的处于巅峰，如柴胡、远志。今后几年这几种药材的种植与市场会有什么变化？

一、柴胡、远志

柴胡、远志都是多年生草本植物，以根入药。目前，这两种药材的市场价格都很高，并且呈上升趋势。究其原因，一是社会需求量不断增长；二是野生资源日益匮乏，而人工种植的产品在短期内没有大的应市量。

柴胡和远志的生产周期一般为两年，产量分别为每亩180千克和120千克，若按现在的市场价格，每500克30元和每500克45元计算，效益是非常可观的。柴胡的人工种植已有十几年的历史，受药农不愿种多年生药材，加上柴胡种发芽对温度的要求较严格等因素的影响，柴胡一直没有形成大面积种植。远志的人工种植近几年才获成功，要满足市场需求，还有待进一步宣传、发动，扩大种植面积。所以，今后两年内应该大力发展柴胡和远志种植。

二、甘草

甘草是多年生草本植物，以根和根状茎入药，市场需求量极大。据亳州市场统计，近五年来，该市年销量都在10 000吨左右。除亳州外，国内还有安国、清平、玉林、舜王城、荷花池等十几处大型交易市场，这些市场甘草的年销量共计20 000吨，全国年销量在30 000吨以上。人工种植的甘草占不到其中的10%，市场呈供不应求之势。

甘草年销量居高不下的原因有三：一是药用量的稳定增长；二是出口量的逐年增加；三是非医药行业对甘草的开发利用，如卷烟业、食品业等。社会需求的迅速增长和甘草应市量的供不应求，必然拉动市场价格的不断攀升。

目前，野生甘草已濒临枯竭，而人工种植甘草近几年才小有规模，主要分布在河北、山东、河南等地，面积不过万亩，年产量不过3 000吨。人工种植甘草生产周期较长，安徽、苏北需2年才能收获，山东、河北需2～3年才能收获，内蒙古、东北地区需4年以上才能收获。如此长的生产周期决定了3年内人工种植的甘草将难以满足市场需求。

三、白芍

白芍为多年生草本植物，以肉质根入药，多为人工栽培，主产区在安徽亳州、涡阳等地，全国大多数地区都可栽培。白芍的生产周期为3～4年，最长可达6年。全国年销量10 000余吨，出口500～800吨，其价格受生产周期、人为炒作的影响，上下波动很大，呈周期性变化，目前为每千克5元左右，估计这个价格在三年内不会有太大改动。

按近几年的物价计算，当白芍价格在6元时，种白芍与种其他药材的效益相当；当白芍价格在5元时，种白芍与种植粮食的效益相当。主产区的调查结果显示，白芍价格在6元时，药农对种植白芍不感兴趣，不会大面积种植。

此外，白芍属大宗出口创汇品种，出口量的增加必然会在一定程度上提高其价格。

四、丹参

丹参为多年生草本植物，以肉质根入药，是世界公认的治疗心脑血管病的首选药物。应市丹参多为人工栽培，生产周期为1年。近几年，社会需求量都在15 000吨左右。其价格主要受种植面积和气候条件的影响，上下变化很大。在过去的10年间，丹参价格两起两落，呈周期性变化。每当市场价格超过6元时，就会形成大面积种植的局面，从而导致新一轮价格下滑。按目前的物价计算，当产地收购价在4元时，种丹参与种其他药材的效益相仿；当产地收购价在5.5元时，种丹参比种其他药材的效益好，就会引发大面积种植。主产区沂蒙地区、太行山区出产的丹参以皮红、质白、有效成分含量高而享誉医药界。现在，这些产区的丹参收购价在4.5元左右，运抵市场的价格在5.2元左右，如果这个价格持续到今年新货上市，那么明年春适时发展丹参种植是一个很好的时机。

另外，在生产上引进优良品种、改进传统种植技术、提高单位面积产量，都是抵御市场风险、获取最佳效益的有效途径。

问题：

1.你认为本预测采用了哪类预测方法？有何特点？

2.预测的依据是什么？

单元实训

【实训情境设计】

随着高校毕业生就业形势的日益严峻，某高校对近年来高校毕业生的就业情况做了一次统计，希望可以根据这些数据对未来毕业生的就业情况做出准确预测，并将其作为调整专业招收计划和教育资源合理分配的依据。

【实训任务要求】

1.以小组为单位进行实训。将学生分成若干小组，每组5~7人，小组成员分工合作。

2.以自己所在的学校为例，查找与实训场景有关的资料，了解影响学校毕业生就业率的因素、市场人才需求情况、毕业生就业率及学校专业分布情况。

3.根据查找的资料和学校提供的相关数据，分别利用定性预测和定量预测方法预测明年你所学专业普通高校毕业生的就业情况。

4.各项目小组向全班汇报实训结果，教师进行点评。

5.每位同学都要完成课程实训总结、撰写实训报告，在此基础上综合评出个人的成绩。

【实训提示】

1.这项实训活动应在调查策划实训室进行，实训室内应配备讨论桌，便于小组设计调查方案时使用。

2.事先将全班学生分成几个小组，并确定小组长，每个项目小组不得超过7人，以集体形式完成设计方案。

3.以小组为单位，上交市场预测报告。要求分别运用一种定性预测方法和定量预测方法，并比较两种预测方法的结果。两种预测方法在报告里均应涉及，不能有遗漏，应保持报告的完整性，但具体格式可以灵活一些。

【实训效果评价】

小组成员共同评出组员个人实训态度成绩，教师和各小组组长共同评出组员个人实训表现成绩（见表7-9），教师评出小组实训报告成绩（见表7-10），并在此基础上给出个人最终成绩。

表7-9　　组员个人实训过程评价表

小组成员姓名	态度（满分为100分）	表现（满分为100分）	
		操作（50%）	技能（50%）

注：各项考评满分分别为100分，60分以下为不及格，60～69分为及格，70～79分为中等，80～89分为良好，90分以上为优秀。

表7-10　　小组实训报告评价表

评价内容	分值（分）	评分（分）
市场预测资料的收集情况	20	
市场预测方法的科学性与完整性	30	
市场预测结果的合理性	10	
市场预测的质量与效果	40	
总分	100	

注：考评满分为100分，60分以下为不及格，60～69分为及格，70～79分为中等，80～89分为良好，90分以上为优秀。

个人最终成绩=个人实训态度成绩×20%+个人实训表现成绩×50%+小组实训报告成绩×30%

项目八　撰写市场调查报告

学习目标

通过本项目的学习，达到以下目标：

理论目标：了解市场调查报告的特点及作用；掌握市场调查报告的写作步骤及格式；熟悉市场调查报告的写作准备及技巧；熟悉口头报告成功的基本要素。

实训目标：能够熟练撰写市场调查报告；培养学生的专业能力与职业核心能力。

引例

调查人员的教训

某调查人员曾为某大型汽车制造公司精心准备了一份市场调查报告，在经历了6个月的调查后，形成了250页的市场调查报告。他直接向公司最高决策层汇报，信心十足地认为他的报告有重大发现。然而在进行了1个小时的汇报后，公司的CEO说："停止吧，这比字典还厚的报告让我更糊涂了，明天你整理成1页报告再来吧。"

资料来源　根据网络资料自编整理。

问题：什么样的市场调查报告才是一份好的报告？

分析提示：只有掌握市场调查报告撰写的各项要求和技巧，才有可能写出一份好的书面报告，而市场调查的口头报告也有相关的要求和技巧。

任务一　了解市场调查报告

市场调查报告是调查人员对所研究的问题进行调查后，经过分析研究而形成的一种报告形式。按其表达方式的不同，市场调查报告可分为书面报告和口头报告两种。

市场调查的资料只能说明事物发展变化的状态，不能说明事物发展变化的原因。只有通过市场调查分析报告，才能把死数字变成活情况，起到透过现象看本质的作用，使感性认识上升为理性认识，从而更好地指导实践活动。

一、市场调查报告的特点

（一）针对性

市场调查报告是企业制订计划和进行决策的可靠依据。因此，市场调查报告的对象和目的必须明确，要有较强的针对性。满足人们的需求是一切经济活动的起点和归宿，而市场需求变化基本上反映了人们生活需求的状况。这就需要针对市场中的问题进行调查分析，并通过市场调查报告来反映，从而为各级企业和部门的经营决策提供有价值的市场信息。

（二）新颖性

市场经济是竞争的经济，一个企业要想在市场竞争中做到知己知彼、百战不殆，就要促使自己不断推陈出新。这就要求市场调查报告应具有新颖性，要用全新的视角去发现问题、以全新的观念去看待问题。不仅要对市场供求情况进行调查分析，而且要对竞争对手进行调查分析；不仅要对目前的竞争对手进行调查分析，而且要对潜在的竞争对手进行调查分析，分析的内容还要新颖。例如，对新产品的分析，要包括新产品的发展方向、特性、开发进程以及所利用的技术，尤其要分析竞争对手的新产品上市后的竞争形势。市场调查报告只有具有新颖性，才有可能给企业提供新的方向，企业才能不断采用新工艺、开发新产品、改进经营方式、更新经营理念、开辟新市场，从而达到“人无我有、人有我新、人新我好、人好我转”，才能始终立于不败之地。

（三）时效性

为了使企业更好地适应市场竞争，市场调查报告要及时反馈给企业，以便企业适时做出决策。市场情况变化多端，商情商机往往转瞬即逝。市场调查人员要尽可能利用有效时间，获取最多的市场资料，将国内外市场价格、需求量、同类产品竞争状况及新的需求走向、新的技术经济情报通过市场调查报告迅速反映出来，从而及时为有关部门决策提供参考。

（四）合理性

市场调查报告作为企业决策的可靠依据，其内容必须具备合理性，必须真实、可靠。首先，引用的事例和数据都要经过反复核实，做到准确无误。其次，采用的分析方法要根据实际情况进行筛选，选择最恰当的方法。这是因为市场是实现商品的社会再生产的中心环节，既反映了供给状况，又反映了需求状况。面对错综复杂、不断变化的市场，调查者要善于开辟多种渠道掌握情况。最后，要强调客观性，防止调查者无意识地将自己的主观性介入调查之中。也就是说，在获取调查信息时，调查者不是“导游角色”，更多的是充当“记录员角色”。只有在这个基础上写出的市场调查报告，才是客观真实的、合理的，才能提供正确可靠的市场信息。

（五）专业性

市场调查是一门技巧性很强的实用管理科学。市场调查对从业人员的要求比较高，既要具有某行业的专业理论知识和调查技巧，又要熟悉市场，对调查对象十分了解，还要反应灵敏、研究能力强，能发现问题和捕捉到新的信息。

二、市场调查报告的作用

（一）为生产和销售方面的经营者提供决策依据

决策者需要的不是通过市场调查采集的大量信息资料，而是这些市场信息资料所蕴含的市场特征、规律和趋势。市场调查报告就是在对信息资料进行分析的基础上形成决策者需要的结论和建议。

（二）可以完整表述调查结果

市场调查报告能够对已完成的市场调查做出完整而准确的表述，能够详细、完整地表述出有关市场调查的目标和要求、调查报告的背景信息、调查方法及评价，以及以文字表格和形象化的方式展示调查结果、调查结论和建议等内容。

（三）是衡量市场调查活动质量高低的重要标志

市场调查是对市场最新信息的采集和研究，也是信息流的组织活动。市场调查活动的质量体现在调查活动的策划、资料处理等过程中，调查活动的结论以及总结性的调查报告无疑也是一个重要的方面。

（四）能够发挥参考文献的作用

市场调查报告的使命是为决策者和领导者做出重大决策提供参考。调查报告包含了一系列意义重大的市场信息，决策者在研究问题时，往往要以调查报告作为参考。

（五）可作为历史资料反复使用

当一项市场营销调查活动完成之后，市场调查报告就成了该项目的历史记录和证据。作为历史资料，市场调查报告有可能被重复使用，从而实现了其使用效果的扩大。

（六）有效避免风险

市场调查报告可以有效避免市场经济中的风险性、滞后性和过度竞争等市场缺陷，从而为企业的经营决策降低风险。

同步案例8-1　海尔在美国成功的奥秘

在美国南卡罗莱纳州中部一个有8 000人口的小镇——坎姆登（Camden），1999年4月30日，海尔为其投资3 000万美元的海尔生产中心举行了奠基仪式。一年多以后，第一台带有“美国制造”标签的海尔冰箱从生产线上下来，海尔从此开始了在美国制造冰箱的历史。海尔成为中国第一家在美国制造和销售产品的公司。

在海尔首席执行官张瑞敏眼中，海尔国际化就像是下一盘棋，而要提高棋艺，最好的办法就是找高手下棋，张瑞敏选择的高手是欧洲和美国。

海尔决定用自己的品牌进军欧美市场，海尔的榜样是日本的索尼。20世纪60年代，索尼在国际市场上还默默无闻，其在每一个新产品上市时，都首先投放到欧美地区，打出影响后再到日本和其他国家销售，索尼由此成为一个世界性名牌。

美国家电市场名牌众多、竞争激烈，几乎是所有世界名牌的竞技场。在美国本土，家用电器早已是处于成熟期的产品。通用（GE）、惠而浦（Whirlpool）和美泰克（Maytag）三大美国电器生产商虎视眈眈，自然不会坐视不理，一场商业激战在所难免。那么，海尔靠什么来同这些美国著名企业叫板呢？

1. 美国市场调查

（1）需求潜力

1998年、1999年中国出口美国的冰箱总额分别为4 718万美元、6 081万美元，其中海尔冰箱出口额分别占1 700多万美元、3 100多万美元。据统计，在美国建一个冰箱厂的盈亏平衡点是28万台，海尔现在的冰箱出口数量已经远远超过这个数字。

目前在美国180L以下的小冰箱市场中，海尔已占到超过30%的市场份额，但海尔大规格冰箱长期因远隔重洋而无法大批量进军美国市场。项目见效后，海尔冰箱在美国市场的产品结构将更加合理，市场占有率将进一步提高。

（2）消费者的需求结构

目前在美国，200L以上的大型冰箱被GE、惠尔浦等企业所垄断。160L以下的冰箱销量较少，GE等厂商认为这是一类需求量不大的产品，因此没有投入多少精力去开发市场，然而海尔发现美国的家庭人口数正在变少，小型冰箱会越来越受欢迎，独身者和留学生就很喜欢小型冰箱。

美国营销专家菲利普·科特勒说："海尔战略的另一部分是对消费群体的定位，很正确，它针对的是年轻人。老一代习惯使用像GE这样的老品牌，年轻人对家电还没有形成任何习惯性的购买行为，因为他们刚有自己的第一个公寓或者正在建立自己的第一个家，买自己的第一台电冰箱。所以，我认为定位于年轻人是明智的决策。"

根据以上调查分析，海尔决定在美国市场开发从60L到160L的各种类型的小型冰箱，该类冰箱的需求潜力很大。

2. 成果

从海尔最初向美国出口冰箱到现在短短几年的时间里，海尔冰箱已成功地在美国市场建立了自己的品牌。2003年，美国零售巨人沃尔玛连锁店开始销售海尔的两种小型电冰箱和两种小型冷柜，并同海尔签订了再购买100 000台冰箱的协议。海尔在美国最受欢迎的产品是学生宿舍和办公场所使用的小型电冰箱。目前，这类产品的市场占有率是该型号冰箱的25%，在赢得新的连锁店客户之后可望增至40%。海尔在卧式冷柜方面也取得了成功，该产品在美国同类型号产品市场的市场占有率为1/3。海尔的窗式空调机也具有广阔的市场，该产品已占美国市场的3%。

问题：海尔在美国成功的原因是什么？

分析提示：营销大师菲利普·科特勒曾经说过："要管理好一个企业，必须管理它的未来，而管理未来就是管理信息。"

在现代市场营销观念的指引下，企业要想在市场中获得竞争优势，取得合理的利润，发现企业产品的不足及营销中的缺点并及时加以纠正，使企业在竞争中保持清醒的头脑，永远立于不败之地，就必须从研究市场出发，掌握及时、准确、可靠的市场信息，而要得到可靠的市场信息就必须进行全方位、多侧面的市场调查。

根据以上案例总结几点海尔在美国成功的原因：

第一，有明确的目标消费群，充分了解该地区居民的构成和消费习惯，具有较强的针对性。

第二，有明确的市场定位，充分考虑了竞争者产品的优劣之处，并以索尼为榜样，不断进行自我提高，采用以优制胜的方式将产品成功地推向市场，在电器行业站稳脚跟。

第三，通过市场调查发现新的机会和新的需求，并开发新的产品去满足这些需求，如小型冰箱的开发。

第四，不断提高自身的经营能力，增强竞争能力，这是克敌制胜的重要手段。

任务二　市场调查报告的撰写

一、市场调查报告撰写的原则与要求

（一）符合市场规律和相关政策规定

在市场环境下，市场供求活动有其特定的规律性。掌握市场规律及其变化，研究原因，同时密切注意各时期政府有关政策的变化、自然条件的变化，以及消费者购买心理的变化对市场产生的影响，结合调查研究目的进行深入分析，可以使问题分析得更加透彻，使调查报告更加真实、准确。

（二）尊重事实

市场调查报告必须尊重事实，反对弄虚作假。因此，在实际调查中要注意以下几点：

①保证数字的准确性。

②避免臆断。

③防止弄虚作假。

（三）服务客户

市场调查报告是为客户阅读和使用而准备的，所以必须高度重视市场调查报告的特定阅读者和使用者的习惯，考虑他们的背景和兴趣，从而决定调查报告的使用术语和深度。

（四）重点明确

市场调查报告必须在保证全面、系统地反映客观事物的前提下，明确重点，突出调查目的，以提高报告的针对性、适用性，进而提高其价值。

（五）适当运用图表

在调查报告的正文中使用图表可以对讨论的数据进行高度简明的概括和形象的

描述，以展示变量所具有的规模、速度与趋势，以及变量的分布态势、变量间的对比关系和共变关系。

二、市场调查报告的写作标准

要写出优质的调查报告，必须有一定的写作标准。

（一）整体性

市场调查报告为读者提供了他们能读懂的所有信息。一份不完整的报告意味着有可能阻碍营销决策行动，从而为实际决策带来不便。

在报告中，有的问题陈述得过于简单，忽略了必要的定义说明和解释；有的问题陈述得过于冗长且缺乏深度，使读者难以接受。因此，读者是决定报告整体性的关键，他们的兴趣和能力决定了什么地方要加以解释或说明，什么地方要省略。

（二）准确性

在撰写市场调查报告之前的所有调查步骤都要确保调查信息的可信性和有效性。为了能够准确地向委托者提供调查结果，报告起草者要精心准备。粗心大意、不合逻辑的推理、不合语法和习惯的表述，都会降低报告的准确性，因为经理们只是快速浏览一下报告，然后就会根据报告的内容做出判断和决策，而不会去仔细推敲方法设计是否得当。

市场调查报告的准确性首先要注意用词准确，每个概念都有特定的内涵和外延，在选词时要准确把握；同时，资料的准确性和逻辑的正确性也是市场调查报告的重要标准之一。

市场调查报告在时间用语上要使用准确的时间概念，如在2016年撰写报告时，不要写“今年”，而要写成“2016年”。在报告的书写过程中，数字的使用应该符合国家标准。对于社会经济统计数据，若直接取自正规出版物，则可以按原有数位的详尽程度引用；若取自初级资料而又经过运算，则其结果的数位详尽程度不必超过调查问卷中的数位详尽程度；若属于对不同来源的数据进行综合测算的结果，其数位的详尽程度以来源数据中最低的数位为准。

（三）清晰性

在市场调查报告的撰写过程中，清晰性主要取决于有逻辑的思考和准确的表达。当逻辑出现问题时，报告的阅读者会在理解上发生困难，甚至发生误解。

报告必须清楚，用词准确而不能产生歧义；句子精炼而不繁杂；报告中的每段文字都必须认真考虑，做到长度适当且层次清晰。

（四）简洁性

市场调查报告必须完整、简洁。这意味着在保证报告完整性的前提下必须有选择地采用信息。研究人员必须避免让读者面对所有的信息资料，有些与主题无关的资料可以省去。在报告中，句子和段落要简短，通常每句话不要超过17个字，超过7行的段落可能会吓跑读者。这虽不是一个神奇的公式，但是“17-7”原则能够使文字更加有效。

三、市场调查报告的写作步骤

（一）确定市场调查报告的主题

主题是市场调查报告中的关键问题。主题是否明确、是否有价值，对市场调查报告来说具有决定性意义。

1.确定主题的步骤

（1）选题

选题是发现、选择、确定、分析论题的过程；论题就是对分析对象和目的的概括。所以，选题一般表现为市场调查报告的标题。选题是认识过程中已知领域与未知领域的连接点。它既表现为已知的，是在以往认识的基础上产生的，又表现为未知的，是以往认识活动所未解决的。它既反映了现有知识的广度和深度，又反映了对未知领域探索的广度和深度。

（2）确定观点

观点是调查研究者对分析对象所持的看法与评价。它是调查材料的客观性与作者主观认识相结合的产物，是形成思路、组织材料、构成篇章的基本依据和出发点。观点是在充分分析材料的基础上形成的，它的思维过程是对调查材料的分析—综合—再分析。随着认识的不断深入、认识水平的不断提高，观点渐渐产生。

2.确定主题应注意的问题

（1）市场调查报告的主题必须与调查主题相一致

一般说来，调查的主题就是市场调查报告的主题。调查的主题在调查之初即已基本确定，而调查报告的主题则产生在调查分析之后。

（2）根据调查分析的结果确定观点，并重新审定主题

有的时候，市场调查报告的主题不一定就是调查的主题，两者并不一致。这主要是因为调查的主题涉及面宽或问题较多，因而需要重新确定主题以缩小原题的范围；在调查主题的范围内有些问题因材料不充分，或调查分析较肤浅、没有把握，而需要重新确定主题；在调查分析过程中，如果发现调查主题缺乏新意或价值不大，可根据实际应用价值重新确定市场调查报告的主题，而不一定要与调查主题相一致。

（3）市场调查报告的主题不宜过大

为了便于反映问题，主题要相对小而短，同时也要容易写。

（二）取舍资料

资料是形成市场调查报告主题的基础。主题是资料的统帅和代表，决定了资料的取舍和使用。只有实现资料与主题的高度统一，资料才能充分说明市场调查报告的主题。这是我们撰写市场调查报告必须遵循的主要原则。

在取舍资料时应注意以下几点：

1.资料要充分而完整

市场调查报告不能只是简单地罗列资料，而应根据调查报告的目的和要求，进行具体的分析、比较和论证。在撰写市场调查报告时，论证资料必须充分，言必有据。充分的资料不仅应是客观、真实的资料，而且必须是全面反映事物本质的典型资料。在不偏离事实的前提下，只有把充分完整的资料提到原则高度上进行适当的评析，才能揭示资料的性质和意义。通常还应有侧面或反面的资料，以说明和支持结论。

2.资料的筛选

资料只有根据需要进行筛选，才能使主题更加突出。对于与主题无关或关系不大的资料，要忍痛割爱，否则会冲淡主题，降低市场调查报告的效果。

资料筛选的标准是能否深刻说明问题的本质。筛选一般采用比较鉴别的方法，对同类资料依筛选标准和报告的篇幅进行比较、鉴别，以决定取舍。另外，鉴于市场调查报告明确、简练的特点，可用可不用的资料要大胆舍弃。

3.多次取舍

在调查资料量很大时，为了减少不必要的劳动，在分析之前也可进行一次取舍。这样既省力，又不会降低资料的代表性和结论的科学性。同时，资料的取舍工作还要和定量分析、定性分析等工作结合起来。只有经过筛选，市场调查报告的依据才能充实、扼要，才不会偏颇。

（三）拟定提纲

提纲是市场调查报告的骨架，可以理清思路，表明市场调查报告各部分之间的关系。市场调查报告的写作提纲可分为条目提纲和观点提纲两类。条目提纲就是从层次上列出报告的章节，观点提纲就是列出各章节要表述的观点。

一般先拟定较粗的提纲，把市场调查报告分成几大部分；然后对各部分进行充实，按次序或轻重、横向或纵向罗列编织成较细的提纲。提纲的粗细也反映了作者对写作内容了解的深浅程度。提纲越细，说明作者对材料、内容的掌握越深入、越具体，思路越清晰，在撰写报告时也越顺手。拟定市场调查报告写作提纲的另一个作用是，可使作者进一步深思熟虑、精益求精，也便于作者对调查报告的“构造”进行调整。因此，写作提纲的作用是不可低估的，写作提纲不是可有可无的。即使是有丰富写作经验的人，也应在撰写市场调查报告之前先拟定写作提纲，特别是较细的提纲。

（四）形成初稿

根据写作提纲的要求，采取单独一人或小组分工的方式撰写初稿。初稿各部分的写作格式、文字数量、图表和数据要协调、统一。初稿完成后，就要对其进行修改，先看各部分内容和主题的连贯性、是否需要修改和增减、顺序安排是否得当，然后整理成完整的全文，提交审阅。

（五）定稿

完成初稿，征得各方意见并进行修改后，就可以定稿了。在定稿阶段，一定要坚持公正客观、服从真理、不屈服于权力和金钱的态度，使报告能够较完善、较准确地反映社会经济活动的客观规律。

四、市场调查报告的格式

尽管市场调查报告的格式会因项目和读者的不同而有所差异，但市场调查报告要把市场信息传递给决策者的功能或要求是不能改变的。因此，人们在长期的商务实践中逐渐形成了市场调查报告的常规格式。当然，许多公司在其业务实践中都总结出了具有自身特点的报告格式，不同的专著或教科书也会对报告格式提出不同的建议。本书列出的报告格式是一种较为全面的常规格式，供调查者在从业时参考。

一份完整的市场调查报告可分为三大部分：前文、正文和结尾。

（一）前文

1.标题扉页和标题页

标题页包括的内容有报告的标题或主题、副标题（即该份报告提供的具体材料)、报告的提交对象、报告的撰写者和发布（提供）日期。

对于企业内部调查，报告的提交对象是企业某高层负责人或董事会，报告的撰写者是内设调查机构。对于社会调查服务，报告的提交对象是调查项目的委托方，报告的撰写者是提供调查服务的调查机构。后一种情况有时还需要写明双方的地址和人员的职务。特别正规的调查报告在标题页之前还要安排标题扉页，此页只写调查报告标题。

2.授权信

授权信是由调查项目执行部门的上司给该执行部门的信，表示批准这一项目，授权给某人对项目负责，并指明可用于项目开展的资源情况。在一般情况下，汇报信会提及授权问题，因此也可以不将授权信置于调查报告中。但是，当调查报告的撰写者对授权不了解，或者需要了解有关授权的详情时，由授权信提供这方面的信息则是必要的。

3.提交信

提交信是以调查报告撰写者个人的名义向报告提交对象个人写的一封信，表示前者将报告提交给后者的意思。在此信中，可以概括一下市场调查者承担并实施项目的大致过程，也可以强调一下报告提交对象需要注意的问题以及需要进一步调查研究的问题，但不必叙述调查的具体内容。其所用口气是个人对个人，因此可以不太受机构对机构形式的拘束。在较为正规的市场调查报告中，都应该安排提交信。当对市场调查报告的正规性要求较低时，提交信可以省略。

4.前言

前言是对该调查项目的简要介绍。这部分内容包括：报告的可靠依据、目的和范围、资料收集的基本方法和要求，以及对有关方面的感谢等。

5.目录

一般的市场调查报告都应该编写目录，以便读者查阅特定内容。目录中包含了报告所分章节及其相应的起始页码。通常只编写两个层次的目录，较短的报告也可以只编写第一层次的目录。需要注意的是，报告中的表格和统计图都要在目录中列明。

6.图表目录

如果报告中含有图和（或）表，那么需要在目录中包含一个图表目录，列出每一个图和（或）表的名称，并按在报告中出现的次序排列，目的是帮助读者快速找到对一些信息的形象解释。

7.摘要

摘要一定要写明为何开展此项调查，主要考虑了该问题的哪些方面，有何结果，建议怎么做。摘要是调查报告的重要组成部分，必须写好。许多高层管理人员通常只阅读报告的摘要。可见，摘要很可能是调查者影响决策者的唯一机会。

摘要应该放在前文的最后部分，长度以不超过2页为好，因此作者要仔细斟酌哪些东西是足够重要的，需要在摘要中写明。摘要不是报告正文各章节的等比例浓缩，要将它写得自成一篇短文，既要概括调查成果的主要内容，也要简明、重点突出。

摘要通常应包含四个方面的内容。首先，申明报告的目的，包括重要的背景和项目的具体目的；其次，给出最主要的结论，有关每项具体目的的关键结论都必须写明；再次，对结论的含义进行解释；最后，以结论为基础提出建议。在许多情况下，管理人士不希望在报告中提出建议，因此是否在摘要中包括建议，需要根据报告的特定情况而定。

（二）正文

1.引言

引言主要对为何开展此项调查和其旨在发现什么做出解释。引言中应包括基本的授权内容和相关的背景材料。这些内容和材料应该足够可以讲清楚为什么值得做这个项目。当然，不重要的历史情况应予略去。引言究竟写到什么程度，要看报告提交对象的需要。在介绍本项目旨在发现什么问题时，对于问题的表达可以采用调查建议书中的提法。这里提到的每个问题在以后正文的某一部分应该提供相应的结果。

2.调查方法

阐明所用的调查方法是一件不太轻松的事，因为对技术问题的解释必须能为读者所理解。调查方法部分要阐明以下五个方面：

①调查设计：说明所开展的项目是属于探索性调查还是因果性调查，以及为什么适用于这一特定类型的调查。

②资料采集方法：所采集的是初级资料还是次级资料；结果的取得是通过调查、观察，还是实验；所用调查问卷或观察记录表应编入附录。

③抽样方法：目标总体是什么，抽样框架如何确定，是什么样的样本单位以及它们是如何被选取出来的……以上问题的回答依据及相应的运算必须在附录中列明。

④实地工作：起用了多少名、什么样的实地工作人员，对他们如何培养、如何

监督管理，实地工作如何检查。这部分内容对最终结果的准确程度具有重要影响。

⑤分析：说明所使用的定量分析方法和理论分析方法。

3.结果

结果在正文中占较大篇幅。这部分内容应按某种逻辑顺序提出紧扣调查目的的一系列项目发现。发现结论可以以叙述形式表述，以使项目更为可信，但不可过分吹嘘。在讨论中，可以配合一些总结性的表格和图片，这样可以使内容更加形象化，但是需要详细和深入分析的图表宜放到附录中。

4.局限性

完美无缺的调查是难以做到的，所以必须指出市场调查报告的局限性。

讨论市场调查报告的局限性是为了给正确评价调查成果提供现实的基础。在报告中，应避免将成果加以绝对化。虽然承认它的局限性和应用前提是科学的态度，但是也没有必要过分强调它的局限性。

5.结论和建议

结论是对调查结果的总结，而建议是提议应采取的相应行动。因此，建议的阐述应该较为详细，而且要辅以必要的论证。

（三）结尾

结尾一般指附录，附录通常包括的内容有：调查提纲、调查问卷和观察记录表；被访问人（机构单位）名单；对较复杂的抽样调查技术的说明；一些次关键数据的计算（最关键数据的计算如果所占篇幅不大，应该编入正文）；较复杂的统计表和参考文献等。

市场调查报告的格式见表8-1。

表8-1　**市场调查报告的格式**

组成部分	内容
前文	(1)标题扉页和标题页
	(2)授权信
	(3)提交信
	(4)前言
	(5)目录
	(6)图表目录
	(7)摘要
正文	(1)引言
	(2)调研方法
	(3)结果
	(4)局限性
	(5)结论和建议
结尾	附录

以上提出了一份极为正规的市场调查报告所应包含的所有组成部分。这种极为正规的格式适用于企业内部的大型调查项目，或调查公司向客户提供的服务项目。对于那些不太正规的市场调查报告，某些部分可以略去不写，可视项目的重要程度和委托方的实际需要选择一个合适的格式。

同步案例8-2 《2014—2019年中国女装市场专项调研及行业前景研究报告》

产业信息网发布的《2014—2019年中国女装市场专项调研及行业前景研究报告》共13章。本报告首先介绍了女装行业的概念，接着分析了中国女装行业发展环境，然后对中国女装行业市场的运行态势进行了重点分析，最后分析了中国女装行业面临的机遇及发展前景。

本报告目录如下：

第1章 女装行业概述

1.1 女装行业定义

1.2 女装产品分类

1.2.1 上衣

1.2.2 裤子

1.2.3 裙子

1.2.4 内衣

1.3 女装发展历程简介

1.4 女装行业发展特点分析

1.4.1 行业技术特点

1.4.2 行业消费特点

1.4.3 行业运营特点

1.5 女装行业的投资特性

第2章 2013年女装行业发展状况分析

2.1 全球女装行业发展现状分析

2.1.1 全球女装行业发展概述

2.1.2 全球知名女装品牌分析

2.1.3 全球女装行业市场竞争格局分析

2.1.4 全球女装产品供需情况分析

2.2 全球重点国家及区域女装行业发展状况分析

2.3 中国女装行业发展状况分析

2.3.1 中国女装行业发展概况

2.3.2 中国女装行业发展特点

2.3.3 中国女装行业发展影响因素分析

第3章 2013年中国女装市场状况分析

3.1 中国女装市场发展特征分析
3.1.1 上衣市场发展特征
3.1.2 裤子市场发展特征
3.1.3 裙子市场发展特征
3.1.4 内衣市场发展特征
3.2 中国女装行业供需状况分析
3.2.1 2013 年全国女装行业供给情况分析
3.2.1.1 全国女装行业总产值分析
3.2.1.2 全国女装行业产品结构分析
3.2.2 2013 年各地区女装行业供给情况分析
3.2.3 2013 年全国女装行业需求情况分析
3.2.4 2013 年各地区女装行业需求情况分析
3.3 行业总体市场竞争状况分析
3.3.1 中国女装行业竞争格局分析
3.3.2 中国女装行业集中度分析
3.3.3 中国女装行业市场规模分析
3.3.4 女装行业市场竞争结构分析及预测
3.4 行业不同经济类型企业特征分析
3.4.1 不同经济类型企业特征情况
3.4.2 行业经济类型集中度分析

第 4 章 2013 年中国女装行业发展环境分析

4.1 行业政策环境分析
4.1.1 行业相关政策动向
4.1.2 行业发展规划
4.1.3 对行业的影响
4.2 行业经济环境分析
4.2.1 国际宏观经济环境分析
4.2.2 国内宏观经济环境分析
4.3 行业消费环境分析
4.3.1 行业消费特征分析
4.3.2 行业消费趋势分析
4.4 行业贸易环境分析
4.4.1 行业贸易环境发展现状
4.4.2 行业贸易环境发展趋势
4.5 行业社会环境分析
4.5.1 行业发展与社会经济的协调

4.5.2 行业发展面临的社会审美标准问题
第5章 2013年中国女装行业原料市场分析
5.1 化纤
5.1.1 化纤供需状况
5.1.2 化纤价格走势
5.2 茧丝
5.2.1 茧丝市场发展概况
5.2.2 茧丝供需状况
5.2.3 茧丝价格走势
5.3 棉花
5.3.1 国内外棉花行业总体发展状况
5.3.2 中国棉花市场供需情况分析
5.3.3 棉花价格走势
5.4 拉链
5.4.1 国内外拉链行业总体发展状况
5.4.2 拉链行业重要生产企业分析
5.4.3 影响拉链市场价格变化的主要因素
5.5 其他辅料
第6章 女装行业重点区域市场分析
6.1 行业总体区域结构特征分析
6.1.1 行业区域结构总体特征
6.1.2 行业区域集中度分析
6.1.3 行业区域分布特点分析
6.1.4 行业规模指标区域分布分析
6.1.5 行业效益指标区域分布分析
6.1.6 行业企业数的区域分布分析
6.2 华东女装行业发展分析及预测
6.3 华南女装行业发展分析及预测
6.4 华北女装行业发展分析及预测
6.5 华中女装行业发展分析及预测
6.6 西南女装行业发展分析及预测
6.7 西北女装行业发展分析及预测
6.8 东北女装行业发展分析及预测
第7章 2013年中国女装行业主要细分市场分析
7.1 少女装发展状况及市场分析
7.1.1 少女装发展历程及现状

7.1.2 少女装市场分析
7.1.3 少女装市场竞争格局
7.1.4 主要少女装生产企业分析
7.1.5 少女装消费特点分析
7.1.6 少女装行业发展存在的问题
7.2 轻熟女装发展状况及市场分析
7.2.1 轻熟女装发展历程及现状
7.2.2 轻熟女装市场分析
7.2.3 轻熟装市场竞争格局
7.2.4 主要轻熟装生产企业分析
7.2.5 轻熟装消费特点分析
7.2.6 轻熟装行业发展存在的问题
7.3 女内衣行业发展状况及市场分析
7.3.1 女内衣行业发展历程及现状
7.3.2 女内衣行业市场分析
7.3.3 女内衣市场竞争格局
7.3.4 女内衣行业发展存在的问题

第8章 女装行业进出口市场分析

8.1 女装行业进出口状况综述
8.2 2013年女装行业出口市场分析
8.2.1 行业出口整体情况
8.2.2 行业出口产品结构
8.3 2013年女装行业进口市场分析
8.3.1 行业进口整体情况
8.3.2 行业进口产品结构
8.4 女装行业进出口前景及建议
8.4.1 女装行业出口前景及建议
8.4.2 女装行业进口前景及建议

第9章 女装行业市场销售渠道与营销模式分析

9.1 女装行业销售渠道分析
9.1.1 销售渠道发展概况
9.1.2 女装行业经营模式
9.1.3 女装零售渠道分析
9.1.4 女装行业网购与电商发展分析
9.2 女装行业营销模式分析
9.2.1 品牌营销

9.2.2 价格营销
9.2.3 渠道营销
9.2.4 促销手段

第10章 2013年中国女装行业主要外资品牌分析

10.1 Gucci
10.1.1 企业简介
10.1.2 2011—2013年企业经营状况分析
10.2 范思哲
10.2.1 企业简介
10.2.2 2011—2013年企业经营状况分析
10.3 艾格
10.3.1 企业简介
10.3.2 2011—2013年企业经营状况分析
10.4 ONLY
10.4.1 企业简介
10.4.2 2011—2013年企业经营状况分析
10.5 优衣库
10.5.1 企业简介
10.5.2 2011—2013年企业经营状况分析
10.6 欧时力
10.6.1 企业简介
10.6.2 2011—2013年企业经营状况分析

第11章 中国女装行业重点企业经营状况分析

11.1 女装企业发展总体状况分析
11.1.1 女装行业企业规模
11.1.2女装行业销售收入状况
11.1.3 女装行业利润总额状况
11.2 女装行业领先企业个案分析
11.2.1 哥弟
11.2.2 歌莉娅
11.2.3 太平鸟
11.2.4 红袖
11.2.5 圣迪奥

第12章 中国女装行业投资战略分析

12.1 女装行业发展战略分析
12.1.1 总体战略规划

12.1.2 技术战略规划
12.1.3 营销战略规划
12.1.4 品牌战略规划
12.1.5 区域战略规划
12.1.6 竞争战略规划
12.2 中国女装行业投资风险
12.2.1 女装行业政策风险
12.2.2 女装行业技术风险
12.2.3 女装行业供求风险
12.2.4 女装行业宏观经济风险
12.2.5 女装行业成本风险
12.2.6 女装行业产品结构风险
12.2.7 女装行业其他风险
12.3 中国女装行业投资特性分析
12.3.1 女装行业进入壁垒分析
12.3.2 女装行业盈利模式分析
12.3.3 女装行业盈利因素分析
12.4 中国女装行业投资建议分析
12.4.1 女装行业投资存在的问题
12.4.2 女装行业主要投资建议

第 13 章 2014—2019 年中国女装行业发展前景与趋势分析

13.1 中国女装行业发展前景概述
13.1.1 中国女装行业 SWOT 分析
13.1.2 女装行业市场前景分析
13.2 中国女装行业发展趋势分析
13.2.1 中国女装行业市场供给发展趋势
13.2.2 中国女装行业市场需求发展趋势
13.2.3 中国女装行业竞争格局发展趋势
13.2.4 中国女装行业品牌集中度发展趋势
13.2.5 中国女装行业进出口贸易发展趋势

资料来源　佚名. 2014—2019 年中国女装行业市场发展现状及未来趋势调研报告 [EB/OL]. [2014-06-26]. http://www.chyxx.com/research/fuzhuang1/.

任务三　市场调查报告的写作准备及技巧

一、市场调查报告的写作准备

（一）访问委托人

1.让委托人知道市场调查的能力和局限

市场调查能提供营销决策所需要的信息，但它不能提供解决问题的方案。虽然市场调查报告总会给委托人提出很多建议，但建议不是方案，方案需要通过决策者自己的判断才能形成。

2.明确得知委托人希望从调查中获得什么

（1）与主要决策者直接沟通

一般而言，调查人员面对的委托人至少也是品牌经理，绝大多数情况下应该是营销总监或者是总经理，很多时候还会与董事长或董事会见面。虽然他们都是大忙人，见一回可能要提前好几天预约，但无论有什么困难，一定要与主要决策者直接沟通。

（2）让决策者说出其对征兆原因的认识和分析

决策者往往更注意营销中的征兆，如企业的市场份额正在减少、新产品有需求却不能形成购买力等，而对产生问题的内在原因往往无暇认真分析和注意，所以他们一般不会主动提及原因。调查人员在与决策者沟通时，千万不要以为问到了“征兆”就可以心满意足了，一定要明确地问决策者“原因何在”。例如，针对市场份额减少这一征兆，调查人员应该马上问到“竞争者有没有什么特别的销售推广活动”，一定要让决策者说出其对征兆原因的认识和分析。

（3）沟通时要带录音机

在与决策者沟通前，要准备问题构架单，以保证不会遗漏重要的内容，但也只能是“构架”，因为大多数问题是要在沟通中不断深入、不断挖掘、不断细化的，这只能依靠调查人员自己的营销知识了。因此，沟通时带上问题构架单、嘴巴、耳朵、笔和本子还不够，还要带录音机。

3.避免“模糊”

决策者对营销问题的模糊认识是普遍存在的，而调查又不能容忍这种“模糊”，何况调查时间总是那么紧张，因此调查人员必须想出各种办法来提高效率。很多时候，调查人员应对企业实施一次问题稽查，针对具体营销问题进行追溯，掌握所有可能导致营销问题产生的行为和因素，找准方向，以保证调查确实有效。

4.访问行业专家

（1）调查人员以何种身份进行调查

调查人员的行业知识对调查项目本身既有利又有弊。利在于它有助于调查人员把握问题，弊在于它可能使调查人员有先入为主的偏见。我们认为，行业专家自己实施市场调查是不合适的，他们应该帮助调查人员了解行业概况，让调查人员以中立者的身份进行调查。

（2）与多个行业专家沟通

调查人员需要了解行业知识，因此要与行业专家沟通，并且要与多个行业专家沟通，尤其要听到不同的见解和意见。专家可以来自企业内部，也可以来自企业外部。根据调查项目的不同，沟通的内容应该有所侧重。调查人员还要预先拟定访问提纲，但所有问题都必须是开放的，因为凭调查人员的行业知识，其根本不知道专家会给出什么样的建议。

（3）专家的选择

真正意义上的行业专家是很少的，这也是调查的难题。有的专家是自封的，而且还很热情，千万不要图省事而全信了他们。此外，有些人虽然不是行业专家，但他们关心要调查的课题、有独到的见解，又能给调查人员指点迷津，因此也可以选择。

（4）建立自己的专家网络

调查人员要对专家有灵敏的"嗅觉"，通过几个问题就应该能够判断出被访者有没有独到的见解，清楚被访者的优势所在，并尽快把他的优势挖掘出来。调查人员在平时要注意对专家库的建设和积累，并建立自己的专家网络。

（二）了解读者

调查报告是为读者服务的，或者说是为了客户的阅读和使用，所以必须高度重视读者，充分注意读者的特征及其需要，考虑读者的背景和兴趣，以及读者期望得到的信息类型，从而决定使用什么样的术语以及应达到什么样的深度。在编写调查报告时，要注意以下事实：

①大多数阅读者为经理级人员，他们一般都很忙；

②大多数阅读者很少精通调查的某些专业技术和术语；

③不同的阅读者之间存在着需要和兴趣的差异；

④经理级人员和常人一样不喜欢冗长、乏味、呆板的文字。

二、市场调查报告的写作技巧

（一）撰写市场调查报告的人员应该掌握的几个环节

1.明确调查报告的阅读者

由于不同的阅读者掌握的信息不同、需要做出决策的性质不同，因此他们需要了解的信息也不同；同时，由于不同阅读者的素质不同，因此他们在兴趣上也存在差别。同样一份市场调查报告，提供给决策者与专家，应侧重的信息是不同的。提供给决策者的报告是决策的依据，可以着重描写"是什么""为什么会这样""如果……将会怎样"，以便决策者尽快了解情况与原因，采纳报告的建议；对于提供给专家评审的报告，由于专家对事实情况、引发的原因都十分清楚，因此应着重描写报告中的结论是通过什么方法分析后得出的。

2.段落标题的撰写

市场调查报告也可以设计成章、节、段，每一章、节、段都应有相应的特征鲜明的标题，问题是这些标题的撰写应该采用哪种方式。目前有以下两种常用的方式：

①以结论或观点作为各章、节、段的标题，如“高技术含量是明年国外大公司登陆中国市场的撒手锏”“提高价格不能操之过急”等。

②以原因或状况作为各章、节、段的标题，如“国内许多企业将更加举步维艰”“登陆中国市场的著名跨国公司的产业结构”“窥测中国市场变化的外国著名大公司的举动”等。

3.市场调查报告开头部分的撰写

（1）开门见山，揭示主题

报告开始先交代调查的目的、揭示主题。举例如下：

随着国家住房制度改革的不断深入及居民生活水平的提高，个人购房已成大势且愈演愈烈。新生代监测机构每年在中国的城市进行一项名为“中国市场与媒体研究（CMMS）”的调查，“中国市场与媒体研究2013（CMMS2013）”的调查总体为居住在20个样本城市的15～64岁的人口，样本量为50 000。以下是新生代市场监测机构对中国房地产市场调查的结果……

（2）结论先行，逐步论证

先将调查结论写出来，然后逐步论证。这种开头形式观点明确、一目了然。举例如下：

精明而实际的现代都市居民面对储蓄、股票、保险、债券、房地产、珠宝等多种多样的家庭理财工具，不仅要考虑各种工具本身的优缺点，还要考虑家庭目前和未来的收支状况、投资的风险与收益等。近日，零点市场调查与分析公司对北京、上海、广州、武汉、沈阳、西安、郑州、成都8市2 428位年龄在18至40岁之间的普通市民就家庭理财方面的问题进行了入户访问。调查结果显示，我国城市居民家庭理财方式在以前以储蓄为主的基础上呈现出多样化的趋势，大致可以从以下几个方面反映……

（3）交代情况，逐层分析

先介绍背景情况、调查数据，然后逐层分析、得出结论；也可先交代时间、地点、范围等情况，然后进行分析。

对于一些规模较大的市场调查，可先介绍背景、调查数据等基本情况，使读者有一个感性认识，然后进行深入分析研究。例如，《放眼未来之路——1 011名专家人士眼里的中国数据通信网络》的开头：

中国邮政电信总局与北京新华信商业管理有限公司于2013年4月、5月在北京、上海、广州进行了一次大规模的抽样调查，力图考察我国通信网络的现状并展望“未来之路”。在这次调查中，除了涉及特定专业问题外，还围绕着网络化的大趋势设计了许多问题，包括客户目前的网络使用情况、认识、意见、需求等。调查对象是各单位中通信网络或计算机方面的技术人员、管理人员……

（4）提出问题，引入正题

提出人们所关注的问题，引导读者进入正题。例如，《移动通信，国产服务器“饼”有多大》的开头部分：

网络时代的来临促进了中国移动通信市场的迅速扩张，强大的市场压力让中国移动通信集团公司不得不在扩容网络设备上投入巨资。这种投入势必将带动国内服务器市场需求的扩大，随之而来的是国产服务器厂商的兵戎相见。为此，中国移动通信集团公司将做出怎样的选择呢？带着这样的问题，我们对全国消费者和销售单位进行了有关调查……

开头部分的写作方式灵活多样，可根据调查报告的种类、目的、资料及调查报告的篇幅要求等情况适当选择，但不管怎样，开头部分都应围绕着为什么进行调查、怎样进行调查和调查的结论如何这几个问题做文章。

4.市场调查报告的表述

在市场调查报告的撰写过程中，通常要涉及叙述、说明和议论的运用技巧。

（1）叙述的运用

在市场调查报告中，常用的叙述方式有概括叙述和按时间顺序叙述。

概括叙述是指将调查情况概略地陈述，不需要对事件的细枝末节进行陈述。这种方式文字简约、一带而过，给人以整体全面的认识，适合快速阅读、想了解问题的读者。

按时间顺序叙述给人以次序井然、前后连贯的感觉。

（2）说明的运用

在市场调查报告中，说明的方式有数字、分类、对比和举例等。

数字方式可以直观反映市场的变化情况，提高报告的精确性和可信度。

分类方式可以将纷杂的材料理顺，满足主体表达的需要。

市场调查报告中有关情况、数字的说明，往往采用对比的形式，这种形式比单纯的叙述更具有说服力。

在报告中列举出一些典型的、具体的事例，也是一种很好的说明方式。

（3）议论的运用

议论是指在占有了大量材料之后，进行分析研究，并得出结论，从而形成论证的过程。

5.图表的格式要求

在市场调查报告的正文中应恰当地运用图表，以发挥调查所得资料的论据和论证作用。

统计表必须具备表号、表头（总标题）、横标目、纵标目、指标数值、（必要的）注释、资料来源等。例如，第一章的统计表排为表1-1、表1-2……第二章的统计表排为表2-1、表2-2……直至最后一章。附录中的统计表可以排为表A-1、表A-2……

统计表的总标题要写得醒目，扼要地提出本表要提供的信息内容。

横、纵标目要简明，尽量使用正规的指标名称、分组标志和时间分量。如果横、纵标目中使用了与国家统计标准、指标同名称而不同含义的指标名称、分类标准，或者使用了尚未被本行业同仁普遍接受的名词，则应在注释部分加以注明。

凡表中所用数据来源于本项目调查、观察或实验所获之外的次级资料，均应注明资料来源。

统计图也要设置图号和图名，设置方法与对表号和总标题的要求相同。统计图在目录中的位置应在统计表之后。

统计图中所绘几何图形（线段、矩形、扇形等）要与所表现的数值成比例、数轴要注明所表示的变量及所用计量单位。统计图中应对图形加以必要的标注，说明其代表的意义，以便读者不参阅任何文字材料就能读懂统计图要说明的问题。

资料来源对统计图来说也是必不可少的。

6.附件部分的利用

在市场调查报告中，不能不用各种统计学的分析方法，也不能没有调查的原始资料，因为这些都是论证结论的证据。

7.市场调查报告的结尾

结尾部分是市场调查报告的结束语。结尾一般应包括以下内容：

在经过叙述、说明和议论等方式后，要说明报告的主要观点，以深化主题；在对资料进行科学研究的基础上得出结论；通过分析，形成对事物的看法，提出建议；对未来的展望和预测。

（二）撰写市场调查报告应注意的问题

1.实事求是

市场调查研究是为了揭示事情的真相，在研究过程中要实事求是，按照严格的程序进行科学的研究，克服个人偏见和主观影响。因此，作为市场调查研究结果的调查报告必须真实、准确，要以实事求是的科学态度，准确全面地总结和反映调查结果。这就要求市场调查报告所使用的信息资料必须符合客观实际，不能有任何虚假内容；同时，要注意信息资料的全面性，以免结论和建议的片面性给决策者造成误导。

2.重点突出

市场调查报告的内容编排应该密切结合调查宗旨，重点突出。一份高质量的市场调查报告既要具备全面性、系统性，又要具备针对性和适用性。因此，在撰写市场调查报告时，必须对信息资料进行严格分类和筛选，剔除一切无关资料。

3.篇幅适当

市场调查报告的价值要以质量和有效性度量，而非篇幅的长短。因此，在撰写市场调查报告时，应根据调查目的和报告内容的需要确定篇幅的长短。市场调查阶段积累的大量信息资料虽然十分珍贵，但如果全部纳入调查报告中，必然会使调查报告的内容冗长繁杂，使阅读者难以领略重点进而产生反感。因此，市场调查报告篇幅的长短，内容的取舍、详略都应该根据需要确定。

4.解释充分

调查研究的目的在于利用丰富的信息资料说明市场现象所蕴含的市场特征、规律和趋势。但这些信息资料所蕴含的市场特征、规律和趋势并不是每个人都能领会的，其需要调查人员运用专业知识和科学的理论进行解释。一份高质量的市场调查报告应该充分利用统计图表、统计数据等各种表现方法来说明和显示资料，从而使阅读者更容易接受和认同市场调查报告。

5.便于阅读

为了提高市场调查报告的可阅读性，在撰写市场调查报告时，应做到版面设计合理、语言简洁、字迹清晰、书写工整。同时，任何市场调查报告的阅读和使用都有其特定的对象，因此要结合不同对象的工作性质、文化程度等因素来安排市场调查报告的写作风格。

任务四 口头报告技巧

口头报告是指调查人员在书面报告的基础上，简明扼要地对报告进行全面、高度的概括。

一、口头报告的重要性及特点

（一）口头报告的重要性

市场调查人员撰写的市场调查报告在有些时候得不到主管经理的认真阅读，这种情况的出现是由于经理们没有时间或者没有阅读研究报告的习惯。因此，较长的市场调查报告能得到经理们审阅的机会较少。

有时候，经理们十分乐意尽职尽责地认真阅读有关的市场调查报告，却从来没有人向他介绍过有关这份市场调查报告的价值。

因此，如果市场调查人员想让所撰写的报告发生作用并取得应有的效果，就必须亲自将报告呈递给恰当的人选，并做出口头报告。

口头报告可以起到辅助书面报告的作用，帮助客户加深理解书面报告的内容，介绍某些无法用书面语言阐述清楚的内容，回答客户心中的疑问，以及解释书面报告中存在的问题。口头报告对于有关人士迅速掌握和理解报告内容具有重要的作用。

（二）口头报告的特点

①口头报告可以用较短的时间说明市场调查报告的核心内容。

②口头报告生动具体，富有感染力，容易给对方留下深刻的印象。

③口头报告可以与听者直接交流，便于增强双方的沟通。

④口头报告具有灵活性，可以根据实际情况对报告的内容进行调整。

（三）口头报告的辅助材料

口头报告应有以下辅助材料：

1.汇报提要

每位听众都应该有一份关于汇报流程和主要结论的提要。需要注意的是，这份提要中不应出现统计图表，同时应预留出充足的空间以利于听众记录或评述。

2.视觉辅助

如今越来越多的调查者开始使用个人电脑和投影仪来汇报报告内容。依靠这些多媒体设备，不仅可以显示传统图表，还可以显示电子图表，汇报者可以根据听众提出的问题进行展示。

3.执行性摘要

提前给每位听众一份执行性摘要，可以使听众在听取口头汇报前就能思考所要提出的问题。

4.报告的复印件

汇报者在口头报告中省略了报告中的许多细节，作为对此的补充，在口头报告结束时，汇报者应准备一些报告复印件，以便对此感兴趣的人索取。

二、口头报告成功的基本要素

口头报告能否成功发挥其效果，取决于许多因素，这里具体归纳为以下几个方面：

（一）事前分析和了解听众的状况

了解听众的身份、文化水平、兴趣爱好等综合素质；了解听众的需要及其重点关心的问题，以及他们对调查问题的了解程度和参与决策的程度，从而为选定口头报告的方式和重点内容做铺垫。

（二）精心设计口头报告的提纲

口头报告需要一个精心准备的提纲，包括报告的基本框架和内容。哪些是该介绍的，哪些是不该介绍的，都要有充分的准备。设计提纲可以防止汇报者在做口头报告时思路混乱、逻辑不清、丢掉重点问题。

（三）反复练习

汇报者在演讲时经常会出现紧张的情况，为了消除紧张情绪，汇报者可以采取深呼吸和穿着舒适、合体服装的方法，但更重要的是要做充分的练习，真正掌握演讲资料是消除紧张的有效途径。在演讲中，最紧张的时刻常发生在报告开始时，因此尤其要注意练习报告的开头部分。

（四）借助图表

在进行口头报告时，要善于采用图表来辅助演讲。口头报告如能适当运用设计精良的图表进行说明，其效果能顶千言万语，因为图表说明更加直观、明确，能够给人以深刻的印象。

在口头报告中，常用的图有三种：一是统计图，用来显示量的多少；二是地图，用来显示地理区域；三是示意图，用来显示数字的含义。一般来说，统计图的使用最普遍。

（五）充满自信

在口头报告中，切忌照事先写好的发言稿宣读，而应该使用口语化的、简明的词句表达调查成果；要交代清楚要讲的几个问题，不时提醒听者当前进入第几个问题；对于重点内容的讲述，要放慢速度，甚至可以重复。

此外，汇报者还要做好答辩的准备。当然，这不是消极的应答和解释，而是充满自信、富有感染力和说服力的说明。即使是最可靠、最有效的调查成果，如果不能使应该以其为基础而采取行动的管理者们相信其重要性，也是毫无价值的。

（六）易听、易懂

由于听比讲更难以集中注意力，因此汇报的语言应简洁明了、通俗易懂、有趣味性和说服力。如果有一个十分复杂的问题需要说明，可以先做一个简要、概括的介绍，然后运用声音、眼神和手势变化来加深听众的印象。

（七）把握回答问题的时机

在口头报告中，最好不要随便回答问题，以免自己的讲话思路被打断，使听众游离报告主题或造成汇报时间不够用。在报告开始前可告知听众，你会在报告后回答问题并进行个别交流，注意不要忘记这一承诺。

（八）在规定的时间内结束报告

口头报告常有一定的时间限制，在有限的时间内讲完报告是最基本的要求；同时，要有一个强有力的结尾。口头报告结束后，还要请客户或有关人士仔细阅读书面报告。

同步案例8-3 口头报告(presentation)技巧

“presentation”这个英文单词应用在不同场合，会有不同的含义。例如，广告公司向客户提报营销广告企划的会议叫“提案会”；厂商向消费者介绍新产品则可能利用“发表会”；企业向新闻界宣布新动向时应召开“说明会”“记者会”等。不论哪一种目的的口头报告，都应该注意下列事项：

1.尽量使用浅显易懂的语言来传达讯息

口头报告最重要的技巧，便是如何生动地描述你所要传达的讯息，让听众都能够了解且对你所讲的内容感兴趣。一场口头报告就像一场戏剧，需要分析听众、构思流程、撰写剧本、反复演练。

2.叙述时要简洁有力

任何口头报告都要避免过度冗长，千万不要说太多客套的废话，或做过多与主题无关的阐释，务必让听众在最短的时间内知道你所要表达的事情。一般听众大概在5～6分钟内就会对口头报告的内容下判断，此时如果还无法吸引听众，就说明这个口头报告还有未经完整构思的部分。回答听众的问题时也应该予以明确具体的回复，同时要视对方的立场和反应来回答。

3.以热烈表情传达思绪

做提案报告时，最忌讳汇报人摆出一副“尽义务”的表情，丝毫不理会听众的反应，如此不但无法引起听众的兴趣，也无法让听众完全相信报告的内容，还会徒增双方的误解。汇报人必须是参与计划的人，对计划的进行有相当的了解，如此才能表现出积极实现计划的热情；同时，在报告进行中应随时以目光关怀听众，适当地运用肢体语言以及领首微笑，引领听众进入所要表达的情境中。

4.尽量发挥演出效果

口头报告其实就像演戏，在某种程度上可说是“制作性的演出”，如此才能操纵听众的感情，使听众不厌其烦地听完。下面是几个基本的方法：

（1）汇报人一定要站着说话，保持充沛的热情，给肢体动作留出足够的空间。

（2）多多利用白板、黑板或投影片图解说明，使听众容易了解。

（3）事先准备好若干道具，如纸张、样品、插图等，使报告更生动有趣。

（4）不要被口头报告的环境所局限，必要时可以主动安排，改变报告的环境。

5.事先不要出示所有文件

有的口头报告一开始就送上全本计划书，这样往往会造成台下的人埋首苦读，而不理会台上的汇报人。因此，正确的做法应该是在口头报告进行中把文件分发出去。如果必须一次就送上全本计划书，则要穿插一些展示或加大肢体动作，以吸引听众的注意力。

6.运用活泼简洁的动态资料

有的口头报告中长时间放映录影带、幻灯片，分散了听众的注意力，太过冗长的影像资料往往会使听众无法掌握重点；同时，由于播放时灯光昏暗，也会使听众意志力不集中而出现昏睡的情况。因此，运用任何影像资料都要简洁有力，并且考虑是否确实有需求。

项目小结

1.市场调查报告是调查人员对所研究的问题进行调查后，经过分析研究而形成的一种报告形式。它具有针对性、新颖性、时效性、合理性和专业性等特点。

2.市场调查报告有一定的写作原则与要求。其写作步骤包括：确定市场调查报告的主题、取舍资料、拟定提纲、形成初稿和定稿五个步骤。市场调查报告在格式上可分为前文、正文和结尾三大部分。

3.口头报告是指调查人员在书面报告的基础上，简明扼要地对报告进行全面、高度的概括。口头报告是书面报告的重要辅助。

主要概念

市场调查报告　口头报告

基本训练

（一）填空题

1.为了使企业更好地适应市场竞争，市场调查报告要及时反馈给企业，以便企业适时做出（　　）。

2.市场调查是对市场最新信息的（　　）和（　　），也是（　　）的组织活动。

3.统计表必须具备（　　）、表头（总标题）、横标目、（　　）、（　　）、（必要的）注释、资料来源等。

4.在口头报告中，常用的图有三种：一是（　　），用来显示量的多少；二是（　　），用来显示地理区域；三是（　　），用来显示数字的含义。

5.口头报告常有一定的（　　），在（　　）内讲完报告是最基本的要求；同时，要有一个（　　）的结尾。

（二）选择题

1.下列因素中，（　　）不是市场调查报告的特点。

A.针对性　　B.时效性

C.简洁性　　D.合理性

2.按照市场调查报告的格式，前文中不包括（　　）。

A.前言　　B.引言

C.目录　　D.摘要

3.市场调查报告撰写的原则包括（　　）。

A.服务客户　　B.多次取舍

C.拟定提纲　　D.揭示主题

4.在市场调查报告中，说明的方式有（　　）。

A.文字　　B.排列

C.数字　　D.筛选

5.口头报告成功的基本要素是（　　）。

A.着装整齐　　B.借助图表

C.增加专业术语　　D.详细解释每个问题

（三）简答题

1.简述市场调查报告的作用。

2.简述取舍资料应注意的问题。

3.简述撰写市场调查报告应注意的问题。

4.简述口头报告的特点。

5.简述口头报告成功的基本要素。

（四）案例分析

金芒果香烟市场调查方案

近年来，人们对环境保护和健康保护因素日益重视，世界各国政府纷纷制定有关限制烟草业宣传与促销的政策、制度，烟草业的发展受到了一定程度的影响，中国在这方面也不例外。同时，烟草行业本身所固有的特性——既是高利润行业，又是政府和地方利税大户，决定了它在国家与地方经济发展中起着不可替代的重要作用。这一矛盾因素也决定了烟草业销售的特殊性：①政府实行烟草专卖制度和广告宣传限制制度；②假冒伪劣产品盛行和走私泛滥；③各级政府虽不公开鼓励发展烟草业，但也不强烈限制其发展。面对这种情况，常规的产品宣传与营销方式就不一定适合烟草业，富有针对性的市场研究与调查就显得十分重要和必要。

但是，从现有情况来看，一般烟草生产商并不重视对这一特定市场的分析，也无法由此制定适合烟草业的特殊营销方式，这使得由少数烟草生产商高度垄断整个市场的局面延续多年而无多大变化。可以这么说，要打破这种固有的市场格局，使本企业在竞争中崛起，严格而准确的市场调查是成功的重要一环。只有通过详尽而准确的市场分析，才能制定合适的营销策略，从而找出市场的机会点与切入点，改变一般烟草生产企业与其香烟品牌认知统一程度不高的不利局面，提高生产企业的知名度，树立其良好形象。同时，企业也可利用系列性的市场调查，在其生产、销售的各个环节中有计划地穿插进行，通过与专业市场调查公司的有机联系与密切合作，结合企业的实际情况，找出市场运作各环节的关键所在，从而更好地发现问题和解决问题，更加充分地利用和发挥市场调查的作用。

在此背景下，作为一家具有多年市场运作经验的专业性市场调查公司——北京欣欣市场调查公司受金芒果集团的委托，拟以北京市场为重点，就金芒果烟在北京市场进行调查，并在此基础上提出一些适当的建议，从而为金芒果集团今后的市场运作和广告宣传、营销策划提供可靠的参考依据，并试图建立起较完整的市场样板模式，以期今后以此为根据，向全国市场推广。

通过本次调查，了解以下主要内容，达到以下目的：①了解地方政府、工商部门对烟草市场进入方面的政策、规定；②了解香烟的主要进货、销售渠道与销售方式（包括了解一些大型香烟集散地的情况）；③把握一般烟草生产商的常规宣传方式与促销方式；④掌握烟草经销商对烟草生产商的促销、宣传活动的态度；⑤探明烟草在特殊场所如酒店、娱乐场所的宣传、促销形式；⑥为金芒果集团今后在目标城市的产品铺点和宣传运作提供第一手资料，并在可能的情况下，协助委托方在重点城市与烟草经销商建立起初步的联系；⑦分析目标城市烟民对（包括金芒果烟在内的）烟草品牌与生产商的认知情况；⑧掌握烟民对各种香烟品牌的态度；⑨分析烟民的香烟消费行为与消费特点；⑩分析各城市烟民和烟草销售方面的特点及差异。

本次调查还将分析金芒果烟前期所播广告的效果，探索烟草业所特有的企业品牌与其烟草产品品牌认知统一的重要联系纽带，寻找提高这种认知统一性的市场机会点与切入点，探寻企业今后的宣传方向与重点，并就其营销手段方面的内容提出一些框架性的市场建议，以期增强金芒果烟与金芒果集团在烟民心中的地位，提高金芒果烟的品牌认知度。在北京市建立较好的市场推广模式，为今后在全国市场的推广做好铺垫。

1.目标区域

北京市八大城区。

2.调查对象

大商场专营店中的小食品店（包括街头店）。

烟民消费情况问卷调查共600人，其中，上海、广州、武汉每市100人，北京市300人。

烟民小组座谈会分4组，其中，上海、广州、武汉每市1组，共计9人，北京市2组，共计18人。

3.调查方法

①文献调查。利用有关部门、机构的现存资料进行资料收集、整理与分析。

②香烟经销商深度访谈调查。根据事先设计的访谈提纲，进行深度访谈。

③烟民消费情况问卷调查。

抽样条件：男性；市区常住人口；年龄18~60岁；每天平均抽烟10支以上。

抽样方式：分城区进行配额随机抽样。

礼品：每个样本一盒金芒果烟。

④烟民小组座谈会。事先拟定讨论提纲，针对一些问题进行深入探讨，主持人注意把握主题和讨论的气氛、节奏。

4.主要调查内容与主要预期结果

（1）文献查阅、资料收集

利用统计局、烟草专卖局、工商局、各级批发商及其他有关部门的统计资料及数据库，了解有关地区的人口情况、经济发展水平等基本资料；了解国家、地方有关政策、规定、限制或鼓励措施等；对香烟销售与地区经济、人口数量等情况进行比较分析；掌握经销商数量（包括批发商、零售商、小摊的数量）及香烟经销措施、主销售渠道；了解主要香烟的品牌、价格、销售情况，分析畅销香烟品牌及其地区性差异；估计金芒果香烟的市场容量。

（2）香烟经销商情况调查

这包括：

①洋烟与国烟的销量及季节性差异。

②高、中、低档香烟的销量差异。

③商场与烟摊在高、中、低档香烟销售中的不同地位。

④洋烟与国烟的进货渠道。

⑤洋烟与国烟在以前与现在的销售变化情况及其购买人数变化情况。

⑥批发与零售的折扣状况及二者的销售比例。

⑦烟民对本地烟及其他外地烟的偏好情况。

⑧位居前十名的中、高档香烟品牌及其价格。

⑨经销商对香烟供货情况的态度与希望。

⑩经销商对烟厂宣传、促销的配合态度与要求。

⑪中、高档烟民的人群特征及其变化情况。

(3) 烟民消费情况问卷调查

这包括:

①烟民人群特征。

②烟民的月人均香烟消费量及其香烟消费支出情况。

③香烟品牌选择情况及影响烟民选择的因素。

④烟民的消费习惯与购买行为，如洋烟、国产名牌烟、地方烟的评价比较、消费情况、购买场所。

⑤是整条购买还是零买；烟民对香烟品牌的忠诚度。

⑥香烟广告认知情况：自由回忆所知的曾做过广告的香烟品牌。

⑦香烟生产商认知情况：从不同品牌中识别香烟生产商。

⑧金芒果烟认知情况：从不同品牌中识别金芒果烟。

(4) 烟民小组座谈会

提供录音、整理记录、分析报告。

5.工作内容与调查时间

工作内容包括:

①与委托方有关人士交流，确定调查目的、内容、方法，签订调查协议，确定双方联络负责人员，委托方预先支付调查总金额60%的款项，自款到之日起，工作正式启动。

②确定本项目调查小组成员及项目负责人，项目负责人介绍本次调查的目的、方法、内容与重点，并作工作分配。

③调查问卷、访谈提纲和座谈讨论提纲的设计。除精心设计问卷内容之外，还将就一些问题的提法进行仔细斟酌，对一些敏感性问题需要采用非正面的提法，以便取得更好的问卷效果。

④问卷、提纲的讨论、修改与确定、印刷，访员培训。

⑤各项调查的具体实施。

⑥问卷回收、抽检、整理，原始数据编码、录入。

⑦数据统计分析。

⑧文献资料查阅、归纳整理。

⑨调查组成员小组讨论、总结、资料归类。

⑩调查报告撰写、提出市场建议、图表制作、打印。

⑪向委托方递交市场调查报告，解释结果。

（附：在调查过程中，双方需密切合作，及时联络与交流，围绕调查目的做好各项工作）

本次调查共需25个工作日。

6.结果提供

本次调查结果提供的资料包括：

①最终市场调查报告（参见主要调查内容与预期结果部分）。

②原始调查问卷（若委托方需要）。

③计算机数据统计原始资料（若委托方需要）。

④座谈会录音带（若委托方需要）。

⑤深度访谈原始记录（若委托方需要）。

⑥市场调查报告讨论会（由调查公司进行讲解、说明）。

7.费用预算

烟民调查问卷、深度访谈提纲及座谈提纲的设计费用：4 000元。

问卷鉴别、各类访员的培训与调查组织费用：1 000元。

信息资料收集与整理费用：4 000元。

烟民问卷调查费用：600×60=36 000（元）

经销商深度访谈调查费用：90×200=18 000（元）

座谈会费用：4×3 500=14 000（元）

调查抽样费：600×5+90×10=3 900（元）

外地差旅费：18 000元。

数据编码、录入费用：2 000元。

统计处理、资料分析费用：5 000元。

报告撰写、制图、制表、打印费用：6 000元。

企业管理费：15 000元。

利润：8 000元。

税收：14 000元。

总计：148 900元。

8.付款方式

自调查合同签订之日起3日内，由委托方向北京欣欣市场调查公司预先支付60%的调查总款项，其余款项在欣欣公司向委托方提交最终调查报告后3日内，由委托方向北京欣欣市场调查公司一次性付清。

资料来源 根据陈湘清的《市场调查课程实训任务书》整理。

问题：评价该市场调查方案的有效性。

单元实训

【实训情境设计】

选择一个前几章中所做的市场调查活动，在此基础上撰写一份市场调查报告。

【实训任务要求】

1. 以小组为单位进行实训。将学生分成若干小组，每组5～7人，小组成员分工合作。

2. 小组成员每人形成一份书面报告和口头报告。

3. 各项目小组向全班汇报实训结果，教师进行点评。

4. 每位同学都要完成课程实训总结、撰写实训报告，在此基础上综合评出个人的成绩。

【实训提示】

1. 这项实训活动应在校内商务实训室进行，各小组可以选择不同的题目。

2. 事先将全班学生分成几个小组，并确定小组长。

【实训效果评价】

小组成员共同评出组员个人实训态度成绩，教师和各小组组长共同评出组员个人实训表现成绩（见表8-2），教师评出小组实训报告成绩（见表8-3），并在此基础上给出个人最终成绩。

表8-2 **组员个人实训过程评价表**

小组成员姓名	态度（满分为100分）	表现（满分为100分）	
		操作（50%）	技能（50%）

注：各项考评满分分别为100分，60分以下为不及格，60～69分为及格，70～79分为中等，80～89分为良好，90分及以上为优秀。

表8-3 **各小组市场调查报告评价表**

评价内容	分值（分）	评分（分）
市场调查报告结构的合理性	20	
市场调查报告格式的正确性	30	
市场调查报告结论的可靠性	10	
市场调查报告的有效性	40	
总分	100	

注：考评满分为100分，60分以下为不及格，60～69分为及格，70～79分为中等，80～89分为良好，90分及以上为优秀。

个人最终成绩=个人实训态度成绩×20%+个人实训表现成绩×50%+小组实训报告成绩×30%

主要参考文献

[1] 杜明汉.市场调查与预测 [M]. 大连：东北财经大学出版社，2011.

[2] 邓剑平.市场调查与预测 [M]. 北京：高等教育出版社，2010.

[3] 李隽.市场调查与预测 [M]. 北京：清华大学出版社，2015.

[4] 彭石普.市场营销原理与实训教程 [M]. 北京：高等教育出版社，2008.

[5] 郑聪玲，徐盈群.市场调查原理与实训 [M]. 大连：东北财经大学出版社，2014.

[6] 赵伯庄.市场调查 [M]. 北京：北京邮电大学出版社，2006.

[7] 王峰.市场调查 [M]. 上海：上海财经大学出版社，2006.

[8] 简明.市场调查方法与技术 [M]. 北京：中国人民大学出版社，2004.

[9] 朱胜.市场调查方法与应用 [M]. 北京：中国统计出版社，2004.

[10] 陈殿阁.市场调查与预测 [M]. 北京：清华大学出版社，2004.

[11] 于萍.市场营销调查 [M]. 大连：东北财经大学出版社，2004.

[12] 王华清.市场调查研究 [M]. 徐州：中国矿业大学出版社，2003.

[13] 孙永波.市场调查与预测 [M]. 北京：中国物资出版社，2002.

[14] 康锦江，冷克平.现代市场营销学 [M]. 沈阳：东北大学出版社，2002.

[15] 景奉杰.市场营销调查 [M]. 北京：高等教育出版社，2001.

[16] 柯惠新.市场调查方法与分析 [M]. 北京：中国统计出版社，2000.

[17] 陈章，千彦.市场调查与预测 [M]. 广州：华南理工大学出版社，2014.

[18] 王冲，李冬梅.市场调查与预测 [M]. 上海：复旦大学出版社，2013.

[19] 刘利兰.市场调查与预测 [M]. 3版.北京：经济科学出版社，2012.

[20] 黄静.市场调查与预测 [M]. 北京：清华大学出版社，2014.

[21] 柴庆春.市场调查与预测 [M]. 3版.北京：中国人民大学出版社，2014.